基于行为的多属性群决策方法研究

夏梅梅　著

北京交通大学出版社
·北京·

图书在版编目（CIP）数据

基于行为的多属性群决策方法研究 / 夏梅梅著. —北京：北京交通大学出版社，2023.6

ISBN 978-7-5121-5019-5

Ⅰ. ① 基…　Ⅱ. ① 夏…　Ⅲ. ① 决策方法-研究　Ⅳ. ① C934

中国国家版本馆 CIP 数据核字（2023）第 121876 号

基于行为的多属性群决策方法研究
JIYU XINGWEI DE DUOSHUXING QUNJUECE FANGFA YANJIU

责任编辑：刘　蕊

出版发行：北京交通大学出版社　　电话：010-51686414　　http://www.bjtup.com.cn
地　　址：北京市海淀区高梁桥斜街 44 号　　邮编：100044
印 刷 者：北京虎彩文化传播有限公司
经　　销：全国新华书店
开　　本：170 mm×235 mm　　印张：12　　字数：215 千字
版 印 次：2023 年 6 月第 1 版　　2023 年 6 月第 1 次印刷
定　　价：49.00 元

本书如有质量问题，请向北京交通大学出版社质监组反映。
投诉电话：010-51686043，51686008；传真：010-62225406；E-mail：press@bjtu.edu.cn。

前　言

本书研究基于行为理论的多属性群决策方法。随着决策科学的不断发展，众多学者发现，传统决策方法在解释某些实际决策现象时显得力不从心，如阿莱悖论和埃尔斯伯格悖论。这暗示决策者的行为可能影响其决策结果。实际决策和实验研究导致许多行为理论的提出，而这些理论又逐渐融入实际决策中，例如前景理论、后悔理论和集组理论等。这些理论不仅解释了决策者的行为，更帮助其在决策中做出更为明智的选择。为此，本书详细介绍了考虑决策者行为因素的多属性群决策方法。

第 1 章研究了基于有序阿贝尔群的群决策方法。基于有序阿贝尔群，将不同类型的判断矩阵统一为一种标准形式，在此基础上定义了判断矩阵的一致性指标，并进一步给出构造一致性判断矩阵和提高一致性的方法。对于基于判断矩阵的群决策问题，首先给出基于有序阿贝尔群的集成方法，接着定义了单个判断矩阵的共识性指标，并给出提高共识性的方法。所提出的一致性和共识性方法是收敛的，可以为现有方法提供一个通用的框架。

第 2 章研究了基于双边协商的群决策方法。为了从多个决策者的意见中得出群体决策，允许决策者之间进行两两相互谈判协商，并确定其双边协商值。给出两种算法来帮助决策者达成双边协商，进而构建双边协商矩阵。给出一致的双边协商矩阵的定义和一致性指标，并给出提高双边协商矩阵一致性的方法。结合一致性指标和双边协商矩阵中元素之间的关系，给出求解权重向量的模型，利用权重向量获取最终的群决策。

第 3 章研究了基于后悔理论的多属性决策方法。针对属性权重和属性评价值的信息均为不精确信息的情况，基于有序阿贝尔群，给出从不同角度计算方案相对值的方法，并证明了在某些条件下使用合适的集成算子和相对值测度都能得到相同的结果。此外，基于每对方案的相对值建立模型，识别四种类型的最优方案，并讨论这四种类型的最优方案之间的关系。随后将本章给出的方法扩展到属性之间有关联的多属性决策问题。

第 4 章研究了基于目标理论的多属性决策方法。使用满足属性目标的可能性来测量属性评估值，为了集成面向目标的属性评估值，引入面向目标的集成算子，定义了关于属性评估值的四种类型的目标和关于属性权重向量的四种态度特征。在此基础上，给出了识别潜在最优方案的模型，并估计态度特征的范围，进一步建立模型，根据属性评估值的目标，找出每个方案的最优和最差排序，并考虑方案的具体排序进行决策分析。

第 5 章研究了基于集组理论的数据包络分析。根据集组理论的思想，团队的利益比个人的利益更重要，将所有决策单元视为一个团队，定义了衡量团队的指标，包括整体效率、差异、决策单元的边界以及决策单元之间的关系。进一步给出模型估计团队指标，决策者可以根据这些值提供他们对团队指标的偏好。然后，建立模型以获得在满足团队指标的条件下单个决策单元的区间效率。

本书由国家自然科学基金项目“基于多边协商的区块链共识机制的研究”（编号：72271017）资助出版。

本书可作为运筹学、信息科学、管理科学和工程等领域的研究人员和从业者的参考书，也可作为相关专业研究生和高年级本科生的教科书。

夏梅梅

2023 年 5 月

目　录

第 1 章　基于有序阿贝尔群的群决策方法……1
1.1　判断矩阵和有序阿贝尔群……1
1.2　基于有序阿贝尔群的判断矩阵的一致性……3
1.3　基于有序阿贝尔群的判断矩阵的一致性修正方法……6
1.4　基于有序阿贝尔群的判断矩阵的共识性的修正方法……22
本章小结……39

第 2 章　基于双边协商的群决策方法……40
2.1　基于 $m-1$ 对双边协商的群决策方法……41
2.2　基于 $m-1$ 对双边协商的多属性群决策方法……48
2.3　双边协商矩阵……56
2.4　双边协商矩阵的一致性……65
2.5　基于双边协商矩阵的群决策方法……72
本章小结……88

第 3 章　基于后悔理论的多属性决策方法……89
3.1　方案的相对值……90
3.2　基于相对值的多属性决策方法……94
3.3　属性之间有关联的基于后悔理论的多属性决策方法……111
本章小结……121

第 4 章　基于目标理论的多属性决策方法……123
4.1　面向目标的基于 OWA 算子的多属性决策方法……124
4.2　面向目标的针对最优方案的多属性决策分析……130
4.3　面向目标的对方案排序有限制的多属性决策分析……140
本章小结……149

第 5 章　基于集组理论的数据包络分析 ··· 150
5.1　数据包络分析 ··· 151
5.2　基于整体效率的数据包络分析 ··· 153
5.3　基于总体偏差的数据包络分析 ··· 159
5.4　基于总体边界的数据包络分析 ··· 164
5.5　基于团队中 DMU 之间关系的数据包络分析 ··· 169
本章小结 ··· 174

参考文献 ··· 175

第1章　基于有序阿贝尔群的群决策方法

判断矩阵作为群决策中的一项重要工具，已被广泛应用于风险评估、全面质量管理、研发项目选择、资源配置和低碳供应链评估等领域。它主要通过两两比较的方式获得一组属性或方案的优先次序。判断矩阵存在多种形式，如：积型判断矩阵，描述了每对属性或方案的偏好比；加型判断矩阵，显示了偏好的差距；模糊判断矩阵，用于体现与无差异间的距离差异。[1-3] 尽管判断矩阵在形式上有所不同，但它们都有若干共同特点。例如，矩阵中的元素 a_{ij} 均表示方案 x_i 优先于方案 x_j 的程度，且通常基于一个互补假设，即 a_{ij} 可以精确地用 a_{ji} 表示。通过引入有序阿贝尔群，Cavallo 等[4]定义了一个可以统一各类判断矩阵的框架。

在群决策过程中，应衡量和改进判断矩阵的一致性和共识性，以避免产生误导性的优先排序。一致性衡量个体决策者提供的偏好值之间的一致程度，而共识性则衡量决策者之间对于问题解决方案的一致程度。针对不同的判断矩阵，应给出不同的一致性或共识性方法。不同的判断矩阵具有共同点，一致性或共识性方法也应具有共同点。受一般理论框架的启发，本章给出基于有序阿贝尔群的可以囊括不同形式判断矩阵一致性和共识性方法的一般框架。

1.1　判断矩阵和有序阿贝尔群

本节主要介绍基于有序阿贝尔群的判断矩阵的一些预备知识。

设 $X=\{x_1,x_2,\cdots,x_n\}$ 为方案集或属性集，为了获取它们的优先排序，通常将它们进行两两比较，并构建判断矩阵 $\boldsymbol{A}=(a_{ij})_{n\times n}$，其中 a_{ij} 表示方案 x_i 优于方案 x_j 的程度，且满足条件 $A:(x_i,x_j)\in X^2\to a_{ij}=A(x_i,x_j)\in G\subseteq\mathbf{R}$。基于决策者偏好，$a_{ij}$ 可以表示为不同的形式，因而可以构成不同形式的判断矩阵，基于此，Cavallo 等[4]给出多种判断矩阵的一般形式。

设 G 为一非空集合，$\odot:G\times G\to G$ 为 G 上的二元运算，$\leqslant$ 为 G 上的弱序集合，若 $(G,\odot)$ 为阿贝尔群且满足条件 $a\leqslant b\Rightarrow a\odot c\leqslant b\odot c$，$a,b,c\in G$，则称

$\Omega=(G,\odot,\leqslant)$ 为有序阿贝尔群。

下面给出一些符号的定义。

o 为 Ω 的中心，$x^{[-1]}$ 为 $x\in G$ 在 $\odot$ 上的逆，$\div$ 为 $\odot$ 的逆运算，定义为 $a\div b=a\odot b^{[-1]}$，$<$ 为严格序，定义为“$x<y\leftrightarrow x\leqslant y$，$x\neq y$”，$\geqslant$ 和 $>$ 为 $\leqslant$ 和 $<$ 的反运算，则 $b^{[-1]}=e\div b$，$(a\odot b)^{[-1]}=a^{[-1]}\odot b^{[-1]}$ 且 $(a\div b)^{[-1]}=b\div a$。

设 $\Omega=(G,\odot,\leqslant)$ 为有序阿贝尔群，则对任意 n，幂运算 $x^{[n]}$ 定义为 $x^{[n]}=\odot_{i=1}^{n}x_i$，$x_i=x,\forall i=1,\cdots,n$。如果 $b^{[n]}=a$，则 b 是 a 的 n 次方根，表示为 $b=a^{[1/n]}$，且满足 $c\leqslant d\Rightarrow c^{[1/n]}\leqslant d^{[1/n]}$。

下面给出有序阿贝尔群的几种具体形式[4－5]。

乘型有序阿贝尔群 $\Omega_{\mathrm{A}}=\left(]0,+\infty[,\cdot,\leqslant\right)$，其中 $\cdot$ 为 $\mathbf{R}$ 上的乘积运算且 $x\odot y=xy$，$x^{[n]}=x^n$，$x^{[-1]}=\dfrac{1}{x}$，$x\div y=x/y$，$o=1$。

模糊有序阿贝尔群 $\Omega_{\mathrm{B}}=\left(]0,1[,\otimes,\leqslant\right)$，其中 $x\otimes y=\dfrac{xy}{xy+(1-x)(1-y)}$，

$$x^{[n]}=\frac{x^n}{x^n+(1-x)^n}，\quad x^{[-1]}=\frac{x^{-1}}{x^{-1}+(1-x)^{-1}}=1-x，\quad x\div y=\frac{x(1-y)}{x(1-y)+(1-x)y}，$$

$o=0.5$。

加型有序阿贝尔群 $\Omega_{\mathrm{C}}=\left(]-\infty,+\infty[,+,\leqslant\right)$，其中 $+$ 为 $\mathbf{R}$ 上的加法运算，$x\odot y=x+y$，$x^{[n]}=nx$，$x^{[-1]}=-x$，$x\div y=x-y$，$o=0$。

此外，另一种有序阿贝尔群定义为 $\Omega_{\mathrm{D}}=\left(]-\infty,+\infty[,\oplus,\leqslant\right)$，其中 $x\oplus y=x+y-0.5$，$x^{[n]}=n(x-0.5)+0.5$，$x^{[-1]}=-(x-0.5)+0.5=1-x$，$x\div y=x-y+0.5$，$o=0.5$。

可以看出，以上的有序阿贝尔群均为同构运算。

基于上面的定义，对任意非空集合 $X=\{x_1,x_2,\cdots,x_n\}$ 及关系 $A(x_i,x_j)\in X^2\rightarrow a_{ij}=A(x_i,x_j)\in G$。Cavallo 等[4]在 Ω 上定义了一个判断矩阵的框架 $(X,\boldsymbol{A})$。a_{ij} 表示方案 x_i 优于方案 x_j 的程度，$a_{ij}>o$ 表示 x_i 严格优于 x_j，$a_{ij}<o$ 则表示相反的意思，$a_{ij}=o$ 表示 x_i 和 x_j 无差异。$\boldsymbol{A}=(a_{ij})_{n\times n}$ 中的元素关于 $\odot$ 具有互补的性质，即 $a_{ji}=a_{ij}^{[-1]}$，$i,j=1,2,\cdots,n$。$a_{ii}=o$，$i=1,2,\cdots,n$ 且 $a_{ij}\odot a_{ji}=o$，$i,j=1,2,\cdots,n$。如

果 $\boldsymbol{A}$ 中部分元素未知，则称 $\boldsymbol{A}$ 为不完全判断矩阵。

为方便起见，设 $\boldsymbol{C}_n(\Omega)$ 代表 Ω 上所有 $n \geqslant 3$ 的判断矩阵，Ω 可以变换为多种形式，其中 $\boldsymbol{C}_n(\Omega_\mathrm{A})$ 表示乘型判断矩阵，$\boldsymbol{C}_n(\Omega_\mathrm{B})$ 表示模糊判断矩阵，则 $\boldsymbol{C}_n(\Omega_\mathrm{C})$ 表示加型判断矩阵。

假设 1.1　设 G 为 $\mathbf{R}$ 上的开集且 $\leqslant$ 为 G 上的全序。

假设 1.1 成立的条件下，设 $\odot$ 为 G 上的二元运算，则 $\odot$ 为连续的且满足结合律和消去律的运算当且仅当存在一个连续且严格单调的函数 $\phi: J \to G$ 使得 $x \odot y = \phi\left(\phi^{-1}(x) + \phi^{-1}(y)\right)$ 成立，其中 $J \in \mathbf{R}$，函数 ϕ 为唯一且线性可转换的，即 $\phi(x)$ 可以用 $\phi(Cx)$，$C \neq 0$ 替代。[6]

1.2　基于有序阿贝尔群的判断矩阵的一致性

本节主要介绍一致性判断矩阵的概念，研究判断矩阵的性质，并提出一种由不一致判断矩阵构造一致性判断矩阵的方法。

基于有序阿贝尔群，Cavallo 等[4]给出一致性判断矩阵的定义。

设 $\boldsymbol{A} = (a_{ij})_{n\times n} \in \boldsymbol{C}_n(\Omega)$，则 $\boldsymbol{A}$ 为一致性判断矩阵当且仅当

$$a_{ij} = a_{ik} \odot a_{kj}, i, j, k = 1, 2, \cdots, n \tag{1-1}$$

式（1－1）可以表示为

$$a_{ij} = w_i \div w_j, i, j = 1, 2, \cdots, n \tag{1-2}$$

其中 $\boldsymbol{w} = (w_1, w_2, \cdots, w_n)^\mathrm{T}$ 为 $\boldsymbol{A}$ 的权重向量，可以表示为 $w_i = \odot_{i=1}^{n} a_{ij}^{[1/n]}$。

若赋予式（1－1）不同的形式，则可以得到不同形式的判断矩阵。这里主要讨论四种情形，前三种为已知的。[4－5]

情形 A，若 $\Omega_\mathrm{A} = (]0, +\infty[, \cdot, \leqslant)$，则 $\boldsymbol{A} \in \boldsymbol{C}_n(\Omega_\mathrm{A})$ 为乘型判断矩[1]，其中 $a_{ij} \in]0, +\infty[$，$a_{ii} = 1$，$a_{ij}a_{ji} = 1$。$\boldsymbol{A}$ 具有一致性当且仅当 $a_{ik} = a_{ij}a_{jk}$。

情形 B，若 $\Omega_\mathrm{B} = (]0, 1[, \otimes, \leqslant)$，则 $\boldsymbol{A} \in \boldsymbol{C}_n(\Omega_\mathrm{B})$ 为模糊判断矩阵[3]，其中 $a_{ij} \in]0, 1[$，$a_{ii} = 0.5$，$a_{ij} + a_{ji} = 1$。$\boldsymbol{A}$ 具有一致性当且仅当 $a_{ij} = \dfrac{a_{ik}a_{kj}}{a_{ik}a_{kj} + (1 - a_{ik})(1 - a_{kj})}$。

情形 C，若 $\Omega_\mathrm{C} = (]-\infty, +\infty[, +, \leqslant)$，则 $\boldsymbol{A} \in \boldsymbol{C}_n(\Omega_\mathrm{C})$ 为模糊判断矩阵，其中 $a_{ij} \in]-\infty, +\infty[$，$a_{ii} = 0$，$a_{ij} + a_{ji} = 0$。$\boldsymbol{A}$ 具有一致性当且仅当 $a_{ij} = a_{ik} + a_{kj}$。

Dong 等[2]给出一种处理语言判断矩阵的方法，他们运用语言元素的下标进行运算，因此可以等同于情形 C。

情形 D，若 $\Omega_{\mathrm{D}}=\left(\left]-\infty,+\infty\right[,\oplus,\leqslant\right)$，则 $\boldsymbol{A}\in\boldsymbol{C}_n\left(\Omega_{\mathrm{D}}\right)$，其中 $a_{ij}\in\left]-\infty,+\infty\right[$，$a_{ii}=0.5$，$a_{ij}+a_{ji}=1$。$\boldsymbol{A}$ 具有一致性当且仅当

$$a_{ij}=a_{ik}+a_{kj}-0.5 \tag{1-3}$$

式(1－2)中的一致性条件等同于 Tanino[3]给出的一致性条件。不同之处在于 Tanino 假设 $a_{ij}\in[0,1]$，这个条件限制了达到一致性的可能，因为 $a_{ik}+a_{kj}-0.5$ 可能超出区间 $[0,1]$ 的范围。很多学者对这个问题进行了研究。[4－8] 因此 $\boldsymbol{A}\in\boldsymbol{C}_n\left(\Omega_{\mathrm{D}}\right)$ 可以看作 Tanino 给出的判断矩阵的扩展形式，它可以保证式（1－3）成立。

下面主要讨论一致性判断矩阵的一些性质。

定理 1.1 $\boldsymbol{A}=(a_{ij})_{n\times n}\in\boldsymbol{C}_n(\Omega)$ 具有一致性当且仅当 $a_{ij}\div a_{ik}=a_{lj}\div a_{lk},\ i,j,k,l=1,2,\cdots,n$。

证明： 假设 $\boldsymbol{A}$ 为一致性判断矩阵，则由式（1－2）可得 $a_{ij}\div a_{ik}=\left(w_i\div w_j\right)\div\left(w_i\div w_k\right)=w_k\div w_j=a_{kj}$ 且 $a_{lj}\div a_{lk}=\left(w_l\div w_j\right)\div\left(w_l\div w_k\right)=w_k\div w_j=a_{kj}$，因此，$a_{ij}\div a_{ik}=a_{lj}\div a_{lk}$，$i,j,k,l=1,2,\cdots,n$；如果 $a_{ij}\div a_{ik}=a_{lj}\div a_{lk}$，$i,j,k,l=1,2,\cdots,n$，$l=j$，则 $a_{ij}\div a_{ik}=o\div a_{jk}$，即 $a_{ik}=a_{ij}\odot a_{jk}$，定理得证。

定理 1.1 指出一致性判断矩阵中任意两行对应元素之间的差异是相同的，这个性质可以用来估计残缺元素，也可以用来检测判断矩阵的一致性。在情形 A 下，$a_{ij}\div a_{ik}=a_{ij}/a_{ik}$ 则 $\boldsymbol{A}\in\boldsymbol{C}_n\left(\Omega_{\mathrm{A}}\right)$ 具有一致性当且仅当 $a_{ij}/a_{ik}=a_{lj}/a_{lk}$，$i,j,k,l=1,2,\cdots,n$。

在情形 D 下，$a_{ij}\div a_{ik}=a_{ij}+\left(1-a_{ik}\right)-0.5=a_{ij}-a_{ik}+0.5$，$\boldsymbol{A}\in\boldsymbol{C}_n\left(\Omega_D\right)$ 具有一致性当且仅当 $a_{ij}-a_{ik}=a_{lj}-a_{lk}$，$i,j,k,l=1,2,\cdots,n$。当 $a_{ij}\in[0,1]$ 时，Liu 等[9]给出了相同的一致性形式。

若考虑判断矩阵中的所有元素，则下面的定理成立。

定理 1.2 若 $\boldsymbol{A}=(a_{ij})_{n\times n}\in\boldsymbol{C}_n\left(\Omega\right)(n>3)$ 为一致性判断矩阵，则下面两个条件等价：

（1）$a_{ik}=a_{ij}\odot a_{jk}$，$\forall i,j,k$；

（2）$a_{ik}=\left(\bigodot_{t=1}^{n}\left(a_{it}\odot a_{tk}\right)\right)^{[1/n]},\forall i,k$。

证明：（1）⇒（2），假设 $a_{ik}=a_{it}\odot a_{tk}$，$\forall i,t,k$，则 $(a_{ik})^n=\bigodot_{t=1}^{n}(a_{it}\odot a_{tk})$，$\forall i,k$。因此 $a_{ik}=\left(\bigodot_{t=1}^{n}\left(a_{it}\odot a_{tk}\right)\right)^{[1/n]},\forall i,k$。

（2）⇒（1），假设 $a_{ij}=\left(\bigodot_{t=1}^{n}\left(a_{it}\odot a_{tj}\right)\right)^{[1/n]}$ 且 $a_{jk}=\left(\bigodot_{t=1}^{n}\left(a_{jt}\odot a_{tk}\right)\right)^{[1/n]}$，$\forall i,j,k$，则

$$\begin{aligned}a_{ij}\odot a_{jk}&=\left(\bigodot_{t=1}^{n}\left(a_{it}\odot a_{tj}\right)\right)^{[1/n]}\odot\left(\bigodot_{t=1}^{n}\left(a_{jt}\odot a_{tk}\right)\right)^{[1/n]}\\&=\left(\bigodot_{t=1}^{n}\left(a_{it}\odot o\odot a_{tk}\right)\right)^{[1/n]}\\&=\left(\bigodot_{t=1}^{n}\left(a_{it}\odot a_{tk}\right)\right)^{[1/n]}=a_{ik}\end{aligned}$$

定理得证。

基于式（1－1）和定理 1.2，可得下面的定理。

定理 1.3　$\boldsymbol{A}=(a_{ij})_{n\times n}\in\boldsymbol{C}_n(\Omega)$ 具有一致性当且仅当 $a_{ij}=\left(\bigodot_{t=1}^{n}\left(a_{it}\odot a_{tj}\right)\right)^{[1/n]}$，$i,j=1,2,\cdots,n$。

对于非一致性判断矩阵，基于定理 1.4，我们可以构造一个一致性判断矩阵。

定理 1.4　设 $\boldsymbol{A}=(a_{ij})_{n\times n}\in\boldsymbol{C}_n(\Omega)$，如果

$$\overline{a}_{ij}=\left(\bigodot_{t=1}^{n}\left(a_{it}\odot a_{tj}\right)\right)^{[1/n]},i,j=1,2,\cdots,n \tag{1-4}$$

则 $\overline{\boldsymbol{A}}=\left(\overline{a}_{ij}\right)$ 具有一致性。

证明：设 $\overline{a}_{ij}=\left(\bigodot_{t=1}^{n}\left(a_{it}\odot a_{tj}\right)\right)^{[1/n]},i,j=1,2,\cdots,n$，则

$$\begin{aligned}\overline{a}_{ij}\odot\overline{a}_{jk}&=\left(\bigodot_{t=1}^{n}\left(a_{it}\odot a_{tj}\right)\right)^{[1/n]}\odot\left(\bigodot_{t=1}^{n}\left(a_{jt}\odot a_{tk}\right)\right)^{[1/n]}\\&=\left(\bigodot_{t=1}^{n}\left(a_{it}\odot o\odot a_{tk}\right)\right)^{[1/n]}\\&=\left(\bigodot_{t=1}^{n}\left(a_{it}\odot a_{tk}\right)\right)^{[1/n]}=\overline{a}_{ik},i,j=1,2,\cdots,n\end{aligned}$$

定理得证。

情形 A 下，式（1－4）可以写为[10]

$$\bar{a}_{ij}=\sqrt[n]{\prod_{t=1}^{n}a_{it}a_{tj}}\,,i,j=1,2,\cdots,n \tag{1-5}$$

情形 B 下，式（1－4）可以写为[11]

$$\bar{a}_{ij}=\frac{\sqrt[n]{\prod_{t=1}^{n}a_{it}a_{tj}}}{\sqrt{\sqrt[n]{\prod_{t=1}^{n}a_{it}a_{tj}}+\sqrt[n]{\prod_{t=1}^{n}\left(1-a_{it)}\right)\left(1-a_{tj}\right)}}},i,j=1,2,\cdots,n \tag{1-6}$$

情形 C 下，式（1－4）可以写为[2]

$$\bar{a}_{ij}=\frac{1}{n}\sum_{t=1}^{n}\left(a_{it}+a_{tj}\right),i,j=1,2,\cdots,n \tag{1-7}$$

情形 D 下，式（1－4）可以写为

$$\bar{a}_{ij}=\frac{1}{n}\sum_{t=1}^{n}\left(a_{it}+a_{tj}\right)-0.5,i,j=1,2,\cdots,n \tag{1-8}$$

若 $a_{ij}\in[0,1]$，则上式等同于 Ma 等[12]给出的式子。

根据矩阵元素和权重向量的关系，可以得到下面的定理：

定理 1.5 若 $\boldsymbol{w}=\left(w_1,w_2,\cdots,w_n\right)^{\mathrm{T}}$ 为 $\boldsymbol{A}=\left(a_{ij}\right)\in\boldsymbol{C}_n(\Omega)$ 的权重向量，$\bar{\boldsymbol{A}}=\left(\bar{a}_{ij}\right)\in\boldsymbol{C}_n(\Omega)$ 为由式（1－4）构造的判断矩阵，则 $\bar{a}_{ij}=w_i\div w_j,i,j=1,2,\cdots,n$。

1.3 基于有序阿贝尔群的判断矩阵的一致性修正方法

本节给出判断矩阵的一致性指标，并给出两种修正判断矩阵一致性的方法，讨论它们的收敛性。基于原始判断矩阵和构造的判断矩阵的差异，给出一致性指标。这里首先给出基于有序阿贝尔群的距离公式[4]：

设 $\Omega=(G,\odot,\leqslant)$ 为一有序阿贝尔群，则定义 a 和 b 的 $\Omega-$距离为

$$d:(a,b)\in G^2\rightarrow d(a,b)=\|a\div b\|\in G \tag{1-9}$$

其中 $\|\ \|:a\in G\rightarrow\|a\|=a\vee a^{[-1]}\in G$ 且满足：（1）$d(a,b)\geqslant o$；（2）$d(a,b)=o\Leftrightarrow$

$a=b$；（3）$d(a,b)=d(b,a)$；（4）$d(a,b)\leqslant d(a,c)\odot d(b,c)$。

定理 1.6 $d(a,b)=d(a,c)\odot d(b,c)$ 当且仅当 $c\in[\min(a,b),\max(a,b)]$，即 $a\geqslant c\geqslant b$ 或 $a\leqslant c\leqslant b$。

证明：如果 $d(a,b)=d(a,c)\odot d(b,c)$，则

$$\|a\div b\|=\|(a\div c)\odot(c\div b)\|=\|a\div c\|\odot\|c\div b\|$$

假设 $c\notin[\min(a,b),\max(a,b)]$，则下面分四种情形讨论：

情形 1，若 $a\geqslant b>c$，则 $a\div b\geqslant o$，$a\div c>o$ 且 $c\div b<o$，因此

$$\|a\div b\|=a\div b=(a\div c)\odot(c\div b)<\|a\div c\|\odot\|c\div b\|=(a\div c)\odot(b\div c)$$

情形 2，若 $b\geqslant a\geqslant c$，则 $a\div b\leqslant o$，$a\div c>o$ 且 $c\div b\leqslant o$，因此

$$\|a\div b\|=b\div a=(b\div c)\odot(c\div a)<\|a\div c\|\odot\|c\div b\|=(a\div c)\odot(b\div c)$$

情形 3，若 $c\geqslant a\geqslant b$，则 $a\div b\geqslant o$，$a\div c<o$ 且 $c\div b>o$，因此

$$\|a\div b\|=a\div b=(a\div c)\odot(c\div b)<\|a\div c\|\odot\|c\div b\|=(c\div a)\odot(c\div b)$$

情形 4，若 $c\geqslant b\geqslant a$，则 $a\div b\leqslant o$，$a\div c<o$ 且 $c\div b>o$，因此

$$\|a\div b\|=b\div a=(b\div c)\odot(c\div a)<\|a\div c\|\odot\|c\div b\|=(c\div a)\odot(c\div b)$$

上面四种情形均与假设矛盾，因此 $c\in[\min(a,b),\max(a,b)]$。

假设 $c\in[\min(a,b),\max(a,b)]$，则存在两种情形：

情形 1，若 $a\geqslant c\geqslant b$，则 $a\div b\geqslant o$，$a\div c\geqslant o$，$c\div b\geqslant o$，且

$$\|a\div b\|=a\div b=\|a\div c\|\odot\|c\div b\|=(a\div c)\odot(c\div b)$$

情形 2，若 $a\leqslant c\leqslant b$，则 $a\div b\leqslant o$，$a\div c\leqslant o$，$c\div b\leqslant o$，且

$$\|a\div b\|=b\div a=\|a\div c\|\odot\|c\div b\|=(c\div a)\odot(b\div c)$$

定理得证。

基于式（1–9），两个判断矩阵的距离定义如下：

定义 1.1 设 $\boldsymbol{A}=(a_{ij})_{n\times n}\in\boldsymbol{C}_n(\Omega)$ 和 $\boldsymbol{B}=(b_{ij})_{n\times n}\in\boldsymbol{C}_n(\Omega)$，则 $\boldsymbol{A}$ 和 $\boldsymbol{B}$ 的 Ω –距离定义为 $d(\boldsymbol{A},\boldsymbol{B})=\mathop{\odot}\limits_{i=1}^{n}\mathop{\odot}\limits_{j=1}^{n}d(a_{ij},b_{ij})$。

Cavallo 等[4]为不一致判断矩阵定义了一个一致性指标来衡量其一致性水平：$\boldsymbol{A}=(a_{ij})_{n\times n}\in\boldsymbol{C}_n(\Omega)$ 的一致性指标定义为 $\overline{I}_\Omega(\boldsymbol{A})=\left(\odot_{i<k<j}d_\Omega(a_{ij},a_{ik}\odot a_{kj})\right)^{[6/(n(n-1)(n-2))]}$，其

中$\overline{I}_{\Omega}(\boldsymbol{A})$为元素$a_{ij}$，$a_{ik}$，$a_{kj}$，$i<k<j$的平均一致性水平，但是$\overline{I}_{\Omega}(\boldsymbol{A})$忽略了元素$a_{ij}$和其他元素的一致性水平，比如$a_{ik}$和$a_{kj}$，$i<k<j$，$k<i<j$，$k<j<i$，$j<k<i$，$j<i<k$之间的一致性水平。

基于以上讨论，我们给出下面的一致性指标定义。

定义 1.2 判断矩阵$\boldsymbol{A}=(a_{ij})_{n\times n}\in \boldsymbol{C}_n(\Omega)$的一致性指标定义为

$$I_{\Omega}(\boldsymbol{A})=\left(\bigodot_{i=1}^{n}\bigodot_{j=1}^{n}d_{\Omega}\left(a_{ij},\overline{a}_{ij}\right)\right)^{\left[1/n^2\right]} \tag{1-10}$$

定理 1.7 若$\boldsymbol{A}=(a_{ij})_{n\times n}\in C_n(\Omega)$，则$I_{\Omega}(\boldsymbol{A})\geqslant o$。$\boldsymbol{A}$具有一致性当且仅当$I_{\Omega}(\boldsymbol{A})=o$。

证明： 若$d_{\Omega}\left(a_{ij},\overline{a}_{ij}\right)\geqslant o$，则

$$I_{\Omega}(\boldsymbol{A})=\left(\bigodot_{i=1}^{n}\bigodot_{j=1}^{n}d_{\Omega}\left(a_{ij},\overline{a}_{ij}\right)\right)^{\left[1/n^2\right]}\geqslant\left(\bigodot_{i=1}^{n}\bigodot_{j=1}^{n}o\right)^{\left[1/n^2\right]}=o$$

如果$\boldsymbol{A}=(a_{ij})_{n\times n}$具有一致性，则$a_{ij}=\overline{a}_{ij}$且$I_{\Omega}(\boldsymbol{A})=o$；相反，如果$I_{\Omega}(\boldsymbol{A})=o$，则$d_{\Omega}\left(a_{ij},\overline{a}_{ij}\right)=o$，$i,j=1,2,\cdots,n$。因此，$a_{ij}=\overline{a}_{ij}$，$i,j=1,2,\cdots,n$，则$\boldsymbol{A}$具有一致性，定理得证。

定理 1.8 $\overline{I}_{\Omega}(\boldsymbol{A})$和$I_{\Omega}(\boldsymbol{A})$的关系可以表示为$\left(I_{\Omega}(\boldsymbol{A})\right)^{\left[n^2\right]}\leqslant\left(\overline{I}_{\Omega}(\boldsymbol{A})\right)^{\left[(n-1)(n-2)\right]}$。

证明： 由式（1－9）可得

$$\begin{aligned}
d_{\Omega}\left(a_{ij},\overline{a}_{ij}\right)&=d_{\Omega}\left(a_{ij},\bigodot_{k=1}^{n}\left(a_{ik}\odot a_{kj}\right)^{[1/n]}\right)\\
&=\left(a_{ij}\div\bigodot_{k=1}^{n}\left(a_{ik}\odot a_{kj}\right)^{[1/n]}\right)\vee\left(\bigodot_{k=1}^{n}\left(a_{ik}\odot a_{kj}\right)^{[1/n]}\div a_{ij}\right)\\
&=\left(a_{ij}^{[n]}\div\bigodot_{k=1}^{n}\left(a_{ik}\odot a_{kj}\right)\right)^{[1/n]}\vee\left(\bigodot_{k=1}^{n}\left(a_{ik}\odot a_{kj}\right)\div a_{ij}^{[n]}\right)^{[1/n]}
\end{aligned}$$

设 $M=a_{ij}^{[n]}\div\bigodot_{k=1}^{n}\left(a_{ik}\odot a_{kj}\right)$，$N=\bigodot_{k=1}^{n}\left(a_{ik}\odot a_{kj}\right)\div a_{ij}^{[n]}$，若 $M\geqslant N$，则 $M^{[1/n]}\geqslant N^{[1/n]}$，$M^{[1/n]}\vee N^{[1/n]}=M^{[1/n]}=(M\vee N)^{[1/n]}$；若$M\leqslant N$，则$M^{[1/n]}\vee N^{[1/n]}=N^{[1/n]}=(M\vee N)^{[1/n]}$。因此$M^{[1/n]}\vee N^{[1/n]}=(M\vee N)^{[1/n]}$，且

$$d_{\Omega}\left(a_{ij},\overline{a}_{ij}\right)=\left(a_{ij}\div\bigodot_{k=1}^{n}\left(a_{ik}\odot a_{kj}\right)^{[1/n]}\right)\vee\left(\bigodot_{k=1}^{n}\left(a_{ik}\odot a_{kj}\right)^{[1/n]}\div a_{ij}\right)$$

$$=\left(\left(a_{ij}^{[n]}\div\bigodot_{k=1}^{n}\left(a_{ik}\odot a_{kj}\right)\right)\vee\left(\bigodot_{k=1}^{n}\left(a_{ik}\odot a_{kj}\right)\div a_{ij}^{[n]}\right)\right)^{[1/n]}$$

因为

$$\begin{aligned}\bigodot_{k=1}^{n}\left(a_{ij}\div\left(a_{ik}\odot a_{kj}\right)\right)&\leqslant\bigodot_{k=1}^{n}\left(\left(a_{ij}\div\left(a_{ik}\odot a_{kj}\right)\right)\vee\left(\left(a_{ik}\odot a_{kj}\right)\div a_{ij}\right)\right)\\&=\bigodot_{k=1}^{n}d_{\Omega}\left(a_{ij},a_{ik}\odot a_{kj}\right)\end{aligned}$$

且

$$\begin{aligned}\bigodot_{k=1}^{n}\left(\left(a_{ik}\odot a_{kj}\right)\div a_{ij}\right)&\leqslant\bigodot_{k=1}^{n}\left(\left(a_{ij}\div\left(a_{ik}\odot a_{kj}\right)\right)\vee\left(\left(a_{ik}\odot a_{kj}\right)\div a_{ij}\right)\right)\\&=\bigodot_{k=1}^{n}d_{\Omega}\left(a_{ij},a_{ik}\odot a_{kj}\right)\end{aligned}$$

则

$$\bigodot_{k=1}^{n}\left(a_{ij}\div\left(a_{ik}\odot a_{kj}\right)\right)\vee\bigodot_{k=1}^{n}\left(\left(a_{ik}\odot a_{kj}\right)\div a_{ij}\right)\leqslant\bigodot_{k=1}^{n}d_{\Omega}\left(a_{ij},a_{ik}\odot a_{kj}\right)$$

即 $d_{\Omega}\left(a_{ij},\overline{a}_{ij}\right)\leqslant\left(\bigodot_{k=1}^{n}d_{\Omega}\left(a_{ij},a_{ik}\odot a_{kj}\right)\right)^{[1/n]}$，因此

$$I_{\Omega}(\boldsymbol{A})=\left(\bigodot_{i=1}^{n}\bigodot_{j=1}^{n}d_{\Omega}\left(a_{ij},\overline{a}_{ij}\right)\right)^{\left[1/n^{2}\right]}\leqslant\left(\bigodot_{i=1}^{n}\bigodot_{j=1}^{n}\bigodot_{k=1}^{n}d_{\Omega}\left(a_{ij},a_{ik}\odot a_{kj}\right)\right)^{\left[1/n^{3}\right]}$$

由于 $d_{\Omega}\left(a_{ij},a_{ik}\odot a_{kj}\right)=o$，$i=j$，$i=k$，$j=k$，因此 $I_{\Omega}(\boldsymbol{A})\leqslant\left(\bigodot_{i\neq j,k;j\neq k}d_{\Omega}\left(a_{ij},a_{ik}\odot a_{kj}\right)\right)^{\left[1/n^{3}\right]}$。若 i,j,k 均不相等，则存在六种情形，即 $i<k<j$，$i<j<k$，$k<i<j$，$k<j<i$，$j<k<i$，$j<i<k$。基于 Cavallo 等[5]给出的推论可得 $\bigodot_{i\neq j,k;j\neq k}d_{\Omega}\left(a_{ij},a_{ik}\odot a_{kj}\right)=\left(\bigodot_{i<j<k}d_{\Omega}\left(a_{ij},a_{ik}\odot a_{kj}\right)\right)^{[6]}$，且

$$\begin{aligned}I_{\Omega}(\boldsymbol{A})&\leqslant\left(\bigodot_{i<j<k}d_{\Omega}\left(a_{ij},a_{ik}\odot a_{kj}\right)\right)^{\left[6/n^{3}\right]}\\&=\left(\left(\overline{I}_{\Omega}(\boldsymbol{A})\right)^{[(n(n-1)(n-2))/6]}\right)^{\left[6/n^{3}\right]}\\&=\left(\overline{I}_{\Omega}(\boldsymbol{A})\right)^{\left[((n-1)(n-2))/n^{2}\right]}\end{aligned}$$

即 $\left(I_{\Omega}(\boldsymbol{A})\right)^{\left[n^{2}\right]} \leqslant\left(\bar{I}_{\Omega}(\boldsymbol{A})\right)^{[(n-1)(n-2)]}$，定理得证。

在情形 A 下，式（1－10）可以退化为

$$I_{\Omega}(\boldsymbol{A})=\sqrt[n^{2}]{\prod_{j=1}^{n} \prod_{i=1}^{n} \frac{a_{ij} \vee \bar{a}_{ij}}{a_{ij} \wedge \bar{a}_{ij}}} \tag{1-11}$$

其中 $\bar{a}_{ij}$ 由式（1－5）表示。

式（1－11）可以进一步转化为

$$\log I_{\Omega}(\boldsymbol{A})=\frac{1}{n^{2}} \sum_{j=1}^{n} \sum_{i=1}^{n}\left|\log a_{ij}-\log \bar{a}_{ij}\right| \tag{1-12}$$

Crawford 等[13]定义 $\boldsymbol{A}$ 的一致性指标为

$$I_{\mathrm{CW}}(\boldsymbol{A})=\frac{2}{(n-1)(n-2)} \sum_{i<j}\left(\log a_{ij}-\log w_{i}+\log w_{j}\right)^{2} \tag{1-13}$$

其中 $w_{i}=\frac{\sqrt[n]{\prod_{t=1}^{n} a_{it}}}{\sum_{i=1}^{n} \sqrt[n]{\prod_{t=1}^{n} a_{it}}}$，$i=1,2,\cdots,n$。

定理 1.9 式（1－13）可以表示为

$$I_{\mathrm{CW}}(\boldsymbol{A})=\frac{2}{(n-1)(n-2)} \sum_{i<j}\left(\log a_{ij}-\log \bar{a}_{ij}\right)^{2} \tag{1-14}$$

其中 $\bar{a}_{ij}$ 由式（1－5）定义。

证明： 设 $w_{i}=\frac{\sqrt[n]{\prod_{t=1}^{n} a_{it}}}{\sum_{i=1}^{n} \sqrt[n]{\prod_{t=1}^{n} a_{it}}}$，$i=1,2,\cdots,n$，则

$$\frac{w_{i}}{w_{j}}=\frac{\sqrt[n]{\prod_{t=1}^{n} a_{it}}}{\sqrt[n]{\prod_{t=1}^{n} a_{jt}}}, i, j=1,2,\cdots,n \tag{1-15}$$

因此

$$\begin{aligned} I_{\mathrm{CW}}(\boldsymbol{A}) &= \frac{2}{(n-1)(n-2)}\sum_{i<j}\left(\log a_{ij}-\log w_i+\log w_j\right)^2 \\ &= \frac{2}{(n-1)(n-2)}\sum_{i<j}\left(\log a_{ij}-\log \bar{a}_{ij}\right)^2 \end{aligned}$$

定理得证。

式(1－14)类似于式(1－12)，但并没有考虑 $i=j$ 和 $i>j$ 的情形，且式(1－12)基于海明距离，而式（1－14）基于欧拉距离。

Saaty[1]基于 $\boldsymbol{A}$ 的特征向量 $\boldsymbol{\lambda}_{\max}$ 定义的一致性指标为

$$I_{\mathrm{S}}(\boldsymbol{A})=\frac{\boldsymbol{\lambda}_{\max}(\boldsymbol{A})-n}{n-1} \tag{1－16}$$

定理 1.10　设 $\boldsymbol{A}=(a_{ij})_{n\times n}\in \boldsymbol{C}_n(\Omega_{\mathrm{A}})$，则 $I_{\mathrm{CW}}(\boldsymbol{A})=\frac{2n}{n-2}I_{\mathrm{S}}(\boldsymbol{A})+O(\varepsilon^3)$，其中 $\varepsilon=\max_{ij}\left|\log a_{ij}-\log w_i+\log w_j\right|$。[14]

Wu 等[15]给出的一致性指标为

$$I_{\mathrm{WXA}}(\boldsymbol{A})=\frac{1}{n^2}\sum_{i=1}^{n}\sum_{j=1}^{n}a_{ij}\bar{a}_{ji} \tag{1－17}$$

式（1－12）和式（1－17）的不同在于前者基于拉格朗日公式，而后者不是。

在情形 B 下，式（1－10）可以写为

$$I_{\Omega}(A)=\frac{\sqrt[n^2]{\prod_{j=1}^{n}\prod_{i=1}^{n}a_{ij}(1-\bar{a}_{ij})\vee(1-a_{ij})\bar{a}_{ij}}}{\sqrt[n^2]{\prod_{j=1}^{n}\prod_{i=1}^{n}a_{ij}(1-\bar{a}_{ij})}+\sqrt[n^2]{\prod_{j=1}^{n}\prod_{i=1}^{n}(1-a_{ij})\bar{a}_{ij}}} \tag{1－18}$$

其中 $\bar{a}_{ij}$ 为式（1－6）中所示。

定理 1.11　式（1－18）等价于

$$\log I_{\Omega}(\boldsymbol{A})-\log\left(1-I_{\Omega}(\boldsymbol{A})\right)=\frac{1}{n^2}\sum_{j=1}^{n}\sum_{i=1}^{n}\left|\log a_{ij}-\log a_{ji}-\log\bar{a}_{ij}+\log\bar{a}_{ji}\right| \tag{1－19}$$

证明： 由于

$$I_\Omega(\boldsymbol{A})=\frac{\sqrt[n^2]{\prod_{j=1}^{n}\prod_{i=1}^{n}a_{ij}\left(1-\bar{a}_{ij}\right)\vee\left(1-a_{ij}\right)\bar{a}_{ij}}}{\sqrt[n^2]{\prod_{j=1}^{n}\prod_{i=1}^{n}a_{ij}\left(1-\bar{a}_{ij}\right)\vee\left(1-a_{ij}\right)\bar{a}_{ij}}+\sqrt[n^2]{\prod_{j=1}^{n}\prod_{i=1}^{n}a_{ij}\left(1-\bar{a}_{ij}\right)\vee\left(1-a_{ij}\right)\bar{a}_{ij}}}$$

$$\Leftrightarrow I_\Omega(\boldsymbol{A})\sqrt[n^2]{\prod_{j=1}^{n}\prod_{i=1}^{n}a_{ij}\left(1-\bar{a}_{ij}\right)\vee\left(1-a_{ij}\right)\bar{a}_{ij}}+$$

$$I_\Omega(\boldsymbol{A})\sqrt[n^2]{\prod_{j=1}^{n}\prod_{i=1}^{n}a_{ij}\left(1-\bar{a}_{ij}\right)\wedge\left(1-a_{ij}\right)\bar{a}_{ij}}$$

$$=\sqrt[n^2]{\prod_{j=1}^{n}\prod_{i=1}^{n}a_{ij}\left(1-\bar{a}_{ij}\right)\vee\left(1-a_{ij}\right)\bar{a}_{ij}}$$

$$\Leftrightarrow I_\Omega(\boldsymbol{A})\sqrt[n^2]{\prod_{j=1}^{n}\prod_{i=1}^{n}a_{ij}\left(1-\bar{a}_{ij}\right)\wedge\left(1-a_{ij}\right)\bar{a}_{ij}}$$

$$=\left(1-I_\Omega(\boldsymbol{A})\right)\sqrt[n^2]{\prod_{j=1}^{n}\prod_{i=1}^{n}a_{ij}\left(1-\bar{a}_{ij}\right)\vee\left(1-a_{ij}\right)\bar{a}_{ij}}$$

$$\Leftrightarrow\frac{I_\Omega(\boldsymbol{A})}{1-I_\Omega(\boldsymbol{A})}=\frac{\sqrt[n^2]{\prod_{j=1}^{n}\prod_{i=1}^{n}a_{ij}\left(1-\bar{a}_{ij}\right)\vee\left(1-a_{ij}\right)\bar{a}_{ij}}}{\sqrt[n^2]{\prod_{j=1}^{n}\prod_{i=1}^{n}a_{ij}\left(1-\bar{a}_{ij}\right)\wedge\left(1-a_{ij}\right)\bar{a}_{ij}}}$$

$$=\sqrt[n^2]{\prod_{j=1}^{n}\prod_{i=1}^{n}\frac{a_{ij}\left(1-\bar{a}_{ij}\right)\vee\left(1-a_{ij}\right)\bar{a}_{ij}}{a_{ij}\left(1-\bar{a}_{ij}\right)\wedge\left(1-a_{ij}\right)\bar{a}_{ij}}}$$

$$\Leftrightarrow\frac{I_\Omega(\boldsymbol{A})}{1-I_\Omega(\boldsymbol{A})}=\sqrt[n^2]{\prod_{j=1}^{n}\prod_{i=1}^{n}\frac{a_{ij}\left(1-\bar{a}_{ij}\right)}{\left(1-a_{ij}\right)\bar{a}_{ij}}\vee\frac{\left(1-a_{ij}\right)\bar{a}_{ij}}{a_{ij}\left(1-\bar{a}_{ij}\right)}}$$

$$\Leftrightarrow \log I_\Omega(\boldsymbol{A})-\log\left(1-I_\Omega(\boldsymbol{A})\right)=\frac{1}{n^2}\sum_{j=1}^{n}\sum_{i=1}^{n}\left|\log a_{ij}-\log a_{ji}-\log\bar{a}_{ij}+\log\bar{a}_{ji}\right|$$

定理得证。

Wang 等[16]给出的一致性指标为

$$I_{\mathrm{WF}}(\boldsymbol{A})=\frac{2}{(n-1)(n-2)}\sum_{i<j}\left(\log a_{ij}-\log a_{ji}-\log w_i+\log w_j\right)^2 \qquad (1-20)$$

其中 $w_i=\dfrac{\sqrt[n]{\prod_{t=1}^{n}a_{it}}}{\sum_{i=1}^{n}\sqrt[n]{\prod_{t=1}^{n}a_{it}}}$，$i=1,2,\cdots,n$。

定理 1.12　式（1－20）可以写为 $I_{\mathrm{WF}}(\boldsymbol{A})=\dfrac{2}{(n-1)(n-2)}\times\sum_{i<j}(\log a_{ij}-\log a_{ji}-\log\bar{a}_{ij}+\log\bar{a}_{ji})^2$，类似于式（1－19）。

证明： 设 $w_i=\dfrac{\sqrt[n]{\prod_{t=1}^{n}\frac{a_{it}}{a_{ti}}}}{\sum_{i=1}^{n}\sqrt[n]{\prod_{t=1}^{n}\frac{a_{it}}{a_{ti}}}}$，$i=1,2,\cdots,n$，则

$$\frac{w_i}{w_i+w_j}=\frac{\sqrt[n]{\prod_{t=1}^{n}\frac{a_{it}}{a_{ti}}}}{\sqrt[n]{\prod_{t=1}^{n}\frac{a_{it}}{a_{ti}}}+\sqrt[n]{\prod_{t=1}^{n}\frac{a_{jt}}{a_{tj}}}}=\frac{\sqrt[n]{\prod_{t=1}^{n}a_{it}a_{tj}}}{\sqrt[n]{\prod_{t=1}^{n}a_{it}a_{tj}}+\sqrt[n]{\prod_{t=1}^{n}a_{jt}a_{ti}}}$$

$$=\frac{\sqrt[n]{\prod_{t=1}^{n}a_{it}a_{tj}}}{\sqrt[n]{\prod_{t=1}^{n}a_{it}a_{tj}}+\sqrt[n]{\prod_{t=1}^{n}(1-a_{it})(1-a_{jt})}}=\bar{a}_{ij} \qquad (1-21)$$

由此可得

$$\frac{w_i}{w_i+w_j}=\bar{a}_{ij}\Leftrightarrow w_i=\bar{a}_{ij}w_i+\bar{a}_{ij}w_j\Leftrightarrow\left(1-\bar{a}_{ij}\right)w_i=\bar{a}_{ij}w_j\Leftrightarrow\frac{w_i}{w_j}=\frac{\bar{a}_{ij}}{a_{ji}}$$

因此

$$
\begin{aligned}
I_{\mathrm{WF}}(\boldsymbol{A}) &= \frac{2}{(n-1)(n-2)}\sum_{i<j}\left(\log a_{ij}-\log a_{ji}-\log w_i+\log w_j\right)^2 \\
&= \frac{2}{(n-1)(n-2)}\sum_{i<j}\left(\log a_{ij}-\log a_{ji}-\log\bar{a}_{ij}+\log\bar{a}_{ji}\right)^2
\end{aligned}
$$

定理得证。

在情形 C 下，式（1－10）可以写为

$$
I_{\Omega}(\boldsymbol{A})=\frac{1}{n^2}\sum_{i=1}^{n}\sum_{j=1}^{n}\left|a_{ij}-\bar{a}_{ij}\right| \tag{1-22}
$$

其中 $\bar{a}_{ij}$ 可以由式（1－7）表示。

Dong 等[2]给出的一致性指标为

$$
I_{\mathrm{D}}(\boldsymbol{A})=\frac{1}{N}\sqrt{\frac{2}{n(n-1)}\sum_{i=1}^{n-1}\sum_{j=i+1}^{n}\left(a_{ij}-\bar{a}_{ij}\right)^2} \tag{1-23}
$$

式（1－22）和式（1－23）的不同在于前者基于海明距离，后者基于欧拉距离，另外式（1－22）考虑了所有的情况，而式（1－23）仅考虑了 $i<j$ 的情况。

在情形 D 下，式（1－10）等价于

$$
I_{\Omega}(\boldsymbol{A})=\frac{1}{n^2}\sum_{i=1}^{n}\sum_{j=1}^{n}\left|a_{ij}-\bar{a}_{ij}\right|+\frac{1}{2} \tag{1-24}
$$

其中 $\bar{a}_{ij}$ 由式（1－8）表示。

Wu 等[15]给出的一致性指标为 $I_{\mathrm{WXB}}(\boldsymbol{A})=\frac{2}{n(n-1)}\sum_{i=1}^{n-1}\sum_{j=i+1}^{n}\left|a_{ij}-\bar{a}_{ij}\right|$，类似于式（1－24）给出的一致性指标。

以上分析说明本节定义的一致性指标和现有的一致性指标的不同之处在于本节给出了一个一致性的一般性框架，可以囊括现有的不同的一致性指标。

如果同时考虑元素和权重向量，则一致性指标可以定义如下。

定理 1.13 设 $\boldsymbol{A}=(a_{ij})_{n\times n}\in\boldsymbol{C}_n(\Omega)$，$\boldsymbol{w}=(w_1,w_2,\cdots,w_n)^{\mathrm{T}}$ 为其权重向量，则 $I_{\Omega}(\boldsymbol{A})=\left(\bigodot_{i=1}^{n}\bigodot_{j=1}^{n}d_{\Omega}\left(a_{ij},w_i\div w_j\right)\right)^{\left[1/n^2\right]}$。

证明： 假设 $w_i=\bigodot_{i=1}^{n}a_{it}^{[1/n]}$，$i=1,2,\cdots,n$，则

$$\begin{aligned} w_i \div w_j &= \left(\mathop{\odot}_{i=1}^{n} a_{it}^{[1/n]}\right) \div \left(\mathop{\odot}_{i=1}^{n} a_{jt}^{[1/n]}\right) = \left(\mathop{\odot}_{i=1}^{n} a_{it}^{[1/n]}\right) \odot \left(\mathop{\odot}_{i=1}^{n} a_{jt}^{[-1/n]}\right) \\ &= \left(\mathop{\odot}_{i=1}^{n} a_{it}^{[1/n]}\right) \odot \left(\mathop{\odot}_{i=1}^{n} a_{tj}^{[1/n]}\right) = \mathop{\odot}_{i=1}^{n} \left(a_{it} \odot a_{tj}\right)^{[1/n]} \\ &= \left(\mathop{\odot}_{i=1}^{n} \left(a_{it} \odot a_{tj}\right)\right)^{[1/n]} = \overline{a}_{ij} \end{aligned}$$

定理得证。

为了研究不同判断矩阵一致性指标之间的关系，给出下面的定义。

设 $h: G \to G'$ 且满足下面的条件：

$$x < y \Leftrightarrow h(x) < h(y), h(x \odot y) = h(x) \bigcirc h(y) \tag{1-25}$$

则 $h(e) = e'$，其中 e' 为 Ω' 的核，$h\left(x^{-1}\right) = \left(h(x)\right)^{-1}$，则称 $\Omega = (G, \odot, \leqslant)$ 和 $\Omega' = (G', \bigcirc, \leqslant)$ 为同构的。

由 $h^{-1}: G' \to G$ 可知

$$h^{-1}(x' \bigcirc y') = h^{-1}(x') \odot h^{-1}(y'), h^{-1}\left((x')^{-1}\right) = \left(h^{-1}(x')\right)^{-1}$$

基于运算 $\odot$ 和 $\bigcirc$，式（1－25）可以扩展到 n 个运算的情形，即 $\mathop{\odot}_{n}^{i=1} x_i$，且 $h\left(\mathop{\odot}_{i=1}^{n} x_i\right) = \mathop{\bigcirc}_{i=1}^{n} h(x_i), h(x^n) = (h(x))^n$。

定理 1.14　设 $\Omega = (G, \odot, \leqslant)$ 和 $\Omega' = (G', \bigcirc, \leqslant)$ 为两个有序阿贝尔群，且 $h: G \to G'$，则 $d_{\Omega'}(a', b') = h\left(d_{\Omega}\left(h^{-1}(a), h^{-1}(b)\right)\right), d_{\Omega}(a, b) = h^{-1}\left(d_{\Omega'}\left(h(a), h(b)\right)\right)$。[4]

定理 1.15　设 $\Omega' = (G', \bigcirc, \leqslant)$ 为 Ω 的同构，且 $h: G \to G'$，$\boldsymbol{A}' = \left(h\left(a_{ij}\right)\right) \in \boldsymbol{C}_n(\Omega')$，$\boldsymbol{A} = \left(a_{ij}\right) \in \boldsymbol{C}_n(\Omega)$，则 $I_{\Omega'}(\boldsymbol{A}') = h\left(I_{\Omega}(\boldsymbol{A})\right)$。

证明：由式（1－25）和定理 1.14 可得

$$\begin{aligned} I_{\Omega}(\boldsymbol{A}) &= \left(\mathop{\odot}_{i=1}^{n}\mathop{\odot}_{j=1}^{n} d_{\Omega}\left(a_{ij}, \overline{a}_{ij}\right)\right)^{\left[1/n^2\right]} \\ &= \left(\mathop{\odot}_{i=1}^{n}\mathop{\odot}_{j=1}^{n} h^{-1}\left(d_{\Omega'}\left(h\left(a_{ij}\right), h\left(\overline{a}_{ij}\right)\right)\right)\right)^{\left[1/n^2\right]} \\ &= h^{-1}\left(\mathop{\odot}_{i=1}^{n}\mathop{\odot}_{j=1}^{n}\left(d_{\Omega'}\left(a'_{ij}, \overline{a}'_{ij}\right)\right)\right)^{\left[1/n^2\right]} = h\left(I_{\Omega}(\boldsymbol{A})\right) \end{aligned}$$

定理得证。

针对不同类型的判断矩阵，需给出不同的一致性指标，但是这些指标之间不能相互转化，对决策者之间的沟通产生了影响。定理 1.15 指出本章给出的一致性指标可以给出一个统一的框架，为不同决策者的沟通提供了方便。

下面给出修正判断矩阵一致性的方法，在此之前给出一些定义。

设 $\boldsymbol{A}_1=\left(a_{ij1}\right)_{n\times n}\in C_n(\Omega)$ 和 $\boldsymbol{A}_2=\left(a_{ij2}\right)_{n\times n}\in \boldsymbol{C}_n(\Omega)$，假设它们的集成矩阵为 $\boldsymbol{A}(\theta)=\left(a_{ij}(\theta)\right)_{n\times n}\in \boldsymbol{C}_n(\Omega)(0\leqslant\theta\leqslant1)$，则 $a_{ij}(\theta)$ 可以表示为

$$a_{ij}(\theta)=a_{ij1}^{[1-\theta]}\odot a_{ij2}^{[\theta]}=\phi\left((1-\theta)\phi^{-1}\left(a_{ij1}\right)+\theta\phi^{-1}\left(a_{ij2}\right)\right),i,j=1,2,\cdots,n \qquad (1-26)$$

其中 θ 为式（1－26）中的一个控制参数。θ 的值越小，$a_{ij}(\theta)$ 越接近于 a_{ij1}，θ 越大，$a_{ij}(\theta)$ 越接近 a_{ij2}。特别地，$a_{ij}(0)=a_{ij1}$，$a_{ij}(1)=a_{ij2}$，其中 $a_{ij}(\theta)$ 为 a_{ij1} 和 a_{ij2} 之间的值。

定理 1.16 设 $\boldsymbol{A}_1=\left(a_{ij1}\right)_{n\times n}\in \boldsymbol{C}_n(\Omega)$，$\boldsymbol{A}_2=\left(a_{ij2}\right)_{n\times n}\in \boldsymbol{C}_n(\Omega)$，而 $\boldsymbol{A}(\theta)=\left(a_{ij}(\theta)\right)_{n\times n}$ $(0\leqslant\theta\leqslant1)$ 可以由式（1－26）表示，则

（1） $\min\left\{a_{ij1},a_{ij2}\right\}\leqslant a_{ij}(\theta)\leqslant\max\left\{a_{ij1},a_{ij2}\right\}$，$i,j=1,2,\cdots,n$。

（2） $\boldsymbol{A}(0)=\boldsymbol{A}_1,\boldsymbol{A}(1)=\boldsymbol{A}_2$。

（3） $\boldsymbol{A}(\theta)\in\boldsymbol{C}_n(\Omega)$。

证明：（2）是显然的，这里仅证明（1）和（3）。由于 $a_{ij}(\theta)=a_{ij1}^{[1-\theta]}\odot a_{ij2}^{[\theta]}=\phi\left((1-\theta)\phi^{-1}\left(a_{ij1}\right)+\theta\phi^{-1}\left(a_{ij2}\right)\right)$，假设 $\phi:R\to G$ 为严格单调递增的函数，则 $\min\left\{a_{ij1},a_{ij2}\right\}\leqslant a_{ij}(\theta)\leqslant\max\left\{a_{ij1},a_{ij2}\right\}$，因此

$$\begin{aligned}a_{ij}(\theta)\odot a_{ji}(\theta) &= a_{ij1}^{[1-\theta]}\odot a_{ij2}^{[\theta]}\odot a_{ji1}^{[1-\theta]}\odot a_{ji2}^{[\theta]}\\ &= a_{ij1}^{[1-\theta]}\odot a_{ji1}^{[1-\theta]}\odot a_{ij2}^{[\theta]}\odot a_{ji2}^{[\theta]}=o\end{aligned}$$

由此可得 $\boldsymbol{A}(\theta)\in\boldsymbol{C}_n(\Omega)$，定理得证。

根据定理 1.16，通过调节 θ 的取值，可以产生一系列位于 $\boldsymbol{A}_1$ 和 $\boldsymbol{A}_2$ 之间的判断矩阵。

定理 1.17 设 $\boldsymbol{A}_1=\left(a_{ij1}\right)_{n\times n}\in \boldsymbol{C}_n(\Omega)$，$\boldsymbol{A}_2=\left(a_{ij2}\right)_{n\times n}\in \boldsymbol{C}_n(\Omega)$，而 $\boldsymbol{A}(\theta)=\left(a_{ij}(\theta)\right)_{n\times n}\in\boldsymbol{C}_n(\Omega)(0\leqslant\theta\leqslant1)$ 可以由式（1－26）表示，则 $\boldsymbol{A}_1$ 和 $\boldsymbol{A}_2$ 具有一致性当且仅当 $\boldsymbol{A}(\theta)$ 具有一致性。

证明：设 $\boldsymbol{A}(\theta)$ 具有一致性，则 $\boldsymbol{A}(0)=\boldsymbol{A}_1$， $\boldsymbol{A}(1)=\boldsymbol{A}_2$，因此 $\boldsymbol{A}_1$ 和 $\boldsymbol{A}_2$ 具有一致性。相反，假设 $\boldsymbol{A}_1$ 和 $\boldsymbol{A}_2$ 具有一致性，则

$$a_{ij}(\theta)=a_{ij1}^{[1-\theta]}\odot a_{ij2}^{[\theta]},a_{jk}(\theta)=a_{jk1}^{[1-\theta]}\odot a_{jk2}^{[\theta]},a_{ik}(\theta)=a_{ik1}^{[1-\theta]}\odot a_{ik2}^{[\theta]}$$

且

$$\begin{aligned} a_{ij}(\theta)\odot a_{jk}(\theta) &= a_{ij1}^{[1-\theta]}\odot a_{ij2}^{[\theta]}\odot a_{jk1}^{[1-\theta]}\odot a_{jk2}^{[\theta]} \\ &= a_{ij1}^{[1-\theta]}\odot a_{jk1}^{[1-\theta]}\odot a_{ij2}^{[\theta]}\odot a_{jk2}^{[\theta]} \\ &= a_{ik1}^{[1-\theta]}\odot a_{jk2}^{[\theta]}=a_{ik}(\theta) \end{aligned}$$

定理得证。

定理 1.17 指出本章给出的集成方法可以保持判断矩阵的一致性。

根据构造的判断矩阵以及定义的集成方法，可以给出一种修正非一致性判断矩阵的方法。

方法 1.1

步骤 1：设 $\boldsymbol{A}^{(p)}=\left(a_{ij}^{(p)}\right)_{n\times n}=\boldsymbol{A}=\left(a_{ij}\right)_{n\times n}\in\boldsymbol{C}_n(\Omega)$， $p=0$，其中 p 表示迭代次数，$\overline{I}$ 表示可接受的一致性指标，$\theta(0\leqslant\theta\leqslant 1)$ 表示控制参数。

步骤 2：由式（1－4）构造 $\boldsymbol{A}^{(p)}$ 的一致性判断矩阵 $\overline{\boldsymbol{A}}^{(p)}=\left(\overline{a}_{ij}^{(p)}\right)_{n\times n}$，其中 $a_{ij}^{(p)}=\left(\mathop{\odot}\limits_{t=1}^{n}\left(a_{it}^{(p)}\odot a_{tj}^{(p)}\right)\right)^{[1/n]}$， $i,j=1,2,\cdots,n$。

步骤 3：由式（1－10）计算 $\boldsymbol{A}^{(p)}$ 的一致性指标，即

$$I_{\Omega}\left(\boldsymbol{A}^{(p)}\right)=\left(\mathop{\odot}\limits_{i=1}^{n}\mathop{\odot}\limits_{j=1}^{n}d_{\Omega}\left(a_{it}^{(p)},\overline{a}_{ij}^{(p)}\right)\right)^{[1/n^2]} \tag{1-27}$$

步骤 4：若 $I_{\Omega}\left(\boldsymbol{A}^{(p)}\right)\leqslant\overline{I}$，则算法结束；否则由式（1－26）构造判断矩阵 $\boldsymbol{A}^{(p+1)}=\left(a_{ij}^{(p+1)}\right)_{n\times n}$，其中

$$a_{ij}^{(p+1)}=\left(a_{ij}^{(p)}\right)^{[1-\theta]}\odot\left(\overline{a}_{ij}^{(p)}\right)^{[\theta]},i,j=1,2,\cdots,n \tag{1-28}$$

步骤 5：设 $p=p+1$，返回步骤 2。

基于加型一致性，Ma 等[12]给出一种修正模糊判断矩阵弱一致性的方法，Wu 等[17]给出一种修正判断矩阵的方法，这两种方法均基于加型一致性。基于乘型一致性，Xia 等[11]给出一种修正模糊判断矩阵一致性的方法。基于特征向量和 Saaty[1]

给出的一致性指标，Xu 等[18]给出一种修正一致性的方法。Dong 等[2]对 Xu 等[18]给出的方法进行了改进，用几何一致性指标[14]代替之前给出的一致性指标，用几何平均法代替特征向量法，对判断矩阵的一致性进行修正。下面我们比较分析这些方法的区别和联系。

在情形 A 下，式（1－28）可以写为

$$a_{ij}^{(p+1)}=(a_{ij}^{(p)})^{1-\theta}(\overline{a}_{ij}^{(p)})^{\theta},i,j=1,2,\cdots,n \tag{1-29}$$

定理 1.18 设 $\boldsymbol{A}=(a_{ij})_{n\times n}\in \boldsymbol{C}_n\left(\Omega_{\mathrm{A}}\right)$，则式（1－29）可以写为 $a_{ij}^{(p+1)}=(a_{ij}^{(p)})^{1-\theta}\left(\dfrac{w_i^{(p)}}{w_j^{(p)}}\right)^{\theta},i,j=1,2,\cdots,n$，其中 $w_i^{(p)}=\dfrac{\sqrt[n]{\prod\limits_{t=1}^{n}a_{it}^{(p)}}}{\sum\limits_{i=1}^{n}\sqrt[n]{\prod\limits_{t=1}^{n}a_{it}^{(p)}}}$，$i=1,2,\cdots,n$。

证明： 设 $w_i^{(p)}=\dfrac{\sqrt[n]{\prod\limits_{t=1}^{n}a_{it}^{(p)}}}{\sum\limits_{i=1}^{n}\sqrt[n]{\prod\limits_{t=1}^{n}a_{it}^{(p)}}}$，$i=1,2,\cdots,n$，由式（1－15）可得 $\dfrac{w_i^{(p)}}{w_j^{(p)}}=\overline{a}_{ij}^{(p)}$，$i,j=1,2,\cdots,n$，因此 $a_{ij}^{(p+1)}=(a_{ij}^{(p)})^{1-\theta}(\overline{a}_{ij}^{(p)})^{\theta}=(a_{ij}^{(p)})^{1-\theta}\left(\dfrac{w_i^{(p)}}{w_j^{(p)}}\right)^{\theta}$，$i,j=1,2,\cdots,n$，定理得证。

若用式（1－13）或式（1－16）代替式（1－27），则方法 1.1 便退化为 Dong 等[2]和 Xu 等[18]给出的方法。

在情形 B 下，式（1－28）可以退化为

$$a_{ij}^{(p+1)}=\frac{\left(a_{ij}^{(p)}\right)^{1-\theta}\left(\overline{a}_{ij}^{(p)}\right)^{\theta}}{\left(a_{ij}^{(p)}\right)^{1-\theta}\left(\overline{a}_{ij}^{(p)}\right)^{\theta}+\left(1-a_{ij}^{(p)}\right)^{1-\theta}\left(1-\overline{a}_{ij}^{(p)}\right)^{\theta}},i,j=1,2,\cdots,n \tag{1-30}$$

等价于 Xia 等[11]给出的式子。

定理 1.19 式（1－30）可以写为 $a_{ij}^{(p+1)}=\dfrac{\left(a_{ij}^{(p)}\right)^{1-\theta}\left(w_i^{(p)}\right)^{\theta}}{\left(a_{ij}^{(p)}\right)^{1-\theta}\left(w_i^{(p)}\right)^{\theta}+\left(1-a_{ij}^{(p)}\right)^{1-\theta}\left(w_j^{(p)}\right)^{\theta}}$，

$i,j=1,2,\cdots,n$，其中 $w_i^{(p)}=\dfrac{\sqrt[n]{\prod_{t=1}^{n}\frac{a_{it}^{(p)}}{a_{ti}^{(p)}}}}{\sum_{i=1}^{n}\sqrt[n]{\prod_{t=1}^{n}\frac{a_{it}^{(p)}}{a_{ti}^{(p)}}}}$，$i=1,2,\cdots,n$，等价于 Xia 等[19]给出的式子。

证明： 设 $w_i^{(p)}=\dfrac{\sqrt[n]{\prod_{t=1}^{n}\frac{a_{it}^{(p)}}{a_{ti}^{(p)}}}}{\sum_{i=1}^{n}\sqrt[n]{\prod_{t=1}^{n}\frac{a_{it}^{(p)}}{a_{ti}^{(p)}}}}, i=1,2,\cdots,n$，由式（1－21）可得 $\dfrac{w_i^{(p)}}{w_i^{(p)}+w_j^{(p)}}=\overline{a}_{ij}^{(p)}, i,j=1,2,\cdots,n$，因此

$$
\begin{aligned}
a_{ij}^{(p+1)}&=\frac{\left(a_{ij}^{(p)}\right)^{1-\theta}\left(\overline{a}_{ij}^{(p)}\right)^{\theta}}{\left(a_{ij}^{(p)}\right)^{1-\theta}\left(\overline{a}_{ij}^{(p)}\right)^{\theta}+\left(1-a_{ij}^{(p)}\right)^{1-\theta}\left(1-\overline{a}_{ij}^{(p)}\right)^{\theta}}\\
&=\frac{\left(a_{ij}^{(p)}\right)^{1-\theta}\left(\dfrac{w_i^{(p)}}{w_i^{(p)}+w_j^{(p)}}\right)^{\theta}}{\left(a_{ij}^{(p)}\right)^{1-\theta}\left(\dfrac{w_i^{(p)}}{w_i^{(p)}+w_j^{(p)}}\right)^{\theta}+\left(1-a_{ij}^{(p)}\right)^{1-\theta}\left(\dfrac{w_i^{(p)}}{w_i^{(p)}+w_j^{(p)}}\right)^{\theta}}\\
&=\frac{\left(a_{ij}^{(p)}\right)^{1-\theta}\left(w_i^{(p)}\right)^{\theta}}{\left(a_{ij}^{(p)}\right)^{1-\theta}\left(w_i^{(p)}\right)^{\theta}+\left(1-a_{ij}^{(p)}\right)^{1-\theta}\left(w_j^{(p)}\right)^{\theta}},i,j=1,2,\cdots,n
\end{aligned}
$$

定理得证。

根据定理 1.19，若用式（1－20）代替式（1－27），则方法 1.1 退化为 Xia 等[19]给出的方法。

在情形 D 下，式（1－28）可以写为 $a_{ij}^{(p+1)}=(1-\theta)a_{ij}^{(p)}+\theta\overline{a}_{ij}^{(p)},i,j=1,2,\cdots,n$。

若 $a_{ij}\in[0,1]$，且用弱一致性代替一致性指标，则方法 1.1 退化为 Ma 等[12]给出的方法。

方法 1.1 的收敛性可用下面的定理证明。

定理 1.20　设 $\boldsymbol{A},\boldsymbol{B}\in C_n(\Omega)$，其中 $\boldsymbol{A}$ 为原始判断矩阵，$\boldsymbol{B}$ 为经过方法 1.1 修正

后的判断矩阵，则 $I_{\Omega}(\boldsymbol{B})<I_{\Omega}(\boldsymbol{A})$。

证明： 假设 $\boldsymbol{A}^{(p)}\in \boldsymbol{C}_n(\Omega)$ 为方法 1.1 中第 p 次迭代产生的判断矩阵，则仅需证明 $I_{\Omega}\left(\boldsymbol{A}^{(p+1)}\right)\leqslant I_{\Omega}\left(\boldsymbol{A}^{(p)}\right)$。由于

$$
\begin{aligned}
\overline{a}_{ij}^{(p+1)} &= \left(\mathop{\odot}_{t=1}^{n}\left(a_{it}^{(p+1)}\odot a_{tj}^{(p+1)}\right)\right)^{[1/n]}\\
&= \left(\mathop{\odot}_{t=1}^{n}\left(\left((a_{it}^{(p)})^{[1-\theta]}\odot(\overline{a}_{it}^{(p)})^{[\theta]}\right)\odot\left((a_{tj}^{(p)})^{[1-\theta]}\odot(\overline{a}_{tj}^{(p)})^{[\theta]}\right)\right)\right)^{[1/n]}\\
&= \left(\mathop{\odot}_{t=1}^{n}\left(\left((a_{it}^{(p)})^{[1-\theta]}\odot(a_{tj}^{(p)})^{[1-\theta]}\right)\odot\left((\overline{a}_{it}^{(p)})^{[\theta]}\odot(\overline{a}_{tj}^{(p)})^{[\theta]}\right)\right)\right)^{[1/n]}\\
&= (\overline{a}_{ij}^{(p)})^{[1-\theta]}\odot(\overline{a}_{ij}^{(p)})^{[\theta]}=\overline{a}_{ij}^{(p)}
\end{aligned}
$$

可得

$$
\begin{aligned}
I_{\Omega}\left(\boldsymbol{A}^{(p+1)}\right) &= \left(\mathop{\odot}_{i=1}^{n}\mathop{\odot}_{j=1}^{n} I_{\Omega}\left(a_{ij}^{(p+1)}\right)\right)^{[1/n^2]} = \left(\mathop{\odot}_{i=1}^{n}\mathop{\odot}_{j=1}^{n} d_{\Omega}\left(a_{ij}^{(p+1)},\overline{a}_{ij}^{(p+1)}\right)\right)^{[1/n^2]}\\
&= \left(\mathop{\odot}_{i=1}^{n}\mathop{\odot}_{j=1}^{n} d_{\Omega}\left(a_{ij}^{(p+1)},\overline{a}_{ij}^{(p)}\right)\right)^{[1/n^2]}\\
&= \left(\mathop{\odot}_{i=1}^{n}\mathop{\odot}_{j=1}^{n} d_{\Omega}\left(\left((a_{ij}^{(p)})^{[1-\theta]}\odot(\overline{a}_{ij}^{(p)})^{[\theta]}\right),\overline{a}_{ij}^{(p)}\right)\right)^{[1/n^2]}\\
&= \left(\mathop{\odot}_{i=1}^{n}\mathop{\odot}_{j=1}^{n}\left(\left((a_{ij}^{(p)})^{[1-\theta]}\odot(\overline{a}_{ij}^{(p)})^{[\theta]}\right)\div\left((\overline{a}_{ij}^{(p)})^{[1-\theta]}\odot(\overline{a}_{ij}^{(p)})^{[\theta]}\right)\right)\vee\right.\\
&\qquad \left.\left(\left((\overline{a}_{ij}^{(p)})^{[1-\theta]}\odot(\overline{a}_{ij}^{(p)})^{[\theta]}\right)\div\left((a_{ij}^{(p)})^{[1-\theta]}\odot(\overline{a}_{ij}^{(p)})^{[\theta]}\right)\right)\right)^{[1/n^2]}\\
&= \left(\mathop{\odot}_{i=1}^{n}\mathop{\odot}_{j=1}^{n}\left((a_{ij}^{(p)})^{[1-\theta]}\div(\overline{a}_{ij}^{(p)})^{[1-\theta]}\right)\vee\left((\overline{a}_{ij}^{(p)})^{[1-\theta]}\div(a_{ij}^{(p)})^{[1-\theta]}\right)\right)^{[1/n^2]}\\
&= \left(\mathop{\odot}_{i=1}^{n}\mathop{\odot}_{j=1}^{n}\left(d_{\Omega}\left(a_{ij}^{(p)},\overline{a}_{ij}^{(p)}\right)\right)^{[1-\theta]}\right)^{[1/n^2]} = \left(I_{\Omega}\left(\boldsymbol{A}^{(p)}\right)\right)^{[1-\theta]}\leqslant I_{\Omega}\left(\boldsymbol{A}^{(p)}\right)
\end{aligned}
$$

因此 $I_{\Omega}(\boldsymbol{B})<I_{\Omega}(\boldsymbol{A})$，定理得证。

在方法 1.1 中，决策者可以提供参数 θ 的值以及可以接受的一致性水平 I_{Ω}。

一旦 θ 和 I_Ω 的值确定，方法 1.1 可以自动地给出修正后的判断矩阵。若决策者想更多地参与决策过程，则可用下面的方法。

方法 1.2

步骤 1：同方法 1.1 的步骤 1。

步骤 2：同方法 1.1 的步骤 2。

步骤 3：同方法 1.1 的步骤 3。

步骤 4：将 $\boldsymbol{A}^{(p)}$ 反馈给决策者，重新构建判断矩阵 $\boldsymbol{A}^{(p+1)}=\left(a_{ij}^{(p+1)}\right)_{n\times n}\in \boldsymbol{C}_n(\Omega)$，其中

$$a_{ij}^{(p+1)}\in\left[\min\left(a_{ij}^{(p)},\overline{a}_{ij}^{(p)}\right),\max\left(a_{ij}^{(p)},\overline{a}_{ij}^{(p)}\right)\right],i,j=1,2,\cdots,n \qquad (1-31)$$

步骤 5：同方法 1.1 的步骤 5。

方法 1.1 和方法 1.2 的一致性修正过程可以用图 1－1 表示。在方法 1.2 中，决策者可以根据构造的具有一致性的判断矩阵修正原始的判断矩阵，他们可以选择任何满足式（1－31）的值，因此修正后的判断矩阵更好地反映了决策者的偏好信息。

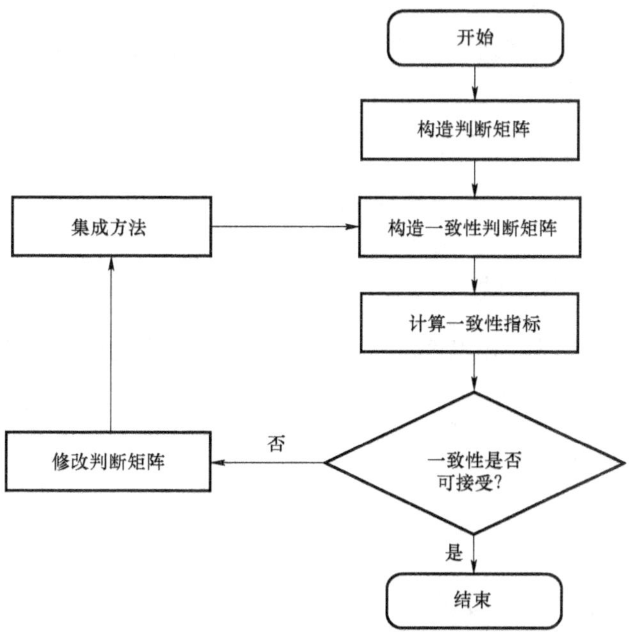

图 1－1　一致性修正过程

定理 1.21 设 $\boldsymbol{A}$，$\boldsymbol{B}\in \boldsymbol{C}_n(\Omega)$，其中 $\boldsymbol{A}$ 为原始判断矩阵，$\boldsymbol{B}$ 为由方法 1.1 修正后的判断矩阵，则 $I_\Omega(\boldsymbol{B})<I_\Omega(\boldsymbol{A})$。

证明： 假设 $\boldsymbol{A}^{(p)}\in \boldsymbol{C}_n(\Omega)$ 为方法 1.1 中第 p 次迭代产生的判断矩阵，则仅需证明 $I_\Omega\left(\boldsymbol{A}^{(p+1)}\right)\leqslant I_\Omega\left(\boldsymbol{A}^{(p)}\right)$。设 $a_{ij}^{(p+1)}\in\left[\min\left\{a_{ij}^{(p)},\overline{a}_{ij}^{(p)}\right\},\max\left\{a_{ij}^{(p)},\overline{a}_{ij}^{(p)}\right\}\right]$，则 $d_\Omega\left(a_{ij}^{(p+1)},\overline{a}_{ij}^{(p)}\right)\leqslant d_\Omega\left(a_{ij}^{(p)},\overline{a}_{ij}^{(p)}\right),i,j=1,2,\cdots,n$，即 $d\left(\boldsymbol{A}^{(p+1)},\overline{\boldsymbol{A}}^{(p)}\right)\leqslant d\left(\boldsymbol{A}^{(p)},\overline{\boldsymbol{A}}^{(p)}\right)$。由于 $d\left(\boldsymbol{A}^{(p+1)},\overline{\boldsymbol{A}}^{(p+1)}\right)\leqslant d\left(\boldsymbol{A}^{(p+1)},\overline{\boldsymbol{A}}^{(p)}\right)$，则

$$I_\Omega\left(\boldsymbol{A}^{(p+1)}\right)=\left(d\left(\boldsymbol{A}^{(p+1)},\overline{\boldsymbol{A}}^{(p+1)}\right)\right)^{\left[1/n^2\right]}\leqslant I_\Omega\left(\boldsymbol{A}^{(p)}\right)=\left(d\left(\boldsymbol{A}^{(p)},\overline{\boldsymbol{A}}^{(p)}\right)\right)^{\left[1/n^2\right]}$$

因此定理得证。

基于语言元素的下标，Dong 等[2]给出了语言判断矩阵的一致性指标及修正方法。方法 1.2 可以看作 Dong 等[2]所给方法的一个扩展。

1.4 基于有序阿贝尔群的判断矩阵的共识性的修正方法

首先给出一种集成判断矩阵的方法，基于此给出共识性指标的定义，并给出两种修正共识性的方法。

设 $X=\{x_1,x_2,\cdots,x_n\}$ 为方案集，m 个决策者 $d_l\,(l=1,2,\cdots,m)$ 给出他们的判断矩阵 $\boldsymbol{A}_l=\left(a_{ijl}\right)_{n\times n}\in \boldsymbol{C}_n(\Omega)$。设 $\boldsymbol{\lambda}=(\lambda_1,\lambda_2,\cdots,\lambda_m)^{\mathrm{T}}$ 为决策者的权重向量，且满足 $\sum\limits_{l=1}^{m}\lambda_l=1$，$0\leqslant\lambda_l\leqslant 1,l=1,2,\cdots,m$。

为了帮助决策者提高共识性水平，首先给出一种集成判断矩阵的方法。

定义 1.3 设 $\boldsymbol{A}_l=\left(a_{ijl}\right)_{n\times n}\in \boldsymbol{C}_n(\Omega)\,(l=1,2,\cdots,m)$，则集成的判断矩阵定义为 $\boldsymbol{A}=\left(a_{ij}\right)_{n\times n}\in \boldsymbol{C}_n(\Omega)$，其中

$$a_{ij}=\odot_{l=1}^{m}a_{ijl}^{[\lambda_l]},i,j=1,2,\cdots,n \tag{1-32}$$

在情形 A 下，式(1－32)退化为加权几何平均算子[20] $a_{ij}=\prod\limits_{l=1}^{m}a_{ijl}^{\lambda_l},i,j=1,2,\cdots,n$，这种形式已经被 Dong 等[2]和 Wu 等[15]用于集成判断矩阵。

在情形 B 下，式（1－32）退化为 Xia 等[11]给出的形式 $a_{ij}=\dfrac{\prod\limits_{l=1}^{m}a_{ijl}^{\lambda_l}}{\prod\limits_{l=1}^{m}a_{ijl}^{\lambda_l}+\prod\limits_{l=1}^{m}\left(1-a_{ijl}\right)^{\lambda_l}}$，$i,j=1,2,\cdots,n$。

在情形 D 下，式（1－32）退化为加权算数平均算子[8] $a_{ij}=\sum\limits_{l=1}^{m}\lambda_l a_{ijl},\ i,j=1,2,\cdots,n$。

定理 1.22 设 $\boldsymbol{A}_l=\left(a_{ijl}\right)_{n\times n}\in\boldsymbol{C}_n\left(\Omega\right),l=1,2,\cdots,m$，则由式（1－32）给出的矩阵 $\boldsymbol{A}=\left(a_{ij}\right)_{n\times n}$ 为判断矩阵。

证明： 由式（1－32）可得

$$\begin{aligned}a_{ij}\odot a_{ji}&=\left(\mathop{\odot}_{l=1}^{m}a_{ijl}^{[\lambda_l]}\right)\odot\left(\mathop{\odot}_{l=1}^{m}a_{jil}^{[\lambda_l]}\right)\\&=\mathop{\odot}_{l=1}^{m}(a_{ijl}^{[\lambda_l]}\odot a_{jil}^{[\lambda_l]})\\&=\mathop{\odot}_{l=1}^{m}(a_{ijl}\odot a_{jil})^{[\lambda_l]}=o,i,j=1,2,\cdots,n\end{aligned}$$

定理得证。

定理 1.23 若 $\boldsymbol{A}_l=\left(a_{ijl}\right)_{n\times n}\in\boldsymbol{C}_n\left(\Omega\right)\left(l=1,2,\cdots,m\right)$ 均具有一致性，则由式（1－32）构造的判断矩阵 $\boldsymbol{A}=\left(a_{ij}\right)_{n\times n}\in\boldsymbol{C}_n\left(\Omega\right)$ 也具有一致性。

证明： 假设 $a_{ij}=\mathop{\odot}\limits_{l=1}^{m}a_{ijl}^{[\lambda_l]}$，$a_{jk}=\mathop{\odot}\limits_{l=1}^{m}a_{jkl}^{[\lambda_l]}$，$a_{ik}=\mathop{\odot}\limits_{l=1}^{m}a_{ikl}^{[\lambda_l]}$，则

$$\begin{aligned}a_{ik}\odot a_{kj}&=\left(\mathop{\odot}_{l=1}^{m}a_{ikl}^{[\lambda_l]}\right)\odot\left(\mathop{\odot}_{l=1}^{m}a_{kjl}^{[\lambda_l]}\right)\\&=\mathop{\odot}_{l=1}^{m}(a_{ikl}^{[\lambda_l]}\odot a_{kjl}^{[\lambda_l]})=\mathop{\odot}_{l=1}^{m}(a_{ikl}\odot a_{kjl})^{[\lambda_l]}\\&=\mathop{\odot}_{l=1}^{m}a_{ijl}^{[\lambda_l]}=a_{ij}\end{aligned}$$

定理得证。

定理 1.24 设 $\boldsymbol{A}_l=\left(a_{ijl}\right)_{n\times n}\in\boldsymbol{C}_n\left(\Omega\right),l=1,2,\cdots,m$，$\boldsymbol{A}=\left(a_{ij}\right)_{n\times n}\in\boldsymbol{C}_n\left(\Omega\right)$ 为由

式（1－32）构造的集成的判断矩阵。设 $\overline{\boldsymbol{A}}_l=\left(a_{ijl}\right)_{n\times n}\in \boldsymbol{C}_n\left(\Omega\right)$ 为 $\boldsymbol{A}_l=\left(a_{ijl}\right)_{n\times n}$ 由式（1－4）构造的一致性判断矩阵，$\overline{\boldsymbol{A}}=\left(\overline{a}_{ij}\right)_{n\times n}\in \boldsymbol{C}_n\left(\Omega\right)$ 为 $\boldsymbol{A}=\left(a_{ij}\right)_{n\times n}$ 的一致性判断矩阵，则 $\overline{a}_{ij}^{(p)}=\mathop{\odot}\limits_{l=1}^{m}(\overline{a}_{ijl}^{(p)})^{[\lambda_l]},i,j=1,2,\cdots,n$。

证明： 由式（1－4）和式（1－32）可得

$$
\begin{aligned}
\overline{a}_{ij}^{(p)}&=\mathop{\odot}\limits_{t=1}^{n}\left(\left(\mathop{\odot}\limits_{l=1}^{m}(a_{itl}^{(p)})^{[\lambda_l]}\right)\odot\left(\mathop{\odot}\limits_{l=1}^{m}(a_{tjl}^{(p)})^{[\lambda_l]}\right)\right)^{[1/n]}\\
&=\mathop{\odot}\limits_{t=1}^{n}\left(\mathop{\odot}\limits_{l=1}^{m}(a_{itl}^{(p)}\odot a_{tjl}^{(p)})^{[\lambda_l]}\right)^{[1/n]}\\
&=\mathop{\odot}\limits_{l=1}^{m}\left(\mathop{\odot}\limits_{t=1}^{n}(a_{itl}^{(p)}\odot a_{tjl}^{(p)})^{[1/n]}\right)^{[\lambda_l]}=\mathop{\odot}\limits_{l=1}^{m}\left(a_{ijl}^{(p)}\right)^{[\lambda_l]}
\end{aligned}
$$

定理得证。

定理 1.25 设 $\boldsymbol{A}_l=\left(a_{ijl}\right)_{n\times n}\in \boldsymbol{C}_n\left(\Omega\right)\left(l=1,2,\cdots,m\right)$ 为决策者 $d_l\left(l=1,2,\cdots,m\right)$ 给出的判断矩阵，$\lambda_l\left(l=1,2,\cdots,m\right)$ 为决策者的权重。设 $\left(w_{1l},w_{2l},\cdots,w_{nl}\right)^{\mathrm{T}}$ 为 $\boldsymbol{A}_l$ 的权重向量，$\boldsymbol{A}=\left(a_{ij}\right)_{n\times n}$ 为由式（1－32）构造的集成的判断矩阵，其权重向量为 $\boldsymbol{w}=\left(w_1,w_2,\cdots,w_n\right)^{\mathrm{T}}$，则

$$
w_i=\mathop{\odot}\limits_{l=1}^{m}(w_{il})^{[\lambda_l]},i=1,2,\cdots,n. \qquad (1-33)
$$

证明：

$$
\begin{aligned}
w_i&=\mathop{\odot}\limits_{j=1}^{n}(a_{ij})^{[1/n]}=\mathop{\odot}\limits_{j=1}^{n}(\mathop{\odot}\limits_{l=1}^{m}a_{ijl}^{[\lambda_l]})^{[1/n]}\\
&=\mathop{\odot}\limits_{l=1}^{m}(\mathop{\odot}\limits_{j=1}^{n}a_{ijl}^{[1/n]})^{[\lambda_l]}=\mathop{\odot}\limits_{l=1}^{m}(w_{il})^{[\lambda_l]}
\end{aligned}
$$

定理得证。

在情形 A 下，式（1－33）可以退化为

$$
w_i=\prod_{l=1}^{m}w_{il}^{\lambda_l},i=1,2,\cdots,n \qquad (1-34)
$$

在情形 C 下，式（1－33）可以退化为 Xia 等[11]给出的式子

$$w_i=\frac{\prod_{l=1}^{m}w_{il}^{\lambda_l}}{\prod_{l=1}^{m}w_{il}^{\lambda_l}+\prod_{l=1}^{m}\left(1-w_{il}\right)^{\lambda_l}},i=1,2,\cdots,n \tag{1-35}$$

如果将权重向量进行归一化，则式（1-34）和式（1-35）可以写为 Dong 等[2]和 Xia 等[19]给出的式子 $w_i=\frac{\prod_{l=1}^{m}w_{il}^{\lambda_l}}{\prod_{l=1}^{m}\prod_{l=1}^{m}w_{il}^{\lambda_l}},i=1,2,\cdots,n$。

定理 1.26　设 $\boldsymbol{A}_l=\left(a_{ijl}\right)_{n\times n}\in\boldsymbol{C}_n\left(\Omega\right)\left(l=1,2,\cdots,m\right)$ 均具有一致性，$\left(w_{1l},w_{2l},\cdots,w_{nl}\right)^{\mathrm{T}}$ 为其权重向量，$\boldsymbol{A}=\left(a_{ij}\right)_{n\times n}\in\boldsymbol{C}_n\left(\Omega\right)$ 为由式（1-32）构造的判断矩阵，$\boldsymbol{w}=\left(w_1,w_2,\cdots,w_n\right)^{\mathrm{T}}$ 为 $\boldsymbol{A}$ 的权重向量，则

$$a_{ij}=w_i\div w_j,i,j=1,2,\cdots,n \tag{1-36}$$

定义 1.4　设 $\boldsymbol{A}_l=\left(a_{ijl}\right)_{n\times n}\in\boldsymbol{C}_n\left(\Omega\right)\left(l=1,2,\cdots,m\right)$，$\boldsymbol{A}=\left(a_{ij}\right)_{n\times n}\in\boldsymbol{C}_n\left(\Omega\right)$ 为由式（1-32）构造的判断矩阵，则 $\boldsymbol{A}_l\left(l=1,2,\cdots,m\right)$ 的共识性指标定义为 $G\left(\boldsymbol{A}_l\right)=\left(\bigodot_{i=1}^{n}\bigodot_{j=1}^{n}d_{\Omega}\left(a_{ijl},a_{ij}\right)\right)^{\left[1/n^2\right]}$，$l=1,2,\cdots,m$。

如果 $G\left(\boldsymbol{A}_l\right)=o$，$l=1,2,\cdots,m$，则所有的个体判断矩阵 $\boldsymbol{A}_l\left(l=1,2,\cdots,m\right)$ 均达到共识，但是在实际中很难实现。$G\left(\boldsymbol{A}_l\right)$ 的值越小，$\boldsymbol{A}_l$ 的共识性越好。

在情况 A 下，$\boldsymbol{A}=\left(a_{ij}\right)_{n\times n}\in\boldsymbol{C}_n\left(\Omega_{\mathrm{A}}\right)$ 的共识性指标可以表示为 $G\left(\boldsymbol{A}_l\right)=\sqrt[n^2]{\prod_{j=1}^{n}\prod_{i=1}^{n}\frac{a_{ijl}\vee a_{ij}}{a_{ijl}\wedge a_{ij}}},l=1,2,\cdots,m$，等价于式子

$$\log G\left(\boldsymbol{A}_l\right)=\frac{1}{n^2}\sum_{j=1}^{n}\sum_{i=1}^{n}\left|\log a_{ijl}-\log a_{ij}\right|,l=1,2,\cdots,m \tag{1-37}$$

Wu 等[15]给出的共识性指标如下：

$$G\left(\boldsymbol{A}_l\right)=\frac{1}{n^2}\sum_{i=1}^{n}\sum_{j=1}^{n}a_{ijl}a_{ji},l=1,2,\cdots,m \tag{1-38}$$

Dong 等[21]给出的共识性指标如下：

$$G(A_l)=\frac{2}{(n-1)(n-2)}\sum_{i<j}\left(\log a_{ijl}-\log w_i+\log w_j\right)^2 \tag{1-39}$$

其中 $w_i=\dfrac{\prod_{l=1}^{m}w_{il}^{\lambda_l}}{\sum_{i=1}^{n}\prod_{l=1}^{m}w_{il}^{\lambda_l}}$，$w_{il}=\dfrac{\sqrt[n]{\prod_{t=1}^{n}a_{itl}}}{\sum_{i=1}^{n}\sqrt[n]{\prod_{t=1}^{n}a_{itl}}}$，$i=1,2,\cdots,n$，$l=1,2,\cdots,m$。

定理 1.27 若 $A_l=(a_{ijl})_{n\times n}\in C_n(\Omega_A)(l=1,2,\cdots,m)$ 均一致性，则式（1-39）可以写为 $G(A_l)=\frac{2}{(n-1)(n-2)}\sum_{i<j}\left(\log a_{ijl}-\log a_{ij}\right)^2$，$i=1,2,\cdots,n$，和式（1-37）类似。

证明： 设 $w_i=\dfrac{\prod_{l=1}^{m}w_{il}^{\lambda_l}}{\sum_{i=1}^{n}\prod_{l=1}^{m}w_{il}^{\lambda_l}}$，$w_{il}=\dfrac{\sqrt[n]{\prod_{t=1}^{n}a_{itl}}}{\sum_{i=1}^{n}\sqrt[n]{\prod_{t=1}^{n}a_{itl}}}$，$i=1,2,\cdots,n$，$l=1,2,\cdots,m$，则

$$\frac{w_i}{w_j}=\frac{\prod_{l=1}^{m}w_{il}^{\lambda_l}}{\prod_{l=1}^{m}w_{jl}^{\lambda_l}}=\frac{\prod_{l=1}^{m}\left(\sqrt[n]{\prod_{t=1}^{n}a_{itl}}\right)^{\lambda_l}}{\prod_{l=1}^{m}\left(\sqrt[n]{\prod_{t=1}^{n}a_{jtl}}\right)^{\lambda_l}}$$

$$=\prod_{l=1}^{m}\left(\sqrt[n]{\prod_{t=1}^{n}a_{itl}a_{tjl}}\right)^{\lambda_l}=a_{ij},i,j=1,2,\cdots,n,l=1,2,\cdots,m$$

因此

$$G(A_l)=\frac{2}{(n-1)(n-2)}\sum_{i<j}\left(\log a_{ijl}-\log w_i+\log w_j\right)^2$$

$$=\frac{2}{(n-1)(n-2)}\sum_{i<j}\left(\log a_{ijl}-\log a_{ij}\right)^2$$

定理得证。

Dong 等[21]指出若 $G(A_l)=0$，$l=1,2,\cdots,m$，则 A_l，$l=1,2,\cdots,m$ 达成共识。但是若 $A_l=A$，$l=1,2,\cdots,m$ 不具有一致性，则 A_l，$l=1,2,\cdots,m$ 也具有共识性，在这种情

况下 $a_{ijl} \neq w_i \div w_j$，则有

$$G\left(A_l\right)=\frac{2}{(n-1)(n-2)}\sum_{i<j}\left(\log a_{ijl}-\log w_i+\log w_j\right)^2 \neq 0, l=1,2,\cdots,m$$

因此 $\boldsymbol{A}_l=\boldsymbol{A}(l=1,2,\cdots,m)$ 不具有共识性，与前面的结论矛盾，因此 Dong 等[21]出的方法仅适用于判断矩阵具有一致性的情况。

在情形 B 下，$\boldsymbol{A}=\left(a_{ij}\right)_{n\times n}\in \boldsymbol{C}_n\left(\Omega_{\mathrm{B}}\right)$ 的共识性指标可以定义为

$$G\left(\boldsymbol{A}_l\right)=\frac{\sqrt[n^2]{\prod_{j=1}^{n}\prod_{i=1}^{n}\left(a_{ijl}\left(1-a_{ij}\right)\right)\vee\left(\left(1-a_{ijl}\right)a_{ij}\right)}}{\sqrt[n^2]{\prod_{j=1}^{n}\prod_{i=1}^{n}\left(a_{ijl}\left(1-a_{ij}\right)\right)}+\sqrt[n^2]{\prod_{j=1}^{n}\prod_{i=1}^{n}\left(\left(1-a_{ijl}\right)a_{ij}\right)}}, l=1,2,\cdots,m \tag{1-40}$$

定理 1.28　式（1－40）的共识性指标可以写为

$$\log G\left(\boldsymbol{A}_l\right)-\log\left(1-G\left(\boldsymbol{A}_l\right)\right)=\frac{1}{n^2}\sum_{j=1}^{n}\sum_{i=1}^{n}\left|\log a_{ijl}-\log a_{jil}-\log a_{ij}+\log a_{ji}\right|,$$
$$l=1,2,\cdots,m \tag{1-41}$$

证明：

$$G\left(A_l\right)=\frac{\sqrt[n^2]{\prod_{j=1}^{n}\prod_{i=1}^{n}\left(a_{ijl}\left(1-a_{ij}\right)\right)\vee\left(\left(1-a_{ijl}\right)a_{ij}\right)}}{\sqrt[n^2]{\prod_{j=1}^{n}\prod_{i=1}^{n}\left(a_{ijl}\left(1-a_{ij}\right)\right)\vee\left(\left(1-a_{ijl}\right)a_{ij}\right)}+\sqrt[n^2]{\prod_{j=1}^{n}\prod_{i=1}^{n}\left(a_{ijl}\left(1-a_{ij}\right)\right)\vee\left(\left(1-a_{ijl}\right)a_{ij}\right)}}.$$

$$\Leftrightarrow G\left(\boldsymbol{A}_l\right)\sqrt[n^2]{\prod_{j=1}^{n}\prod_{i=1}^{n}\left(a_{ijl}\left(1-a_{ij}\right)\right)\vee\left(\left(1-a_{ijl}\right)a_{ij}\right)}+$$
$$G\left(\boldsymbol{A}_l\right)\sqrt[n^2]{\prod_{j=1}^{n}\prod_{i=1}^{n}\left(a_{ijl}\left(1-a_{ij}\right)\right)\wedge\left(\left(1-a_{ijl}\right)a_{ij}\right)}$$
$$=\sqrt[n^2]{\prod_{j=1}^{n}\prod_{i=1}^{n}\left(a_{ijl}\left(1-a_{ij}\right)\right)\vee\left(\left(1-a_{ijl}\right)a_{ij}\right)}$$

$$\Leftrightarrow G(A_l)\sqrt[n^2]{\prod_{j=1}^{n}\prod_{i=1}^{n}\left(a_{ijl}\left(1-a_{ij}\right)\right)\wedge\left(\left(1-a_{ijl}\right)a_{ij}\right)}$$

$$=\left(1-G(A_l)\right)\sqrt[n^2]{\prod_{j=1}^{n}\prod_{i=1}^{n}\left(a_{ijl}\left(1-a_{ij}\right)\right)\vee\left(\left(1-a_{ijl}\right)a_{ij}\right)}$$

$$\Leftrightarrow\frac{G(A_l)}{1-G(A_l)}=\sqrt[n^2]{\prod_{j=1}^{n}\prod_{i=1}^{n}\frac{a_{ijl}\left(1-a_{ij}\right)}{\left(1-a_{ijl}\right)a_{ij}}\vee\frac{\left(1-a_{ijl}\right)a_{ij}}{a_{ijl}\left(1-a_{ij}\right)}}$$

$$\Leftrightarrow\log G(A_l)-\log\left(1-G(A_l)\right)=\frac{1}{n^2}\sum_{j=1}^{n}\sum_{i=1}^{n}\left|\log a_{ijl}-\log a_{jil}-\log a_{ij}+\log a_{ji}\right|$$

定理得证。

若 $A_l=\left(a_{ijl}\right)_{n\times n}\in C_n\left(\Omega_{\mathrm{B}}\right)(l=1,2,\cdots,m)$ 均具有一致性，Xia 等[19]给出如下共识性指标：

$$G(A_l)=\frac{2}{(n-1)(n-2)}\sum_{i<j}\left(\log a_{ijl}-\log a_{jil}-\log w_i+\log w_j\right)^2 \qquad (1-42)$$

其中 $w_i=\dfrac{\prod_{l=1}^{m}w_{il}^{\lambda_l}}{\sum_{i=1}^{n}\prod_{l=1}^{m}w_{il}^{\lambda_l}}$， $w_{il}=\dfrac{\sqrt[n]{\prod_{t=1}^{n}a_{itl}}}{\sum_{i=1}^{n}\sqrt[n]{\prod_{t=1}^{n}a_{itl}}}$， $i=1,2,\cdots,n$， $l=1,2,\cdots,m$

定理 1.29 若 $A_l=\left(a_{ijl}\right)_{n\times n}\in C_n\left(\Omega_{\mathrm{B}}\right)(l=1,2,\cdots,m)$ 均具有一致性，则式（1－42）可以写为 $G(A_l)=\dfrac{2}{(n-1)(n-2)}\sum_{i<j}\left(\log a_{ijl}-\log a_{jil}-\log a_{ij}+\log a_{ji}\right)^2$，类似于式（1－41）。

证明： 若 $w_i=\dfrac{\prod_{l=1}^{m}w_{il}^{\lambda_l}}{\sum_{i=1}^{n}\prod_{l=1}^{m}w_{il}^{\lambda_l}}$， $w_{il}=\dfrac{\sqrt[n]{\prod_{t=1}^{n}\frac{a_{itl}}{a_{til}}}}{\sum_{i=1}^{n}\sqrt[n]{\prod_{t=1}^{n}\frac{a_{itl}}{a_{til}}}}$， $i=1,2,\cdots,n$， $l=1,2,\cdots,m$ 则

$$
\begin{aligned}
\frac{w_i}{w_i + w_j} &= \frac{\prod_{l=1}^{m} w_{il}^{\lambda_l}}{\prod_{l=1}^{m} w_{il}^{\lambda_l} + \prod_{l=1}^{m} w_{jl}^{\lambda_l}} \\
&= \frac{\prod_{l=1}^{m}\left(\sqrt[n]{\prod_{t=1}^{n}\frac{a_{itl}}{a_{til}}}\right)^{\lambda_l}}{\prod_{l=1}^{m}\left(\sqrt[n]{\prod_{t=1}^{n}\frac{a_{itl}}{a_{til}}}\right)^{\lambda_l} + \prod_{l=1}^{m}\left(\sqrt[n]{\prod_{t=1}^{n}\frac{a_{jtl}}{a_{tjl}}}\right)^{\lambda_l}} \\
&= \frac{\prod_{l=1}^{m}\left(\sqrt[n]{\prod_{t=1}^{n}\left(a_{itl}a_{tjl}\right)}\right)^{\lambda_l}}{\prod_{l=1}^{m}\left(\sqrt[n]{\prod_{t=1}^{n}\left(a_{itl}a_{tjl}\right)}\right)^{\lambda_l} + \prod_{l=1}^{m}\left(\sqrt[n]{\prod_{t=1}^{n}\left(a_{jtl}a_{til}\right)}\right)^{\lambda_l}} \\
&= \frac{\prod_{l=1}^{m}\left(a_{ijl}\right)^{\lambda_l}}{\prod_{l=1}^{m}\left(a_{ijl}\right)^{\lambda_l} + \prod_{l=1}^{m}\left(1 - a_{ijl}\right)^{\lambda_l}} = a_{ij}
\end{aligned}
$$

可得

$$
\begin{aligned}
\frac{w_i}{w_i + w_j} = a_{ij} &\Leftrightarrow w_i = a_{ij} w_i + a_{ij} w_j \\
&\Leftrightarrow \left(1 - a_{ij}\right) w_i = a_{ij} w_j \\
&\Leftrightarrow \frac{w_i}{w_j} = \frac{a_{ij}}{a_{ji}}
\end{aligned}
$$

因此

$$
\begin{aligned}
G\left(\boldsymbol{A}_l\right) &= \frac{2}{(n-1)(n-2)} \sum_{i<j} \left(\log a_{ijl} - \log a_{jil} - \log w_i + \log w_j\right)^2 \\
&= \frac{2}{(n-1)(n-2)} \sum_{i<j} \left(\log a_{ijl} - \log a_{jil} - \log a_{ij} + \log a_{ji}\right)^2
\end{aligned}
$$

定理得证。

在情形 D 下，$A=\left(a_{ijl}\right)_{n\times n}\in C_n(\Omega)$ 的共识性指标可以写为 $G\left(A_l\right)=\frac{1}{n^2}\sum_{i=1}^{n}\sum_{j=1}^{n}\left|a_{ijl}-a_{ij}\right|+\frac{1}{2},l=1,2,\cdots,m$。设 $a_{ij}\in[0,1]$，Wu 等[17]给出的共识性指标定义如下：

$$G\left(A_l\right)=\frac{2}{n(n-1)}\sum_{i=1}^{n-1}\sum_{j=i+1}^{n}\left|a_{ijl}-a_{ij}\right|,l=1,2,\cdots,m \tag{1-43}$$

类似于一致性指标，本节定义的共识性指标是现有的共识性指标的一般性框架。

基于定理 1.26 和定义 1.4 可以得到下面的定理。

定理 1.30 若 $A_l=\left(a_{ijl}\right)_{n\times n}\in C_n(\Omega)(l=1,2,\cdots,m)$ 均具有一致性，$w=\left(w_1,w_2,\cdots,w_n\right)^{\mathrm{T}}$ 为集成后的判断矩阵 $A=\left(a_{ij}\right)_{n\times n}\in C_n(\Omega)$ 的权重向量，则 $G\left(A_l\right)=\left(\underset{i=1}{\overset{n}{\odot}}\underset{j=1}{\overset{n}{\odot}}d_{\Omega}\left(a_{ijl},w_i\div w_j\right)\right)^{\left[1/n^2\right]},l=1,2,\cdots,m$。

定理 1.31 设 $\Omega'=\left(G',\bigcirc,\leqslant\right)$ 为与 Ω 同构的有序阿贝尔群，$A_l'=\left(h\left(a_{ijl}\right)\right)\in C_n\left(\Omega'\right)$ 和 $A_l=\left(a_{ijl}\right)_{n\times n}\in C_n(\Omega)$ 为相应的判断矩阵，且 $h:G\to G'$，则 $G\left(A_l'\right)=h\left(G\left(A_l\right)\right)$。

证明：由式（1－25）和定理 1.14 可得

$$\begin{aligned}G\left(A_l'\right)&=\left(\underset{i=1}{\overset{n}{\odot}}\underset{j=1}{\overset{n}{\odot}}d_{\Omega'}\left(h\left(a_{ijl}\right),h\left(a_{ij}\right)\right)\right)^{\left[1/n^2\right]}\\&=h\left(\left(\underset{i=1}{\overset{n}{\odot}}\underset{j=1}{\overset{n}{\odot}}\left(d_{\Omega}\left(a_{ijl},a_{ij}\right)\right)\right)^{\left[1/n^2\right]}\right)\\&=h\left(G\left(A_l\right)\right)\end{aligned}$$

定理得证。

基于定义 1.3 给出的集成算子和定义 1.4 给出的共识性指标，下面给出一种提高个体共识性水平的方法。

方法 1.3

步骤 1：设 $A_l^{(p)}=\left(a_{ijl}^{(p)}\right)_{n\times n}=A_l=\left(a_{ijl}\right)_{n\times n}\in C_n(\Omega)$，$(l=1,2,\cdots,m)$，$p=0$。$p$

为迭代次数，$\boldsymbol{\lambda}=(\lambda_1,\lambda_2,\cdots,\lambda_m)^{\mathrm{T}}$ 为决策者的权重向量，$\bar{G}$ 为可接受的共识性水平，$\theta(0\leqslant\theta\leqslant1)$ 为可调控的参数。

步骤 2：用式（1－32）将 $\boldsymbol{A}_l^{(p)}=\left(a_{ijl}^{(p)}\right)_{n\times n}$ 集成为群判断矩阵 $\boldsymbol{A}^{(p)}=\left(a_{ij}^{(p)}\right)_{n\times n}$，其中 $a_{ij}^{(p)}=\bigodot_{l=1}^{m}(a_{ijl}^{(p)})^{[\lambda_l]},i,j=1,2,\cdots,n$。

步骤 3：由式（1－36）计算 $\boldsymbol{A}_l^{(p)}$ 的共识性指标：

$$G\left(\boldsymbol{A}_l^{(p)}\right)=\left(\bigodot_{i=1}^{n}\bigodot_{j=1}^{n}d_{\Omega}\left(a_{ijl}^{(p)},a_{ij}^{(p)}\right)\right)^{[1/n^2]},l=1,2,\cdots,m \tag{1-44}$$

步骤 4：若 $G\left(\boldsymbol{A}_l^{(p)}\right)\leqslant\bar{G}(k=1,2,\cdots,m)$，则迭代结束；否则，设 $\boldsymbol{A}_l^{(p+1)}=\left(a_{ijl}^{(p+1)}\right)_{n\times n}$，其中

$$a_{ijl}^{(p+1)}=(a_{ijl}^{(p)})^{[1-\theta]}\odot(a_{ij}^{(p)})^{[\theta]},i,j=1,2,\cdots,n \tag{1-45}$$

步骤 5：令 $p=p+1$，返回步骤 2。

在情形 B 下，式（1－45）退化为 Xia 等[22]给出的式子

$$a_{ijl}^{(p+1)}=\frac{\left(a_{ijl}^{(p)}\right)^{1-\theta}\left(a_{ij}^{(p)}\right)^{\theta}}{\left(a_{ijl}^{(p)}\right)^{1-\theta}\left(a_{ij}^{(p)}\right)^{\theta}+\left(1-a_{ijl}^{(p)}\right)^{1-\theta}\left(1-a_{ij}^{(p)}\right)^{\theta}} \tag{1-46}$$

定理 1.32　若 $\boldsymbol{A}_l=\left(a_{ijl}\right)_{n\times n}\in\boldsymbol{C}_n(\Omega_{\mathrm{B}})(l=1,2,\cdots,m)$ 均具有一致性，则式（1－46）可以退化为 Xia 等[19]给出的式子 $a_{ijl}^{(p+1)}=\dfrac{\left(a_{ijl}^{(p)}\right)^{1-\theta}\left(w_i^{(p)}\right)^{\theta}}{\left(a_{ijl}^{(p)}\right)^{1-\theta}\left(w_i^{(p)}\right)^{\theta}+\left(1-a_{ijl}^{(p)}\right)^{1-\theta}\left(w_j^{(p)}\right)^{\theta}}$，其中 $w_i^{(p)}=\dfrac{\prod_{l=1}^{m}\left(w_{il}^{(p)}\right)^{\lambda_l}}{\sum_{i=1}^{m}\prod_{l=1}^{m}\left(w_{il}^{(p)}\right)^{\lambda_l}}$，$w_{il}^{(p)}=\dfrac{\sqrt[n]{\prod_{t=1}^{n}\frac{a_{itl}^{(p)}}{a_{til}^{(p)}}}}{\sum_{i=1}^{n}\sqrt[n]{\prod_{t=1}^{n}\frac{a_{itl}^{(p)}}{a_{til}^{(p)}}}}$，$i=1,2,\cdots,n$，$l=1,2,\cdots,m$。

证明：设 $\boldsymbol{A}_l=\left(a_{ijl}\right)_{n\times n}\in\boldsymbol{C}_n(\Omega)(l=1,2,\cdots,m)$ 均具有一致性，且 $w_i^{(p)}=$

$$\frac{\prod_{l=1}^{m}\left(w_{il}^{(p)}\right)^{\lambda_l}}{\sum_{i=1}^{m}\prod_{l=1}^{m}\left(w_{il}^{(p)}\right)^{\lambda_l}}，\ w_{il}^{(p)}=\frac{\sqrt[n]{\prod_{t=1}^{n}\frac{a_{itl}^{(p)}}{a_{til}^{(p)}}}}{\sum_{i=1}^{n}\sqrt[n]{\prod_{t=1}^{n}\frac{a_{itl}^{(p)}}{a_{til}^{(p)}}}}，\ i=1,2,\cdots,n，\ l=1,2,\cdots,m，\ \text{则}$$

$$\frac{w_i^{(p)}}{w_i^{(p)}+w_j^{(p)}}=\frac{\prod_{l=1}^{m}\left(\sqrt[n]{\prod_{t=1}^{n}\frac{a_{itl}^{(p)}}{a_{til}^{(p)}}}\right)^{\lambda_l}}{\prod_{l=1}^{m}\left(\sqrt[n]{\prod_{t=1}^{n}\frac{a_{itl}^{(p)}}{a_{til}^{(p)}}}\right)^{\lambda_l}+\prod_{l=1}^{m}\left(\sqrt[n]{\prod_{t=1}^{n}\frac{a_{jtl}^{(p)}}{a_{tjl}^{(p)}}}\right)^{\lambda_l}}$$

$$=\frac{\prod_{l=1}^{m}\left(\sqrt[n]{\prod_{t=1}^{n}\left(a_{itl}^{(p)}a_{tjl}^{(p)}\right)}\right)^{\lambda_l}}{\prod_{l=1}^{m}\left(\sqrt[n]{\prod_{t=1}^{n}\left(a_{itl}^{(p)}a_{tjl}^{(p)}\right)}\right)^{\lambda_l}+\prod_{l=1}^{m}\left(\sqrt[n]{\prod_{t=1}^{n}\left(a_{jtl}^{(p)}a_{til}^{(p)}\right)}\right)^{\lambda_l}}$$

$$=\frac{\prod_{l=1}^{m}\left(a_{ij}^{(p)}\right)^{\lambda_l}}{\prod_{l=1}^{m}\left(a_{ij}^{(p)}\right)^{\lambda_l}+\prod_{l=1}^{m}\left(1-a_{ij}^{(p)}\right)^{\lambda_l}}=a_{ij}^{(p)},i=1,2,\cdots,n$$

则

$$a_{ijl}^{(p+1)}=\frac{\left(a_{ijl}^{(p)}\right)^{1-\theta}\left(a_{ij}^{(p)}\right)^{\theta}}{\left(a_{ijl}^{(p)}\right)^{1-\theta}\left(a_{ij}^{(p)}\right)^{\theta}+\left(1-a_{ijl}^{(p)}\right)^{1-\theta}\left(1-a_{ij}^{(p)}\right)^{\theta}}$$

$$=\frac{\left(a_{ijl}^{(p)}\right)^{1-\theta}\left(\frac{w_i^{(p)}}{w_i^{(p)}+w_j^{(p)}}\right)^{\theta}}{\left(a_{ijl}^{(p)}\right)^{1-\theta}\left(\frac{w_i^{(p)}}{w_i^{(p)}+w_j^{(p)}}\right)^{\theta}+\left(1-a_{ijl}^{(p)}\right)^{1-\theta}\left(\frac{w_j^{(p)}}{w_i^{(p)}+w_j^{(p)}}\right)^{\theta}}$$

$$=\frac{\left(a_{ijl}^{(p)}\right)^{1-\theta}\left(w_i^{(p)}\right)^{\theta}}{\left(a_{ijl}^{(p)}\right)^{1-\theta}\left(w_i^{(p)}\right)^{\theta}+\left(1-a_{ijl}^{(p)}\right)^{1-\theta}\left(w_j^{(p)}\right)^{\theta}}$$

定理得证。

定理 1.33　设 $A_l=\left(a_{ijl}\right)_{n\times n}\in C_n\left(\Omega\right)\left(l=1,2,\cdots,m\right)$，$\lambda=(\lambda_1,\lambda_2,\cdots,\lambda_m)^{\mathrm{T}}$ 为相应的权重向量，$A=\left(a_{ij}\right)_{n\times n}\in C_n\left(\Omega\right)$ 为由式（1－32）集成 $A_l\left(l=1,2,\cdots,m\right)$ 获得的群判断矩阵，则 $I_\Omega\left(A\right)\leqslant\max\limits_l I_\Omega\left(A_l\right)$。

证明： 由定义 1.2 和定义 1.3 可得

$$\begin{aligned}
I_\Omega\left(A\right)&=\left(\mathop{\odot}_{i=1}^{n}\mathop{\odot}_{j=1}^{n}d_\Omega\left(a_{ij},\bar{a}_{ij}\right)\right)^{\left[1/n^2\right]}\\
&=\left(\mathop{\odot}_{i=1}^{n}\mathop{\odot}_{j=1}^{n}d_\Omega\left(\mathop{\odot}_{l=1}^{m}a_{ijl}^{[\lambda_l]},\left(\mathop{\odot}_{t=1}^{n}\left(\left(\mathop{\odot}_{l=1}^{m}a_{itl}^{[\lambda_l]}\right)\odot\left(\mathop{\odot}_{l=1}^{m}a_{tjl}^{[\lambda_l]}\right)\right)\right)^{[1/n]}\right)\right)^{\left[1/n^2\right]}\\
&=\left(\mathop{\odot}_{i=1}^{n}\mathop{\odot}_{j=1}^{n}\left(\left(\mathop{\odot}_{l=1}^{m}a_{ijl}^{[\lambda_l]}\div\left(\mathop{\odot}_{t=1}^{n}\left(\left(\mathop{\odot}_{l=1}^{m}a_{itl}^{[\lambda_l]}\right)\odot\left(\mathop{\odot}_{l=1}^{m}a_{tjl}^{[\lambda_l]}\right)\right)\right)^{[1/n]}\right)\vee\left(\left(\mathop{\odot}_{t=1}^{n}\left(\left(\mathop{\odot}_{l=1}^{m}a_{itl}^{[\lambda_l]}\right)\odot\left(\mathop{\odot}_{l=1}^{m}a_{tjl}^{[\lambda_l]}\right)\right)\right)^{[1/n]}\div\mathop{\odot}_{l=1}^{m}a_{ijl}^{[\lambda_l]}\right)\right)\right)^{\left[1/n^2\right]}\\
&=\mathop{\odot}_{l=1}^{m}\left(\mathop{\odot}_{i=1}^{n}\mathop{\odot}_{j=1}^{n}\left(\left(a_{ijl}^{[\lambda_l]}\div\left(\mathop{\odot}_{t=1}^{n}\left(a_{itl}^{[\lambda_l]}\odot a_{tjl}^{[\lambda_l]}\right)\right)^{[1/n]}\right)\vee\left(\left(\mathop{\odot}_{t=1}^{n}\left(a_{itl}^{[\lambda_l]}\odot a_{tjl}^{[\lambda_l]}\right)\right)^{[1/n]}\div\mathop{\odot}_{l=1}^{m}a_{ijl}^{[\lambda_l]}\right)\right)\right)^{\left[1/n^2\right]}\\
&=\mathop{\odot}_{l=1}^{m}\left(d_\Omega\left(a_{ijl},\bar{a}_{ijl}\right)\right)^{\left[\lambda_l/n^2\right]}=\mathop{\odot}_{l=1}^{m}\left(I_\Omega\left(A_l\right)\right)^{[\lambda_l]}\leqslant\max_l I_\Omega\left(A_l\right)
\end{aligned}$$

因此 $I_\Omega\left(A\right)\leqslant\max\limits_l I_\Omega\left(A_l\right)$，定理得证。

定理 1.34　设 $A_l=\left(a_{ijl}\right)_{n\times n}\in C_n\left(\Omega\right)\left(l=1,2,\cdots,m\right)$ 为决策者给出的判断矩阵，$\lambda=(\lambda_1,\lambda_2,\cdots,\lambda_m)^{\mathrm{T}}$ 为决策者权重向量，$B_l=\left(b_{ijl}\right)_{n\times n}\in C_n\left(\Omega\right)\left(l=1,2,\cdots,m\right)$ 为由方法 1.3 修正后的判断矩阵，则 $I_\Omega\left(B_l\right)\leqslant I_\Omega\left(A_l\right)$。

证明： 假设 $a_{ijl}^{(p+1)}=(a_{ijl}^{(p)})^{[1-\theta]}\odot(a_{ij}^{(p)})^{[\theta]}$，由定理 1.33 可得 $I_\Omega\left(A_l^{(p+1)}\right)\leqslant I_\Omega\left(A_l^{(p)}\right)$，定理得证。

定理 1.35 设 $A_l=\left(a_{ijl}\right)_{n\times n}\in C_n\left(\Omega\right)\left(l=1,2,\cdots,m\right)$ 为决策者的判断矩阵，$B_l=\left(b_{ijl}\right)_{n\times n}\in C_n\left(\Omega\right)$ $\left(l=1,2,\cdots,m\right)$ 为由方法 1.3 修正后的判断矩阵，则 $G\left(B_l\right)\leqslant G\left(A_l\right)$。

证明： 在方法 1.3 的第 p 次和第 $p+1$ 次迭代中

$$
\begin{aligned}
a_{ij}^{(p+1)} &= \mathop{\odot}_{l=1}^{m}\left((a_{ijl}^{(p)})^{[1-\theta]}\odot(a_{ij}^{(p)})^{[\theta]}\right)^{[\lambda_l]} \\
&= \mathop{\odot}_{l=1}^{m}(a_{ijl}^{(p)})^{[\lambda_l(1-\theta)]}\odot(a_{ij}^{(p)})^{[\theta]} \\
&= (a_{ij}^{(p)})^{[1-\theta]}\odot(a_{ij}^{(p)})^{[\theta]}=a_{ij}^{(p)}
\end{aligned}
$$

因此

$$
\begin{aligned}
G\left(A_l^{(p+1)}\right) &= \left(\mathop{\odot}_{i=1}^{n}\mathop{\odot}_{j=1}^{n}d_\Omega\left(a_{ijl}^{(p+1)},a_{ij}^{(p)}\right)\right)^{[1/n^2]} \\
&= \left(\mathop{\odot}_{i=1}^{n}\mathop{\odot}_{j=1}^{n}d_\Omega\left((a_{ijl}^{(p)})^{[1-\theta]}\odot(a_{ij}^{(p)})^{[\theta]},a_{ij}^{(p)}\right)\right)^{[1/n^2]} \\
&= \left(\mathop{\odot}_{i=1}^{n}\mathop{\odot}_{j=1}^{n}d_\Omega\left((a_{ijl}^{(p)})^{[1-\theta]}\odot(a_{ij}^{(p)})^{[\theta]},(a_{ij}^{(p)})^{[1-\theta]}\odot(a_{ij}^{(p)})^{[\theta]}\right)\right)^{[1/n^2]} \\
&= \left(\mathop{\odot}_{i=1}^{n}\mathop{\odot}_{j=1}^{n}\left(\left((a_{ijl}^{(p)})^{[1-\theta]}\odot(a_{ij}^{(p)})^{[\theta]}\right)\div\left((a_{ij}^{(p)})^{[1-\theta]}\odot(a_{ij}^{(p)})^{[\theta]}\right)\right)\vee\right. \\
&\quad \left.\left(\left((a_{ij}^{(p)})^{[1-\theta]}\odot(a_{ij}^{(p)})^{[\theta]}\right)\div\left((a_{ijl}^{(p)})^{[1-\theta]}\odot(a_{ij}^{(p)})^{[\theta]}\right)\right)\right)^{[1/n^2]} \\
&= \left(\mathop{\odot}_{i=1}^{n}\mathop{\odot}_{j=1}^{n}\left((a_{ijl}^{(p)})^{[1-\theta]}\div(a_{ij}^{(p)})^{[1-\theta]}\right)\vee\left((a_{ij}^{(p)})^{[1-\theta]}\div(a_{ijl}^{(p)})^{[1-\theta]}\right)\right)^{[1/n^2]} \\
&= \left(\mathop{\odot}_{i=1}^{n}\mathop{\odot}_{j=1}^{n}\left(a_{ijl}^{(p)}\div a_{ij}^{(p)}\right)\vee\left(a_{ij}^{(p)}\div a_{ijl}^{(p)}\right)\right)^{[(1-\theta)/n^2]} \\
&= \left(\mathop{\odot}_{i=1}^{n}\mathop{\odot}_{j=1}^{n}d_\Omega\left(a_{ijl}^{(p)},a_{ij}^{(p)}\right)\right)^{[(1-\theta)/n^2]}=\left(G\left(A_l^{(p)}\right)\right)^{[1-\theta]}\leqslant G\left(A_l^{(p)}\right)
\end{aligned}
$$

定理得证。

定理 1.33、定理 1.34 和定理 1.35 指出方法 1.3 获得的修正后的判断矩阵的一致性水平和共识性水平均得到了提高。

方法 1.3 过程中，所有的判断矩阵均得到了修正，如果具有较好的共识性水平的决策者不想修改他们的判断矩阵，则我们给出仅修改具有较差共识性水平的判断矩阵的方法。

方法 1.4

步骤 1：同方法 1.3 的步骤 1。

步骤 2：同方法 1.3 的步骤 2。

步骤 3：同方法 1.3 的步骤 3。

步骤 4：若 $G\left(A_l^{(p)}\right)\leqslant\bar{G}$（$l=1,2,\cdots,m$），则迭代结束，否则设 $G\left(A_k^{(p)}\right)=\max\limits_{l} G\left(A_l^{(p)}\right)$，$A_l^{(p+1)}=\left(a_{ijl}^{(p+1)}\right)$，$\theta=1-\max\limits_{l\neq k} G\left(A_l^{(p)}\right)\div G\left(A_k^{(p)}\right)$，其中

$$a_{ijl}^{(p+1)}=\begin{cases}(a_{ijl}^{(p)})^{[1-\theta]}\odot(a_{ij}^{(p)})^{[\theta]}, & l=k\\ a_{ijl}^{(p)}, & l\neq k\end{cases}, i,j=1,2,\cdots,n \tag{1-47}$$

步骤 5：同方法 1.3 的步骤 5。

图 1-2 描述了方法 1.3 和方法 1.4 的共识性修正过程。

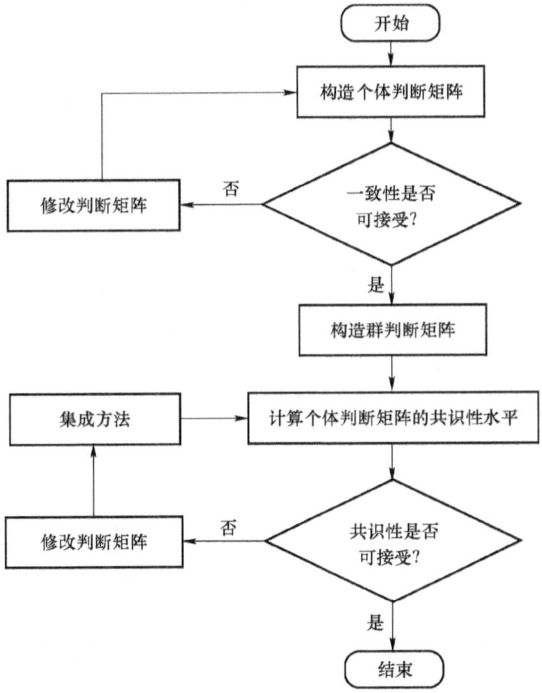

图 1-2　共识性修正过程

针对乘型判断矩阵，Dong 等[21]根据几何平均给出一种修正共识性的方法。Wu 等[15]也给出一种修正方法。针对模糊判断矩阵，Wu 等[17]基于加型一致性给出修正共识性的方法。基于乘型一致性，Xia 等[19]给出一种修正共识性的方法。下面讨论方法 1.4 和现有方法的区别和联系。

在情形 A 下，式（1－47）可以写为

$$a_{ijl}^{(p+1)}=\begin{cases}(a_{ijl}^{(p)})^{1-\theta}(a_{ij}^{(p)})^{\theta},l=k\\ a_{ijl}^{(p)},l\neq k\end{cases},i,j=1,2,\cdots,n \tag{1-48}$$

基于式（1－48），用式（1－38）代替式（1－44），方法 1.4 退化为 Wu 等[15]给出的方法。

定理 1.36 若 $A_l=\left(a_{ijl}\right)_{n\times n}\in C_n\left(\varOmega_{\mathrm{A}}\right)(l=1,2,\cdots,m)$ 均具有一致性，则 $l=k$，则式（1－48）可以表示为 $a_{ijl}^{(p+1)}=(a_{ijl}^{(p)})^{1-\theta}\left(\frac{w_i^{(p)}}{w_j^{(p)}}\right)^{\theta}$，$i,j=1,2,\cdots,n$，其中

$$w_i^{(p)}=\frac{\prod_{l=1}^{m}\left(w_{il}^{(p)}\right)^{\lambda_l}}{\sum_{i=1}^{m}\prod_{l=1}^{m}\left(w_{il}^{(p)}\right)^{\lambda_l}}，且\ w_{il}^{(p)}=\frac{\sqrt[n]{\prod_{t=1}^{n}a_{itl}^{(p)}}}{\sum_{i=1}^{n}\sqrt[n]{\prod_{t=1}^{n}a_{itl}^{(p)}}}，i=1,2,\cdots,n，l=1,2,\cdots,m。$$

证明： 设 $w_i^{(p)}=\frac{\prod_{l=1}^{m}\left(w_{il}^{(p)}\right)^{\lambda_l}}{\sum_{i=1}^{m}\prod_{l=1}^{m}\left(w_{il}^{(p)}\right)^{\lambda_l}},w_{il}^{(p)}=\frac{\sqrt[n]{\prod_{t=1}^{n}a_{itl}^{(p)}}}{\sum_{i=1}^{n}\sqrt[n]{\prod_{t=1}^{n}a_{itl}^{(p)}}},i=1,2,\cdots,n,l=1,2,\cdots,m$，

则

$$\frac{w_i^{(p)}}{w_j^{(p)}}=\frac{\prod_{l=1}^{m}\left(\sqrt[n]{\prod_{t=1}^{n}a_{itl}^{(p)}}\right)^{\lambda_l}}{\prod_{l=1}^{m}\left(\sqrt[n]{\prod_{t=1}^{n}a_{jtl}^{(p)}}\right)^{\lambda_l}}=\frac{\sqrt[n]{\prod_{l=1}^{m}\prod_{t=1}^{n}\left(a_{itl}^{(p)}\right)^{\lambda_l}}}{\sqrt[n]{\prod_{l=1}^{m}\prod_{t=1}^{n}\left(a_{jtl}^{(p)}\right)^{\lambda_l}}}$$

$$=\sqrt[n]{\prod_{l=1}^{m}\prod_{t=1}^{n}\left(a_{itl}^{(p)}a_{jtl}^{(p)}\right)^{\lambda_l}}=\prod_{l=1}^{m}\left(\sqrt[n]{\prod_{t=1}^{n}a_{itl}^{(p)}a_{jtl}^{(p)}}\right)^{\lambda_l}$$

$$=\prod_{l=1}^{m}\left(a_{ijl}^{(p)}\right)^{\lambda_l}=a_{ij}^{(p)}$$

因此 $a_{ijl}^{(p+1)}=(a_{ijl}^{(p)})^{1-\theta}\left(\dfrac{w_i^{(p)}}{w_j^{(p)}}\right)^{\theta}=(a_{ijl}^{(p)})^{1-\theta}(a_{ij}^{(p)})^{\theta},i,j=1,2,\cdots,n$。

定理得证。

基于定理 1.36，若 $A_l=\left(a_{ijl}\right)_{n\times n}\in C_n\left(\Omega\right)\left(l=1,2,\cdots,m\right)$ 均具有一致性，由式（1－39）替换式（1－44），则方法 1.4 退化为 Dong 等[21]给出的方法。

在情形 D 下，式（1－47）可以退化为

$$a_{ijl}^{(p+1)}=\begin{cases}(1-\theta)a_{ijl}^{(p)}+\theta a_{ij}^{(p)},l=k\\ a_{ijl}^{(p)}, \qquad\qquad l\neq k\end{cases},i,j=1,2,\cdots,n \tag{1-49}$$

基于式（1－49），若 $a_{ij}\in[0,1]$，用式（1－43）代替式（1－44）作为共识性指标，则方法 1.4 退化为 Wu 等[17]给出的方法。

定理 1.37 设 $A_l=\left(a_{ijl}\right)_{n\times n}\in C_n\left(\Omega\right)\left(l=1,2,\cdots,m\right)$ 为原始判断矩阵，$B_l=\left(b_{ijl}\right)\in C_n\left(\Omega\right)$ $\left(l=1,2,\cdots,m\right)$ 为由方法 1.4 修正后的判断矩阵，则 $\max\limits_{l}G\left(B_l\right)\leqslant\max\limits_{l}G\left(A_l\right)$。

证明： 假设决策者 k 在步骤 p 具有最差的共识性水平，这里讨论以下两种情况。

当 $l=k$ 时，$A_k^{(p+1)}=\left(a_{ijk}^{(p+1)}\right)_{n\times n}$，其中 $a_{ijk}^{(p+1)}=(a_{ijk}^{(p)})^{[1-\theta]}\odot(a_{ij}^{(p)})^{[\theta]}$，则

$$a_{ij}^{(p)}\div a_{ij}^{(p+1)}=\bigodot_{l=1}^{m}(a_{ijl}^{(p)})^{[\lambda_l]}\div\bigodot_{l=1}^{m}(a_{ijl}^{(p+1)})^{[\lambda_l]}=\left(a_{ijk}^{(p)}\div a_{ij}^{(p+1)}\right)^{[\lambda_k]}$$

$$=\left(a_{ijk}^{(p)}\div\left(\left(a_{ijk}^{(p)}\right)^{[1-\theta]}\odot\left(a_{ij}^{(p)}\right)^{[\theta]}\right)\right)^{[\lambda_k]}$$

$$=\left(\left(\left(a_{ijk}^{(p)}\right)^{[1-\theta]}\odot\left(a_{ijk}^{(p)}\right)^{[\theta]}\right)\div\left(\left(a_{ijk}^{(p)}\right)^{[1-\theta]}\odot\left(a_{ij}^{(p)}\right)^{[\theta]}\right)\right)^{[\lambda_k]}$$

$$=(a_{ijk}^{(p)}\div a_{ij}^{(p)})^{[\lambda_k\theta]}$$

因此

$$
\begin{aligned}
a_{ijk}^{(p+1)} \div a_{ij}^{(p+1)} &= (a_{ijk}^{(p)})^{[1-\theta]} \odot (a_{ij}^{(p)})^{[\theta]} \div a_{ij}^{(p+1)} \\
&= (a_{ijk}^{(p)} \div a_{ij}^{(p)})^{[1-\theta]} \odot \left(a_{ij}^{(p)} \div a_{ij}^{(p+1)}\right) \\
&= (a_{ijk}^{(p)} \div a_{ij}^{(p)})^{[1-\theta]} \odot (a_{ijk}^{(p)} \div a_{ij}^{(p)})^{[\lambda_k \theta]} \\
&= (a_{ijk}^{(p)} \div a_{ij}^{(p)})^{[\lambda_k \theta + 1 - \theta]}
\end{aligned}
$$

则

$$
\begin{aligned}
G\left(\boldsymbol{A}_l^{(p+1)}\right) &= \left(\mathop{\odot}_{i=1}^{n} \mathop{\odot}_{j=1}^{n} d_{\Omega}\left(a_{ijl}^{(p+1)}, a_{ij}^{(p)}\right)\right)^{[1/n^2]} \\
&= \left(\mathop{\odot}_{i=1}^{n} \mathop{\odot}_{j=1}^{n} d_{\Omega}\left(a_{ijl}^{(p)}, a_{ij}^{(p)}\right)\right)^{[(\lambda_k \theta + 1 - \theta)/n^2]} \\
&\leqslant \left(\mathop{\odot}_{i=1}^{n} \mathop{\odot}_{j=1}^{n} d_{\Omega}\left(a_{ijk}^{(p)}, a_{ij}^{(p)}\right)\right)^{[1/n^2]} \\
&= G\left(\boldsymbol{A}_k^{(p)}\right) = \max_{l} G\left(\boldsymbol{A}_l^{(p)}\right)
\end{aligned}
$$

当 $l \neq k$ 时，$G\left(\boldsymbol{A}_l^{(p)}\right) < G\left(\boldsymbol{A}_k^{(p)}\right)$。即 $\exists \theta_l$，$0 < \theta_l < 1$，因此 $G\left(\boldsymbol{A}_l^{(p)}\right) = G\left(\boldsymbol{A}_k^{(p)}\right)^{[\theta_l]}$，$\forall l \neq k$。设 $\theta = 1 - \max\limits_{l \neq k} \theta_l$，则 $G\left(\boldsymbol{A}_l^{(p)}\right) \leqslant \left(G\left(\boldsymbol{A}_k^{(p)}\right)\right)^{[1-\theta]}$。由 $\boldsymbol{A}_l^{(p+1)} = \boldsymbol{A}_l^{(p)}$ 可得

$$
a_{ijl}^{(p+1)} \div a_{ij}^{(p+1)} = a_{ijl}^{(p)} \div a_{ij}^{(p)} \odot \left(a_{ijk}^{(p)} \div a_{ij}^{(p)}\right)^{[\lambda_k \theta]}
$$

且

$$
\begin{aligned}
G\left(\boldsymbol{A}_l^{(p+1)}\right) &= \left(\mathop{\odot}_{i=1}^{n} \mathop{\odot}_{j=1}^{n} d_{\Omega}\left(a_{ijl}^{(p+1)}, a_{ij}^{(p+1)}\right)\right)^{[1/n^2]} \\
&= \left(\mathop{\odot}_{i=1}^{n} \mathop{\odot}_{j=1}^{n} \left(d_{\Omega}\left(a_{ijl}^{(p)}, a_{ij}^{(p)}\right) \odot \left(d_{\Omega}\left(a_{ijk}^{(p)}, a_{ij}^{(p)}\right)\right)^{[\lambda_k \theta]}\right)\right)^{[1/n^2]} \\
&= \left(\mathop{\odot}_{i=1}^{n} \mathop{\odot}_{j=1}^{n} d_{\Omega}\left(a_{ijl}^{(p)}, a_{ij}^{(p)}\right)\right)^{[1/n^2]} \odot \left(d_{\Omega}\left(a_{ijk}^{(p)}, a_{ij}^{(p)}\right)\right)^{[\lambda_k \theta/n^2]} \\
&= G\left(\boldsymbol{A}_l^{(p)}\right) \odot \left(G\left(\boldsymbol{A}_k^{(p)}\right)\right)^{[\lambda_k \theta]}
\end{aligned}
$$

$$\leqslant\left(G\left(\boldsymbol{A}_k^{(p)}\right)\right)^{[1-\theta]}\odot\left(G\left(\boldsymbol{A}_l^{(p)}\right)\right)^{[\lambda_k\theta]}$$

$$<G\left(\boldsymbol{A}_k^{(p)}\right)=\max_l G\left(\boldsymbol{A}_l^{(p)}\right)$$

因此 $\max_l G\left(\boldsymbol{A}_l^{(p+1)}\right)<\max_l G\left(\boldsymbol{A}_l^{(p)}\right)$，定理得证。

以上分析指出本章给出的方法可以提供一个修正判断矩阵一致性和共识性的框架。不同之处在于一致性指标、共识性指标和集成方式的不同。在某些特殊情况下，本章定义的一致性和共识性指标形式与现有方法类似；不同之处在于，所用的距离公式是否相同，以及是否考虑 $i=j$ 情况下的一致性或共识性水平。本章定义的一致性和共识性指标可以相互转换，为决策者进行决策提供了方便，并且本章定义的集成方法为现有集成方法的扩展形式。

本章小结

本章给出判断矩阵一致性和共识性指标及修正的方法。基于有序阿贝尔群给出判断矩阵的一致性定义和一致性指标，并给出构造一致性判断矩阵及修正一致性的方法。基于有序阿贝尔群给出判断矩阵的集成算子，给出判断矩阵的共识性指标和修正共识性的方法。定理证明本章给出的一致性和共识性的修正方法均具有收敛性，当赋予参数不同的值，可以得到现有的方法，因此可以为现有方法提供一个通用框架。[22]

第 2 章　基于双边协商的群决策方法

多属性群决策方法已在消费者选购、生物技术管理、武器系统评价和低碳供应链评估等诸多领域得到了广泛应用。如何有效地将个体信息集成为群体信息是一个核心问题，应该根据具体的情况选择合适的集成算子。例如，判断矩阵作为在决策中广泛用于表示决策者偏好的工具，其在集成时必须确保其互补性和一致性。尽管有学者[23−24]已对判断矩阵的集成方式进行了研究，但是并没有给出一个统一的框架，且大部分研究均假设集成算子的权重是已知的。然而，如何精确估计这些集成算子的权重参数是决策过程中的一个关键问题。[25]

通常，很难找到不违反某些合理假设的集成算子，如阿罗不可能性定理[26]。避免这种情况的一种方法是允许决策者对评价值进行双边协商。Baucells 等[27]借助双边协商获取群效用，该过程实际上是对偏好分解，从而根据给定的偏好信息预测决策的最终结果。Baucells 等[28]进一步将此方法应用于多属性群决策问题。然而，他们的方法主要是基于加权算术平均算子[8]，不能确保决策过程中判断矩阵的完整性与一致性。除加权算术平均算子外，还存在许多其他的平均算子，如加权算数拟平均、基尼平均、邦费罗尼平均、海洛因平均和扩展的拉格朗日平均等。但值得注意的是，不是所有的平均算子都满足单调性，如基尼平均，这意味着不是所有平均算子都适合作为集成算子。为了解决这些限制，Xia 等[29]扩展了 Baucells 等[28]的方法，给出基于双边协商的多属性群决策方法来集成判断矩阵。

在集成过程中，我们不仅要注意决策者之间的共识性水平，还要考虑如何提高其共识性水平。目前已有很多方法帮助决策者提升其共识性水平，并可以获得令人满意的结果。Gong 等[30]给出两种基于决策者最低成本和最高收益的共识模型。Liu 等[31]引入一种基于信任诱导的共识机制，为有分歧的决策者生成个性化建议，促使实现更深层的共识。Dong 等[32]在共识形成的过程中考虑了非合作的行为因素。此外，社交网络也被引入用来探索社会影响如何影响群体决策。[33−34]这些方法主要侧重提升决策者的共识性水平，但决策者的权重总是假设已知。

为了准确地反映决策者在群决策中的影响，我们不应仅凭主观确定他们的权重，而应采用合适的方法进行评估。确定决策者的权重是一个复杂的过程，通常需采取多种策略进行间接推断。例如：Keeney 等[25]通过相互对比的方法来确定决策者的权重；Mirkin 等[35]利用特征向量法进行计算；Brock[36]选择使用纳什协商方法估计决策者的权重；Khelifa 等[37]则用个人排名指数计算决策者的权重。此外，根据不同决策者的差异性来表达其相对权重也是一种方法。[38]尽管这些方法为我们提供了决策者权重的估计，但他们忽视了决策者之间的共识性水平。

Baucells 等[27]证明，在由 m 个决策者组成的群决策问题中，只需 $m-1$ 对决策者进行双边协商，就可以通过他们给出的方法获得群决策的最终结果。双边协商不仅可以帮助决策者达成共识，还可以反映决策者在协商过程中的相对权重。然而，这种基于双边协商的决策方法仍有待完善。首先，当两个决策者在无外部帮助的情况下进行协商时，可能会出现各自给出的协商值不一致的情形，因此，需要有一种机制来确保他们能够达成一致的双边协商值；其次，仅允许 $m-1$ 对的双边协商可以确保达成共识，但如果双边协商的对数超过 $m-1$，只选取 $m-1$ 对来获取最终的群决策结果，这样就可能会遗漏了一部分协商的信息。实际上，我们应该充分考虑所有的双边协商意见。

当我们只考虑 $m-1$ 对的双边协商时，是可以达成一致的决策结果的。但如果涉及的双边协商对数超过 $m-1$，那么会出现不一致的情况。双边协商矩阵的不一致性将影响最终结果的可信度，一致性水平越高的权重向量越合理，同时一致性水平可以反映双边协商过程中的模糊信息。因此，在确定决策者的权重时，有必要检验和提高双边协商矩阵的一致性水平。

2.1　基于 $m-1$ 对双边协商的群决策方法

在第 1 章中，我们基于有序阿贝尔群给出判断矩阵的一致性和共识性框架。设 $\boldsymbol{A}=\left(a_{ij}\right)\in \boldsymbol{C}_n\left(\Omega\right)$，当且仅当满足以下条件时，$\boldsymbol{A}$ 具有一致性：

$$a_{ij}=a_{ik}\odot a_{kj},i,j,k=1,2,\cdots,n \tag{2-1}$$

基于假设 1.1，式（2-1）可以写为

$$a_{ij}=\phi\left(\phi^{-1}\left(a_{ik}\right)+\phi^{-1}\left(a_{kj}\right)\right),i,j=1,2,\cdots,n \tag{2-2}$$

其中 ϕ 的定义如第 1 章中所描述。

为方便起见，设 $f^{-1}=\phi$，则式（2-2）可以写为 $a_{ij}=f^{-1}\left(f\left(a_{ik}\right)+f\left(a_{kj}\right)\right)$，$i,j=1,2,\cdots,n$。

在群决策中，如果每个决策者给出的判断矩阵均具有一致性，那么最终的群判断矩阵也应具有一致性。假设决策者给出的判断矩阵为 $\boldsymbol{A}_l=(a_{ijl})_{n\times n}\in\boldsymbol{C}_n(\Omega)$，$l=1,2,\cdots,m$，$\boldsymbol{\lambda}=\left(\lambda_1,\lambda_1,\cdots,\lambda_m\right)^{\mathrm{T}}$ 为决策者权重向量且满足 $\sum\limits_{l=1}^{m}\lambda_l=1$，$\lambda_l\geqslant 0$，$l=1,2,\cdots,m$。基于定义 1.3，群判断矩阵可以表示为 $\boldsymbol{A}=(a_{ij})_{n\times n}$，其中

$$a_{ij}=\mathop{\odot}_{l=1}^{m}a_{ijl}^{[\lambda_l]},i,j=1,2,\cdots,n \tag{2-3}$$

基于假设 1.1 和式（2-3），可得 $a_{ij}=\mathop{\odot}\limits_{l=1}^{m}a_{ijl}^{[\lambda_l]}=\phi\left(\sum\limits_{l=1}^{m}\lambda_l\phi^{-1}(a_{ijl})\right),i,j=1,2,\cdots,n$，设 $f^{-1}=\phi$，则

$$a_{ij}=f^{-1}\left(\sum_{l=1}^{m}\lambda_l f(a_{ijl})\right),i,j=1,2,\cdots,n \tag{2-4}$$

事实上，式（2-4）中的集成算子即为拟平均算子[39]。定理 1.24 已证实式（2-2）可以保持判断矩阵的性质，因此式（2-4）可以被用于集成判断矩阵。

设 S 为一集合，S_1 和 S_2 为 S 两个不相交的子集且满足 $S=S_1\cup S_2$，$S_1\cap S_2=\varnothing$，设 u_{S_1} 和 u_{S_2} 分别表示 S_1 和 S_2 的效用。给定 $u_{S_1},u_{S_2}\in\left[a,b\right]$，$0<a<b$，则 S_1 和 S_2 的双边协商值用 $u_{S_1\cup S_2}$ 来表示，可以表示为 u_{S_1} 和 u_{S_2} 的拟平均函数[39]：

$$u_{S_1\cup S_2}=f^{-1}\left(\alpha f\left(u_{S_1}\right)+\left(1-\alpha\right)f\left(u_{S_2}\right)\right),\alpha\in\left(0,1\right) \tag{2-5}$$

在式（2-5）中 u_{S_1}，u_{S_2}，$u_{S_1\cup S_2}$ 都是已知的，因此，我们可以轻松推导出 α 的值，即 S_1 和 S_2 的相对权重。在传统决策模型中，如果 u_{S_1}，u_{S_2}，α 都是已知的，我们可以通过某种集成方法轻松地求得 $u_{S_1\cup S_2}$ 的值。式（2-5）实际上给出一个从相反的角度处理决策问题的方法。特别地，若 $f\left(t\right)=t$ 且 $u_{S_1},u_{S_2}\in\left[0,1\right]$，则式（2-5）退化为 Baucells 等[27]给出的式子。

假设两位决策者 e_i 和 e_j 的效用分别为 u_i 和 u_j，当他们进行协商时，产生的协商值记为 u_{ij}，其计算公式为

$$u_{ij}=f^{-1}\left(\frac{f\left(u_i\right)+\rho_{ij}f\left(u_j\right)}{1+\rho_{ij}}\right) \tag{2-6}$$

这里 $\rho_{ij}=\dfrac{(1-\alpha_{ij})}{\alpha_{ij}}$ 表示 e_i 和 e_j 的效用比例，称为协商比率，其中 $\alpha_{ij}\in(0,1)$，$f:(a,b)\to(-\infty,+\infty)$ 为连续严格单调函数。

另外，可以看到每一个双边协商值 u_{ij} 对应着一个 ρ_{ij}。由于 e_i 和 e_j 的协商值等同于 e_j 和 e_i 的协商值，即 $u_{ij}=u_{ji}$，则 $\rho_{ij}=\dfrac{1}{\rho_{ji}}$。

基于上面的分析，可以看到双边协商值 u_{ij} 实际上是 e_i 和 e_j 的群效用值，这意味着，当群决策中仅包含两个决策者时，通过双边协商很容易获得群效用值。但是如果群决策中包含三个或更多决策者时，如何通过两两决策者给出协商值获取群效用值呢？深入探讨这个问题之前，首先给出下面的定理。

设 $E=\{e_1,e_2,\cdots,e_m\}$ 为决策者的集合，$\{u_1,u_2,\cdots,u_n\}$ 为决策者的效用集合，对任意三个特定的决策者的集合 $\{e_i,e_k,e_j\}$，e_i 和 e_k 的协商值为 u_{ik}，e_k 和 e_j 的协商值为 u_{kj}，ρ_{ik} 和 ρ_{kj} 分别表示相应的协商比率。

定理 2.1　决策者集合 $\{e_i,e_k,e_j\}$ 的群效用可以表示为

$$u_{ikj}=f^{-1}\left(\frac{f(u_i)+\rho_{ik}f(u_k)+\rho_{ij}f(u_j)}{1+\rho_{ik}+\rho_{ij}}\right) \tag{2-7}$$

其中 ρ_{ij} 为 e_i 和 e_j 的协商比率，且满足 $\rho_{ij}=\rho_{ik}\rho_{kj}$。

证明： 由于 u_{ij} 可以表示为 u_i 和 u_j 的拟平均，则 $u_{ij}=f^{-1}\left(\dfrac{f(u_i)+\rho_{ij}f(u_j)}{1+\rho_{ij}}\right)$，$\rho_{ij}=\dfrac{1-\alpha_{ij}}{\alpha_{ij}}\in(0,+\infty)$，且

$$f(u_{kj})=\frac{f(u_k)+\rho_{kj}f(u_j)}{1+\rho_{kj}}\Leftrightarrow f(u_k)=(1+\rho_{kj})f(u_{kj})-\rho_{kj}f(u_j)$$

因此

$$f(u_{ik})=\frac{f(u_i)+\rho_{ik}f(u_k)}{1+\rho_{ik}}=\frac{f(u_i)+\rho_{ik}\left((1+\rho_{kj})f(u_{kj})-\rho_{kj}f(u_j)\right)}{1+\rho_{ik}}$$

设 $\alpha,\beta\in(0,1)$，则 u_{ikj} 可以表示为 u_i 和 u_{kj} 的拟平均，或表示为 u_{ik} 和 u_j 的拟平均，则

$$u_{ik}=f^{-1}\left(\alpha f\left(u_i\right)+\left(1-\alpha\right)f\left(u_{kj}\right)\right)=f^{-1}\left(\beta f\left(u_{ik}\right)+\left(1-\beta\right)f\left(u_j\right)\right)$$

$$\Leftrightarrow f\left(u_{ikj}\right)=\alpha f\left(u_i\right)+\left(1-\alpha\right)f\left(u_{kj}\right)=\beta f\left(u_{ik}\right)+\left(1-\beta\right)f\left(u_j\right)$$

$$=\frac{f\left(u_i\right)+\rho_{ik}\left(\left(1+\rho_{kj}\right)f\left(u_{kj}\right)-\rho_{kj}f\left(u_j\right)\right)}{1+\rho_{ik}}\beta+\left(1-\beta\right)f\left(u_j\right)$$

$$\Rightarrow\begin{cases}\alpha=\dfrac{1}{1+\rho_{ik}}\beta\\1-\alpha=\dfrac{\left(1+\rho_{kj}\right)\rho_{ik}}{1+\rho_{ik}}\beta\\\dfrac{-\rho_{ik}\rho_{kj}}{1+\rho_{ik\beta}}+\left(1-\beta\right)=0\end{cases}\Rightarrow\begin{cases}\alpha=\dfrac{1}{1+\rho_{ik}+\rho_{ik}\rho_{kj}}\\\beta=\dfrac{1+\rho_{ik}}{1+\rho_{ik}+\rho_{ik}\rho_{kj}}\end{cases}$$

因此

$$f\left(u_{ikj}\right)=\alpha f\left(u_i\right)+\left(1-\alpha\right)f\left(u_{kj}\right)$$

$$=\frac{1}{1+\rho_{ik}+\rho_{ik}\rho_{kj}}f\left(u_i\right)+\frac{\rho_{ik}+\rho_{ik}\rho_{kj}}{1+\rho_{ik}+\rho_{ik}\rho_{kj}}\frac{f\left(u_k\right)+\rho_{kj}f\left(u_j\right)}{1+\rho_{kj}}$$

$$=\frac{f\left(u_i\right)+\rho_{ik}f\left(u_k\right)+\rho_{ik}\rho_{kj}f\left(u_j\right)}{1+\rho_{ik}+\rho_{ik}\rho_{kj}}$$

设 $\rho_{ij}=\rho_{ik}\rho_{kj}$，则 $u_{ikj}=f^{-1}\left(\dfrac{f\left(u_i\right)+\rho_{ik}f\left(u_k\right)+\rho_{ij}f\left(u_j\right)}{1+\rho_{ik}+\rho_{ij}}\right)$，定理得证。

定理 2.1 指出要计算决策者集合 $\left\{e_i,e_k,e_j\right\}$ 的群效用，只需知道这三名决策者中的两对决策者的双边协商值，但必须保证条件 $\rho_{ij}=\rho_{ik}\rho_{kj},i,j,k=1,2,\cdots,m$ 成立。

通过比较式（2－6）和式（2－7）可以发现它们的结构非常类似，那么，是否可以将其推广到包含更多决策者的群决策问题？另外获取群效用的最低条件是什么？接下来，我们给出下面的定理。

定理 2.2 决策者 $\left\{e_i,e_{i+1},e_{i+2},\cdots,e_{i+q}\right\}$ 的群效用可表示为

$$u_{i,i+1,i+2,\cdots,i+q}=f^{-1}\left(\frac{f\left(u_i\right)+\rho_{i,i+1}f\left(u_{i+1}\right)+\rho_{i,i+2}f\left(u_{i+2}\right)+\cdots+\rho_{i,i+q}f\left(u_{i+q}\right)}{1+\rho_{i,i+1}+\rho_{i,i+2}+\cdots+\rho_{i,i+q}}\right)\tag{2－8}$$

其中 $\rho_{i,i+1},\rho_{i,i+2},\cdots,\rho_{i,i+q}$ 为协商比率， $u_{i,i+1},u_{i,i+2},\cdots,u_{i,i+q}$ 为协商值。

证明： 前面已经证明当 $q=1$ 和 $q=2$ 时，式（2－8）成立。假设 $q=p-1$ 时，式(2－8)成立，则只需证明 $q=p$ 时，式(2－8)成立即可。由于 $f\left(u_{i,i+1,i+2,\cdots,i+p-1}\right)=\dfrac{f\left(u_i\right)+\rho_{i,i+1}f\left(u_{i+1}\right)+\rho_{i,i+2}f\left(u_{i+2}\right)+\cdots+\rho_{i,i+p-1}f\left(u_{i+p-1}\right)}{1+\rho_{i,i+1}+\rho_{i,i+2}+\cdots+\rho_{i,i+p-1}}$，由式（2－5）可得

$$\begin{aligned}f\left(u_{i,i+1,i+2,\cdots,i+p}\right) &= \alpha f\left(u_{i,i+1,i+2,\cdots,i+p-1}\right)+(1-\alpha)f\left(u_{i+p}\right)\\ &= \beta f\left(u_{i,i+1,i+2,\cdots,i+p-2}\right)+(1-\beta)f\left(u_{i+p-1,i+p}\right)\end{aligned}$$

类似地，

$$\alpha\frac{f\left(u_i\right)+\rho_{i,i+1}f\left(u_{i+1}\right)+\rho_{i,i+2}f\left(u_{i+2}\right)+\cdots+\rho_{i,i+p-1}f\left(u_{i+p-1}\right)}{1+\rho_{i,i+1}+\rho_{i,i+2}+\cdots+\rho_{i,i+p-1}}+(1-\alpha)f\left(u_{i+p}\right)$$

$$=\beta\frac{f\left(u_i\right)+\rho_{i,i+1}f\left(u_{i+1}\right)+\rho_{i,i+2}f\left(u_{i+2}\right)+\cdots+\rho_{i,i+p-1}f\left(u_{i+p-2}\right)}{1+\rho_{i,i+1}+\rho_{i,i+2}+\cdots+\rho_{i,i+p-2}}+$$

$$(1-\beta)\frac{f\left(u_{i+p-1}\right)+\rho_{i+p-1,i+p}f\left(u_{i+p}\right)}{1+\rho_{i+p-1,i+p}}$$

$$\Rightarrow\begin{cases}\dfrac{\alpha}{1+\rho_{i,i+1}+\rho_{i,i+2}+\cdots+\rho_{i,i+p-1}}=\dfrac{\beta}{1+\rho_{i,i+1}+\rho_{i,i+2}+\cdots+\rho_{i,i+p-2}}\\ \dfrac{\alpha\rho_{i,i+p-1}}{1+\rho_{i,i+1}+\rho_{i,i+2}+\cdots+\rho_{i,i+p-1}}=\dfrac{1-\beta}{1+\rho_{i+p-1,i+p}}\\ 1-\alpha=\dfrac{(1-\beta)\rho_{i+p-1,i+p}}{1+\rho_{i+p-1,i+p}}\end{cases}$$

$$\Rightarrow\frac{\alpha\rho_{i,i+p-1}}{(1-\alpha)1+\rho_{i,i+1}+\rho_{i,i+2}+\cdots+\rho_{i,i+p-1}}=\frac{1}{\rho_{i+p-1,i+p}}$$

$$\Rightarrow\alpha=\frac{1+\rho_{i,i+1}+\rho_{i,i+2}+\cdots+\rho_{i,i+p-1}}{1+\rho_{i,i+1}+\rho_{i,i+2}+\cdots+\rho_{i,i+p-1}+\rho_{i,i+p-1}\rho_{i+p-1,i+p}}$$

$$\Rightarrow\alpha=\frac{1+\rho_{i,i+1}+\rho_{i,i+2}+\cdots+\rho_{i,i+p-1}}{1+\rho_{i,i+1}+\rho_{i,i+2}+\cdots+\rho_{i,i+p-1}+\rho_{i,i+p}}$$

因此

$$
\begin{aligned}
f\left(u_{i,i+1,i+2,\cdots,i+p}\right)&=\alpha f\left(u_{i,i+1,i+2,\cdots,i+p-1}\right)+(1-\alpha)f\left(u_{i+p}\right)\\
&=\alpha\left(\frac{f\left(u_i\right)+\rho_{i,i+1}f\left(u_{i+1}\right)+\rho_{i,i+2}f\left(u_{i+2}\right)+\cdots+\rho_{i,i+p-1}f\left(u_{i+p-1}\right)}{1+\rho_{i,i+1}+\rho_{i,i+2}+\cdots+\rho_{i,i+p-1}}\right)+(1-\alpha)f\left(u_{i+p}\right)\\
&=\frac{f\left(u_i\right)+\rho_{i,i+1}f\left(u_{i+1}\right)+\rho_{i,i+2}f\left(u_{i+2}\right)+\cdots+\rho_{i,i+p}f\left(u_{i+p}\right)}{1+\rho_{i,i+1}+\rho_{i,i+2}+\cdots+\rho_{i,i+p}}
\end{aligned}
$$

所以当$q=p$时，式（2−8）成立，定理得证。

定理 2.2 表明获取$q+1$个决策者的群效用，只需考虑$q+1$个决策者给出的评价值及q对决策者的双边协商值即可。

基于定理 2.2 给出下面的推论。

推论 2.1 集合$\{e_1,e_2,\cdots,e_m\}$的群效用可以表示为

$$
u_{12\cdots m}=f^{-1}\left(\frac{f\left(u_1\right)+\rho_{12}f\left(u_2\right)+\cdots+\rho_{1m}f\left(u_m\right)}{1+\rho_{12}+\cdots+\rho_{1m}}\right) \tag{2-9}
$$

注意，所有的$\rho_{ij}\ (i,j=1,2,\cdots,n)$可以构成一个判断矩阵$\boldsymbol{\rho}=(\rho_{ij})_{n\times m}$，且满足$\rho_{ij}=\rho_{ik}\rho_{kj}$，$\rho_{ji}=1/\rho_{ij}$，同时可以发现$\boldsymbol{\rho}=(\rho_{ij})_{n\times n}$是一个一致性判断矩阵。因此，只需提供可以构成树$T$的$m-1$对比较就可以得到一个完全一致的判断矩阵。判断矩阵中的其他元素可以通过$\rho_{ij}=\prod_{pq\in T_{ij}}\rho_{pq}$获得，其中$T_{ij}$表示在树$T$中从$i$到$j$的唯一的路径中的所有有序对。设$\lambda_1=1$，$\lambda_i=\prod_{pq\in T_{1i}}\rho_{pq}$，则式（2−9）可以表示为

$$
u_{12\cdots m}=f^{-1}\left(\frac{\sum_{l=1}^{m}\lambda_l f\left(u_l\right)}{\sum_{l=1}^{m}\lambda_l}\right) \tag{2-10}
$$

特别地，若$f(t)=t$且$u_i\in[0,1]$，则本节给出的方法即为 Baucells 等[28]给出的方法。

下面给出一个例子说明本节的方法和 Baucells 等[28]给出的方法的区别。

例 2.1 设$X=\{x_1,x_2,x_3\}$为方案集，决策者$e_l(l=1,2,3)$，给出他们对方案的互反判断矩阵，记为$\boldsymbol{A}_l=(a_{ijl})_{3\times 3}$，$l=1,2,3$，其中

$$A_1=\begin{pmatrix}1 & 4 & 3\\ 1/4 & 1 & 3/4\\ 1/3 & 4/3 & 1\end{pmatrix},A_2=\begin{pmatrix}1 & 2 & 8/5\\ 1/2 & 1 & 4/5\\ 5/8 & 5/4 & 1\end{pmatrix},A_3=\begin{pmatrix}1 & 8 & 4\\ 1/8 & 1 & 1/2\\ 1/4 & 2 & 1\end{pmatrix}$$

可以看到 $A_l\ (l=1,2,3)$ 均具有一致性，则它们的群判断矩阵也有一致性。针对方案 x_1 优于 x_2 的偏好信息，决策者 e_1 和 e_2 给出协商值，记为 $u_{12}=2$，决策者 e_1 和 e_3 给出协商值，记为 $u_{13}=3.5$。基于协商值和偏好值，可以获取协商比率，若用 Baucells 等给出的方法，即令 $f(t)=t$，则由式（2−6）可得 $\rho_{12}=2.500\,0$ 和 $\rho_{13}=1.000\,0$，由式（2−9）可得群判断矩阵

$$A'=\begin{pmatrix}1.000\,0 & 3.777\,8 & 2.444\,4\\ 0.361\,1 & 1.000\,0 & 0.722\,2\\ 0.476\,9 & 1.435\,2 & 1.000\,0\end{pmatrix}$$

可以发现 A' 不具有互补性，因为 $a'_{12}a'_{21}=1.364\,2\neq 1$。

相反地，若用本节给出的方法，设 $f(t)=\log t$，则由式（2−6）可得 $\rho_{12}=1.817\,1$ 和 $\rho_{13}=1.154\,4$，由式（2−9）可得群判断矩阵

$$A=\begin{pmatrix}1.000\,0 & 3.563\,3 & 2.446\,5\\ 0.280\,6 & 1.000\,0 & 0.686\,6\\ 0.408\,7 & 1.456\,5 & 1.000\,0\end{pmatrix}$$

A 具有一致性。

例 2.2　设 $X=\{x_1,x_2,x_3\}$ 为方案集，三个决策者 $e_l\ (l=1,2,3)$ 分别给出他们对方案的互补判断矩阵 $A_l\ (l=1,2,3)$，其中

$$A_1=\begin{pmatrix}0.5 & 0.2 & 3/11\\ 0.8 & 0.5 & 0.6\\ 8/11 & 0.4 & 0.5\end{pmatrix},A_2=\begin{pmatrix}0.5 & 0.1 & 7/34\\ 0.9 & 0.5 & 0.7\\ 27/34 & 0.3 & 0.5\end{pmatrix},A_3=\begin{pmatrix}0.5 & 0.3 & 12/19\\ 0.7 & 0.5 & 0.8\\ 7/19 & 0.2 & 0.5\end{pmatrix}$$

决策者 e_1 和 e_2 给出方案 x_1 优于 x_2 的共同的协商值 0.15，决策者 e_1 和 e_3 给出方案 x_1 优于 x_2 的共同的协商值 0.25。已知 $A_l\ (l=1,2,3)$ 均具有乘型一致性，则我们希望集成后的判断矩阵也具有一致性。若用 Baucells 等[28]给出的方法获取群判断矩阵，则令 $f(t)=t$，由式（2−6）得 $\rho_{12}=1$ 和 $\rho_{13}=1$。由式（2−9）可得群互补判断矩阵

$$A'=\begin{pmatrix}0.5000 & 0.2000 & 0.3701\\ 0.8000 & 0.5000 & 0.7000\\ 0.6299 & 0.3000 & 0.5000\end{pmatrix}$$

可以发现 A' 不具有乘型一致性，因为

$$a'_{13}=0.3701\neq\frac{a'_{12}a'_{23}}{a'_{12}a'_{23}+\left(1-a'_{12}\right)\left(1-a'_{23}\right)}=0.3684$$

如果用本节给出的方法获取群判断矩阵，则令 $f\left(t\right)=\log\frac{t}{1-t}$ ，由式（2－6）可得 $\rho_{12}=0.7529$ 和 $\rho_{13}=4.3715$ ，由式（2－9）可得具有乘型一致性的群互补判断矩阵

$$A=\begin{pmatrix}0.5000 & 0.2495 & 0.5147\\ 0.7505 & 0.5000 & 0.7613\\ 0.4853 & 0.2387 & 0.5000\end{pmatrix}$$

例 2.1 和例 2.2 表明，假设双边协商值为个体评价值的加权算术平均并不总是有效的。评价值并不是独立存在的，而是属于一个具有自己独特属性的集体——判断矩阵。这意味着，每一个个体偏好值不仅仅是一个数值，而是与判断矩阵中的其他元素存在特定的关联，如判断矩阵元素之间的互补性和一致性。因此，在处理双边协商值与个体评价值之间的关系时，还应该考虑个体偏好值所属集体的特征。

2.2　基于 $m-1$ 对双边协商的多属性群决策方法

在本节中，我们研究基于协商的多属性决策问题。假设属性集为 $c_1,c_2,\cdots,c_n$ ，方案在这些属性下的评价值可以表示为 $z=\left(z_1,z_2,\cdots,z_n\right)$,其中 z_a^* 和 z_a^0 分别表示方案在属性 c_a 下的最好评价值和最差评价值。

基于拟平均算子，每个决策者的集成的评价值可以表示为

$$u_i=f^{-1}\left(\sum_{a=1}^{n}\beta_{i,a}f\left(v_{i,a}\right)\right),i=1,2,\cdots,m \tag{2-11}$$

其中 $\beta_{i,a}$ 表示决策者 e_i 赋给属性 c_a 的权重信息，且满足 $\sum_{a=1}^{n}\beta_{i,a}=1$ 。$v_{i,a}$ 为决策者 e_i 对方案在属性 c_a 的评价信息。

决策者 e_i 和 e_j 通过给出对属性权重或方案评价值的协商值获取群评价值。设 u_{ij} 表示 u_i 和 u_j 之间的协商值，$\rho_{ij}=\dfrac{1-\alpha_{ij}}{\alpha_{ij}}$ 为协商比率，$\alpha_{ij}\in(0,1)$，则 u_{ij} 可以表示为 u_i 和 u_j 的拟平均。设 $v_{ij,a}$ 为 $v_{i,a}$ 和 $v_{j,a}$ 的协商值，$\rho_{ij,a}=\dfrac{1-\alpha_{ij,a}}{\alpha_{ij,a}}$ 为相应的协商比率，且 $\alpha_{ij,a}\in(0,1)$，则 $v_{ij,a}$ 可以表示为 $v_{i,a}$ 和 $v_{j,a}$ 的拟平均。设 $\beta_{ij,a}$ 为 $\beta_{i,a}$ 和 $\beta_{j,a}$ 的协商值，且满足 $\sum_{a=1}^{m}\beta_{ij,a}=1$。

从理论角度看，不管采用哪种方式进行协商，所得的协商比率应该是相同的，基于这个原则，协商值和各个参数之间存在一定的关系。

定理 2.3　参数 $\rho_{ij},\alpha_{ij},\rho_{ij,a},\alpha_{ij,a},\beta_{i,a},\beta_{j,a}$ 和 $\beta_{ij,a}$ 的关系如下：

$$\rho_{ij,a}=\frac{\beta_{j,a}}{\beta_{i,a}}\rho_{ij},\beta_{ij,a}=\beta_{i,a}\alpha_{ij}+\beta_{j,a}\left(1-\alpha_{ij}\right) \tag{2-12}$$

证明： 由于 u_{ij} 为 u_i 和 u_j 的协商值，$v_{ij,a}$ 为 $v_{i,a}$ 和 $v_{j,a}$ 的协商值，则 $f\left(u_{ij}\right)=\alpha_{ij}f\left(u_i\right)+\left(1-\alpha_{ij}\right)f\left(u_j\right)$ 且 $f\left(v_{ij,a}\right)=\alpha_{ij,a}f\left(v_{i,a}\right)+\left(1-\alpha_{ij,a}\right)f\left(v_{j,a}\right)$，其中 $\alpha_{ij},\alpha_{ij,a}\in(0,1)$。从另一个角度讲，$u_{ij}$ 为决策者 e_i 和 e_j 对方案的协商值，则由式（2-11）可得 $f\left(u_{ij}\right)=\sum_{a=1}^{n}\beta_{ij,a}f\left(v_{ij,a}\right)$，因此

$$\begin{aligned}\sum_{a=1}^{n}\beta_{ij,a}f\left(v_{ij,a}\right)&=\sum_{a=1}^{n}\beta_{ij,a}\left(\alpha_{ij,a}f\left(v_{i,a}\right)+\left(1-\alpha_{ij,a}\right)f\left(v_{j,a}\right)\right)\\&=\alpha_{ij}f\left(u_i\right)+\left(1-\alpha_{ij}\right)f\left(u_j\right)\\&=\alpha_{ij}\sum_{a=1}^{n}\beta_{i,a}f\left(v_{i,a}\right)+\left(1-\alpha_{ij}\right)\sum_{a=1}^{n}\beta_{j,a}f\left(v_{j,a}\right)\end{aligned}$$

可得

$$\beta_{ij,a}\left(\alpha_{ij,a}f\left(v_{i,a}\right)+\left(1-\alpha_{ij,a}\right)f\left(v_{j,a}\right)\right)=\alpha_{ij}\beta_{i,a}f\left(v_{i,a}\right)+\left(1-\alpha_{ij}\right)\beta_{j,a}f\left(v_{j,a}\right)$$

$$\Leftrightarrow\beta_{ij,a}\alpha_{ij,a}f\left(v_{i,a}\right)+\beta_{ij,a}\left(1-\alpha_{ij,a}\right)f\left(v_{j,a}\right)=\alpha_{ij}\beta_{i,a}f\left(v_{i,a}\right)+\beta_{j,a}\left(1-\alpha_{ij}\right)f\left(v_{j,a}\right)$$

$$\Rightarrow\begin{cases}\beta_{ij,a}\alpha_{ij,a}=\alpha_{ij}\beta_{i,a}\\\beta_{ij,a}\left(1-\alpha_{ij,a}\right)=\beta_{j,a}\left(1-\alpha_{ij}\right)\end{cases}$$

$$\Rightarrow\begin{cases}\rho_{ij,a}=\dfrac{\beta_{j,a}}{\beta_{i,a}}\rho_{ij}\\ \beta_{ij,a}=\beta_{i,a}\alpha_{ij}+\beta_{j,a}\left(1-\alpha_{ij}\right)\end{cases}$$

定理得证。

定理 2.3 表明，当已知某些参数的取值时，我们可以利用定理 2.3 来推断其他参数的值。基于此，我们可以给出获取最终群评价所需的最低条件。下面给出三种获取群评价的方法。

方法 2.1 基于属性值的协商。

决策者 e_i 和 e_j 针对属性 c_a 分别给出方案的评价值，分别记为 $v_{i,a}$ 和 $v_{j,a}$，并给出他们的协商值 $v_{ij,a}$，三者之间的关系可以表示为 $v_{ij,a}=f^{-1}\left(\alpha_{ij,a}f\left(v_{i,a}\right)+\left(1-\alpha_{ij,a}\right)f\left(v_{j,a}\right)\right)$，则

$$\rho_{ij,a}=\frac{f\left(v_{i,a}\right)-f\left(v_{ij,a}\right)}{f\left(v_{ij,a}\right)-f\left(v_{j,a}\right)} \tag{2-13}$$

基于式（2－12），决策者 e_i 和 e_j 的协商比率 ρ_{ij} 可以表示为

$$\rho_{ij}=\frac{\beta_{i,a}\left(f\left(v_{i,a}\right)-f\left(v_{ij,a}\right)\right)}{\beta_{j,a}\left(f\left(v_{ij,a}\right)-f\left(v_{j,a}\right)\right)} \tag{2-14}$$

方法 2.1 指出决策者只需提供方案针对某个属性评价值的协商值，便可获得协商比率。为了更清晰地阐述本节所述方法，我们利用 Baucells 等[28]给出的例子来进行说明。

例 2.3 设某一方案的属性集为 $C=\{c_1,c_2,c_3\}$，c_1,c_2,c_3 分别表示货币支出（净现金流量）、环境影响指标、健康和安全指标，设 z^0 和 z^* 分别表示最差和最好的结果。设 $(0.4,0.35,0.25)^{\mathrm{T}}$ 为决策者 e_1 给出的属性权重向量，$(0.5,0.3,0.2)^{\mathrm{T}}$ 为决策者 e_2 给出的属性权重向量，且假设两个决策者使用相同的效用函数。

假设用拟平均集成方案在各个属性下的评价值，若 $f(t)=t$，本节给出的方法退化为 Baucells 等[28]给出的方法。若 $f(t)=\log t$，每个决策者对方案的综合评价值可以表示为

$$u_1(z)=\left[\frac{1-\mathrm{e}^{-z_1/100}}{1-\mathrm{e}^{-1}}\right]^{0.4}\times\left[\frac{z_2}{100}\right]^{0.35}\times\left[\frac{z_3}{100}\right]^{0.25}$$

$$u_2(z)=\left[\frac{1-e^{-z_1/200}}{1-e^{-1/2}}\right]^{0.5}\times\left[\frac{z_2}{100}\right]^{0.3}\times\left[\frac{z_3}{100}\right]^{0.2}$$

若 $f(t)=\log\frac{t}{1-t}$，则每个决策者对方案的综合评价值可以表示为

$$u_1(z)=\frac{\left[\frac{1-e^{-z_1/100}}{1-e^{-1}}\right]^{0.4}\times\left[\frac{z_2}{100}\right]^{0.35}\times\left[\frac{z_3}{100}\right]^{0.25}}{\left[\frac{1-e^{-z_1/100}}{1-e^{-1}}\right]^{0.4}\times\left[\frac{z_2}{100}\right]^{0.35}\times\left[\frac{z_3}{100}\right]^{0.25}+\left[1-\frac{1-e^{-z_1/100}}{1-e^{-1}}\right]^{0.4}\times\left[1-\frac{z_2}{100}\right]^{0.35}\times\left[1-\frac{z_3}{100}\right]^{0.25}}$$

$$u_2(z)=\frac{\left[\frac{1-e^{-z_1/200}}{1-e^{-1/2}}\right]^{0.5}\times\left[\frac{z_2}{100}\right]^{0.3}\times\left[\frac{z_3}{100}\right]^{0.2}}{\left[\frac{1-e^{-z_1/200}}{1-e^{-1/2}}\right]^{0.5}\times\left[\frac{z_2}{100}\right]^{0.3}\times\left[\frac{z_3}{100}\right]^{0.2}+\left[1-\frac{1-e^{-z_1/200}}{1-e^{-1/2}}\right]^{0.5}\times\left[1-\frac{z_2}{100}\right]^{0.3}\times\left[1-\frac{z_3}{100}\right]^{0.2}}$$

下面通过方法 2.1 计算协商比率，以属性 c_1 为例，设 $z_1=40$，则决策者 e_1 和 e_2 在属性 c_1 下对方案的评价值分别为 $v_{1,1}=0.52$ 和 $v_{2,1}=0.46$，他们共同给出的协商值 $v_{12,1}\in(0.46,0.52)$，并设 $v_{12,1}=0.51$。

当 $f(t)=\log t$ 时，由式（2－13）可得 $\rho_{12,1}=0.1584$，由式（2－14）可得 $\rho_{12}=0.1267$。当 $f(t)=\log\frac{t}{1-t}$ 时，由式（2－13）可得 $\rho_{12,1}=0.1998$，由式（2－14）可得 $\rho_{12}=0.1598$。

方法 2.2　基于属性权重的协商。

设 $\beta_{i,a}$ 和 $\beta_{j,a}$ 分别表示决策者 e_i 和 e_j 给出的属性 c_a 的权重，$\beta_{ij,a}$ 为二者协商后给出的协商值，则由式（2－12）可得 $\beta_{ij,a}=\alpha_{ij}\beta_{i,a}+(1-\alpha_{ij})\beta_{j,a}$，因此决策者 e_i 和 e_j 的协商比率可以表示为

$$\rho_{ij}=\frac{\beta_{i,a}-\beta_{ij,a}}{\beta_{ij,a}-\beta_{j,a}} \tag{2-15}$$

方法 2.2 描述了如何根据决策者对某个属性权重的协商值计算协商比率的方法。

如果用方法 2.2 求解例 2.3 中的协商比率，以 $a=2$ 为例，则 $\beta_{1,2}=0.35$ 和 $\beta_{2,2}=0.3$，设协商值用 $\beta_{12,2}\in(0.3,0.35)$ 表示。当 $f(t)=\log t$ 时，若与方法 2.1 得到的结果一致，设 $\beta_{12,2}=0.3444$，由式（2－15）可得 $\rho_{12}=0.1267$。设 $\beta_{12,2}=0.3417$，

若与方法 2.1 得到的结果一致，当 $f(t)=\log\frac{t}{1-t}$ 时，则 $\beta_{12,2}=0.3417$，由式（2－15）可得 $\rho_{12}=0.1598$。

方法 2.3 基于属性之间相互替代率的协商。

在多属性群决策中，经常会遇到"支付意愿"的现象，指的是决策者可能愿意降低某一属性的表现以提高另一属性的表现，前提是不改变整体方案的价值，具体来说，如果决策者 e_i 愿意牺牲属性 c_1 的值 z_1^i，以使属性 c_2 从 z_2^0 增加到 z_2^*，那么 $\left(z_1^i,z_2^0,z_3,\cdots,z_n\right)$ 和 $\left(z_1^0,z_2^*,z_3,\cdots,z_n\right)$ 可以认为是等价的。如果我们不考虑其他属性 $z_3,\cdots,z_n$，则

$$\beta_{i,1}f\left(v_{i,1}\left(z_1^i\right)\right)+\beta_{i,2}f\left(v_{i,2}\left(z_2^0\right)\right)=\beta_{i,1}f\left(v_{i,1}\left(z_1^0\right)\right)+\beta_{i,2}f\left(v_{i,2}\left(z_2^*\right)\right) \qquad (2-16)$$

再进一步，如果 $z_1^i\neq z_1^j$，使决策者 e_i 和 e_j 进行协商并给出协商值 $z_1^{ij}\in\left(z_1^i,z_1^j\right)$，使得 $\left(z_1^{ij},z_2^0,z_3,\cdots,z_n\right)$ 和 $\left(z_1^0,z_2^*,z_3,\cdots,z_n\right)$ 等价。由于 u_{ij} 可以看作 u_i 和 u_j 的拟平均，忽略掉其他属性 $z_3,\cdots,z_m$，则

$$\alpha_{ij}\left(\beta_{i,1}f\left(v_{i,1}\left(z_1^{ij}\right)\right)+\beta_{i,2}f\left(v_{i,2}\left(z_2^0\right)\right)\right)+\left(1-\alpha_{ij}\right)\left(\beta_{j,1}f\left(v_{j,1}\left(z_1^{ij}\right)\right)+\beta_{j,2}f\left(v_{j,2}\left(z_2^0\right)\right)\right)$$
$$=\alpha_{ij}\left(\beta_{i,1}f\left(v_{i,1}\left(z_1^0\right)\right)+\beta_{i,2}f_{i,1}\left(v_{i,2}\left(z_2^*\right)\right)\right)+\left(1-\alpha_{ij}\right)\left(\beta_{j,1}f\left(v_{j,1}\left(z_1^0\right)\right)+\beta_{j,2}f\left(v_{j,2}\left(z_2^*\right)\right)\right)$$

由式（2－16）可得协商比率为

$$\rho_{ij}=\frac{\beta_{i,1}\left[f\left(v_{i,1}\left(z_1^i\right)\right)-f\left(v_{i,1}\left(z_1^{ij}\right)\right)\right]}{\beta_{j,1}\left[f\left(v_{j,1}\left(z_1^{ij}\right)\right)-f\left(v_{j,1}\left(z_1^j\right)\right)\right]} \qquad (2-17)$$

方法 2.3 给出一种从属性之间的替代率的协商值获取协商比率的方法。

在例 2.3 中，设 $z_a^0=25$，$z_a^*=75$, $a=1,2,3$，若决策者 e_1 和 e_2 希望通过减少属性 c_1 的值使属性 c_2 从最低值 z_2^0 增加到最高值 z_2^*，设 $\left(z_1^i,z_2^0,z_3\right)$ 和 $\left(z_1^0,z_2^*,z_3\right)$ 等价，则 $z_1^1=86.381\,33$ 且 $z_1^2=51.535\,32$。若决策者给出协商值 $z_1^{12}\in\left(51.535\,32,86.381\,33\right)$，当 $f(t)=\log t$ 时，若与之前的结果一致，设 $z_1^{12}=79.0076$，由式（2－17）可得 $\rho_{12}=0.126\,7$。当 $f(t)=\log\frac{t}{1-t}$ 时，若使结果与之前的一致，设 $z_1^{12}=66.665\,99$，由式（2－17）得 $\rho_{12}=0.159\,8$。

采用上面的方法可以通过协商值获取协商比率，下面给出获取群决策的方法。

定理 2.4　设 $\lambda_1=1$，$\lambda_l=\rho_{1l}$，$l=2,3,\cdots,m$，则群评价可以表示为

$$f\left(u_M\right)=\frac{\sum_{l=1}^{m}\lambda_l f\left(u_l\right)}{\sum_{l=1}^{m}\lambda_l} \tag{2-18}$$

或者等价于 $f\left(u_M\right)=\sum_{a=1}^{n}\beta_a f\left(v_a\right)$，其中 $\beta_a=\frac{\sum_{l=1}^{m}\beta_{l,a}}{\sum_{l=1}^{m}\lambda_l}$，$v_a$ 为属性 c_a 的群评价值 $f\left(v_a\right)=\frac{\sum_{l=1}^{m}\lambda_l\beta_{l,a}f\left(v_{l,a}\right)}{\sum_{l=1}^{m}\lambda_l\beta_{l,a}}$。

证明： 由式（2－10）和式（2－11）可得

$$f\left(u_M\right)=f\left(u_{12\cdots m}\right)=\frac{\sum_{l=1}^{m}\lambda_l f\left(u_l\right)}{\sum_{l=1}^{m}\lambda_l}=\sum_{a=1}^{n}\frac{\sum_{l=1}^{m}\lambda_l\beta_{l,a}f\left(v_{l,a}\right)}{\sum_{l=1}^{m}\lambda_l}$$

$$=\sum_{a=1}^{n}\frac{\sum_{l=1}^{m}\lambda_l\beta_{l,a}}{\sum_{l=1}^{m}\lambda_l}\frac{\sum_{l=1}^{m}\lambda_l\beta_{l,a}f\left(v_{l,a}\right)}{\sum_{l=1}^{m}\lambda_l\beta_{l,a}}$$

则设 $\beta_a=\frac{\sum_{l=1}^{m}\lambda_l\beta_{l,a}}{\sum_{l=1}^{m}\lambda_l}$，$f\left(v_a\right)=\frac{\sum_{l=1}^{m}\lambda_l\beta_{l,a}f\left(v_{l,a}\right)}{\sum_{l=1}^{m}\lambda_l\beta_{l,a}}$，可得 $f\left(u_M\right)=\sum_{a=1}^{n}\beta_a f\left(v_a\right)$。定理得证。

在例 2.3 中，若 $f(t)=\log t$，$\rho_{12}=0.1267$，则由定理 2.4 可得 $\lambda_1=1$，$\lambda_2=\rho_{12}=0.1267$。由式（2－18）可得 $u_{12}\left(x\right)=\left[u_1(x)\right]^{0.8875}\left[u_2(x)\right]^{0.1125}$。

实际上，本节给出的方法为 Baucells 等[28]给出的方法的扩展形式，前者基于拟平均，后者基于拟平均的一种特殊情况，即加权算术平均。下面我们通过一个算例来比较这两种方法的差异。

例 2.4 设 $X=\{x_1,x_2,x_3\}$ 为方案集，$C=\{c_1,c_2,c_3\}$ 为属性集，两个决策者 $e_l, l=1,2$ 分别给出每个属性下方案的判断矩阵，其中 $\boldsymbol{A}_k^{(l)}$ 表示决策者 d_l 给出的属性 c_k 下方案的判断矩阵

$$\boldsymbol{A}_1^{(1)}=\begin{pmatrix}1 & 1/2 & 3/2\\ 2 & 1 & 3\\ 2/3 & 1/3 & 1\end{pmatrix},\ \boldsymbol{A}_2^{(1)}=\begin{pmatrix}1 & 1/4 & 5/4\\ 4 & 1 & 5\\ 4/5 & 1/5 & 1\end{pmatrix},\ \boldsymbol{A}_3^{(1)}=\begin{pmatrix}1 & 1/3 & 1/2\\ 3 & 1 & 3/2\\ 2 & 2/3 & 1\end{pmatrix}$$

$$\boldsymbol{A}_1^{(2)}=\begin{pmatrix}1 & 1/5 & 2/5\\ 5 & 1 & 2\\ 5/2 & 1/2 & 1\end{pmatrix},\ \boldsymbol{A}_2^{(2)}=\begin{pmatrix}1 & 1/2 & 2\\ 2 & 1 & 4\\ 1/2 & 1/4 & 1\end{pmatrix},\ \boldsymbol{A}_3^{(2)}=\begin{pmatrix}1 & 3/4 & 9/4\\ 4/3 & 1 & 3\\ 4/9 & 1/3 & 1\end{pmatrix}$$

设这两个决策者给出的属性的权重信息分别为 $\boldsymbol{w}^{(1)}=(0.1,0.4,0.5)^{\mathrm{T}}$ 和 $\boldsymbol{w}^{(2)}=(0.2,0.5,0.3)^{\mathrm{T}}$。已知 $\boldsymbol{A}_k^{(l)}, l=1,2, k=1,2,3$ 均为一致的互反判断矩阵，则它们最终集成的判断矩阵也应该是一致的互反判断矩阵。

我们采用 Baucells 等[28]给出的方法获取群判断矩阵。设 $f(t)=t$，根据方法 2.1，决策者给出属性 c_1 下方案 x_1 优于方案 x_2 的程度位于 $1/2$ 和 $1/5$ 之间的共同的协商值，假设为 $1/3$，由式（2－13）和式（2－14）可得 $\rho_{12}=1.25$。

若用方法 2.2 求解群判断矩阵，设决策者 e_1 和 e_2 给出关于属性 c_2 的权重的协商值，位于 0.1 和 0.2 之间。若使结果与之前保持一致，假设协商值为 0.155 6。由式（2－15）可得 $\rho_{12}=1.25$，由式（2－11）可得决策者 $e_l, l=1,2$ 的群判断矩阵为

$$\boldsymbol{A}'^{(1)}=\begin{pmatrix}1.000\,0 & 0.316\,7 & 0.900\,0\\ 3.300\,0 & 1.000\,0 & 3.050\,0\\ 1.386\,7 & 0.446\,7 & 1.000\,0\end{pmatrix},\boldsymbol{A}'^{(2)}=\begin{pmatrix}1.000\,0 & 0.515\,0 & 1.755\,0\\ 2.400\,0 & 1.000\,0 & 3.300\,0\\ 0.883\,3 & 0.325\,0 & 1.000\,0\end{pmatrix}$$

由式（2－18）可得群判断矩阵为

$$\boldsymbol{A}'=\begin{pmatrix}1.000\,0 & 0.426\,9 & 1.375\,0\\ 2.800 & 1.000\,0 & 3.188\,9\\ 1.662\,6 & 0.379\,1 & 1.000\,0\end{pmatrix}$$

可以发现 $\boldsymbol{A}'$ 中元素不具有互补性，因为 $a_{12}a_{21}=1.195\,3\neq 1$。

下面用本节给出的方法获取群判断矩阵，若用方法 2.1，这两个决策者给出属性 c_1 下方案 x_1 优于方案 x_2 的协商值为 $1/3$，当 $f(t)=\log t$ 时，由式（2－13）和式（2－14）可得 $\rho_{12}=0.793\,7$。

若用方法 2.2，则决策者对属性 c_2 的权重进行协商，为了与之前的结果保持一

致，设协商值为0.144 2。由式（2－15）可得 $\rho_{12}=0.793\,7$，由式（2－11）可得每个决策者 $e_l,l=1,2$ 的群判断矩阵

$$A^{(1)}=\begin{pmatrix}1.000\,0 & 0.309\,4 & 0.805\,1\\ 3.232\,1 & 1.000\,0 & 2.602\,2\\ 1.242\,1 & 0.384\,3 & 1.000\,0\end{pmatrix},A^{(2)}=\begin{pmatrix}1.000\,0 & 0.470\,1 & 1.501\,7\\ 2.127\,1 & 1.000\,0 & 3.194\,3\\ 0.665\,9 & 0.313\,1 & 1.000\,0\end{pmatrix}$$

由式（2－18）可得一致的群判断矩阵

$$A=\begin{pmatrix}1.000\,0 & 0.372\,3 & 1.060\,8\\ 2.685\,9 & 1.000\,0 & 2.849\,3\\ 0.942\,7 & 0.351\,0 & 1.000\,0\end{pmatrix}$$

例 2.5 设 $X=\{x_1,x_2,x_3\}$ 为方案集，$C=\{c_1,c_2,c_3\}$ 为属性集，决策者 $e_l\ (l=1,2)$ 给出属性 c_k 下方案的判断矩阵 $A_k^{(l)}$

$$A_1^{(1)}=\begin{pmatrix}0.5 & 0.2 & 3/11\\ 0.8 & 0.5 & 0.6\\ 8/11 & 0.4 & 0.5\end{pmatrix},A_2^{(1)}=\begin{pmatrix}0.5 & 0.1 & 7/34\\ 0.9 & 0.5 & 0.7\\ 27/34 & 0.3 & 0.5\end{pmatrix},A_3^{(1)}=\begin{pmatrix}0.5 & 0.3 & 12/19\\ 0.7 & 0.5 & 0.8\\ 7/19 & 0.2 & 0.5\end{pmatrix}$$

$$A_1^{(2)}=\begin{pmatrix}0.5 & 0.4 & 14/23\\ 0.6 & 0.5 & 0.7\\ 9/23 & 0.3 & 0.5\end{pmatrix},A_2^{(2)}=\begin{pmatrix}0.5 & 0.3 & 9/23\\ 0.7 & 0.5 & 0.6\\ 14/23 & 0.4 & 0.5\end{pmatrix},A_3^{(2)}=\begin{pmatrix}0.5 & 0.2 & 9/13\\ 0.8 & 0.5 & 0.9\\ 4/13 & 0.1 & 0.5\end{pmatrix}$$

设 $w^{(1)}=(0.2,0.3,0.5)^{\mathrm{T}}$ 和 $w^{(2)}=(0.4,0.4,0.2)^{\mathrm{T}}$ 为两个决策者给出的属性权重向量。假设 $A^{(l)},l=1,2,k=1,2,3$ 均为乘型一致的互补判断矩阵，则它们的群判断矩阵也应具有乘型一致性。

若用 Baucells 等[28]给出的方法，即 $f(t)=t$，若两个决策者给出属性 c_2 下方案 x_1 优于方案 x_2 的协商值，记为 0.15，则由式（2－13）可得 $\rho_{12}=0.25$。

若用方法 2.2，则决策者针对属性 c_2 的权重给出协商值，若与之前结果一致，设为 0.320 0，由式（2－15）可得 $\rho_{12}=0.25$，由式（2－11）可得群判断矩阵为

$$A'^{(1)}=\begin{pmatrix}0.500\,0 & 0.220\,0 & 0.432\,1\\ 0.780\,0 & 0.500\,0 & 0.730\,0\\ 0.567\,9 & 0.270\,0 & 0.500\,0\end{pmatrix},A'^{(2)}=\begin{pmatrix}0.500\,0 & 0.320\,0 & 0.538\,5\\ 0.680\,0 & 0.500\,0 & 0.700\,0\\ 0.461\,5 & 0.300\,0 & 0.500\,0\end{pmatrix}$$

由式（2－18）可得最终判断矩阵为

$$A'=\begin{pmatrix}0.500\,0 & 0.240\,0 & 0.453\,4\\ 0.760\,0 & 0.500\,0 & 0.724\,0\\ 0.546\,6 & 0.276\,0 & 0.500\,0\end{pmatrix}$$

可以看出 A' 不具有乘型一致性，因为 $a'_{13}=0.4534\neq\dfrac{a'_{12}a'_{23}}{a'_{12}a'_{23}+(1-a'_{12})(1-a'_{23})}=$ 0.453 1。

若用本节给出的方法，设 $f(t)=\log\dfrac{t}{1-t}$，由式（2－13）和式（2－14）可得 $\rho_{12}=0.3910$。

若用方法 2.2 求解，设决策者针对属性 c_2 的权重给出协商值，若与之前的决策结果保持一致，设协商值为 0.328 2，由式（2－15）可得 $\rho_{12}=0.3910$。由式（2－11）可得群判断矩阵

$$A^{(1)}=\begin{pmatrix}0.5000 & 0.2042 & 0.4178\\ 0.7958 & 0.5000 & 0.7366\\ 0.5822 & 0.2634 & 0.5000\end{pmatrix},A^{(2)}=\begin{pmatrix}0.5000 & 0.3147 & 0.5405\\ 0.6853 & 0.5000 & 0.7192\\ 0.4595 & 0.2808 & 0.5000\end{pmatrix}$$

由式（2－18）可得最终的具有乘型一致性的互补判断矩阵

$$A=\begin{pmatrix}0.5000 & 0.2321 & 0.4519\\ 0.7679 & 0.5000 & 0.7318\\ 0.5481 & 0.2682 & 0.5000\end{pmatrix}$$

基于上面的讨论，可以发现如果决策者给出乘型一致性的互补判断矩阵时，用 Baucells 等[27]或 Baucells 等[28]给出的方法，得到的群判断矩阵均不具有一致性；如果决策者给出一致的互反判断矩阵时，用这两种方法获得的群判断矩阵不具有互反性。这种情况，用本节给出的方法可以很好地解决。

2.3 双边协商矩阵

在群决策中，令 $E=\{e_1,e_2,\cdots,e_m\}$ 为专家集，针对某一方案或属性，决策者 e_i 给出他的评价值 u_i。基于式（2－10），令 $\alpha_i=\dfrac{\lambda_i}{\sum_{i=1}^{n}\lambda_i}$，则群评价值 u_m 可以表示为

$$u_m=f^{-1}\left(\sum_{i=1}^{m}\alpha_i f(u_i)\right) \tag{2－19}$$

其中 $f(t)$ 为连续严格单调函数，$\alpha_i\,(i=1,2,\cdots,m)$ 为决策者 $e_i\,(i=1,2,\cdots,m)$ 的权重

且满足条件$\sum_{i=1}^{m}\alpha_i=1$，$\alpha_i \geqslant 0\ (i=1,2,\cdots,m)$。

基于上一节的讨论，当有$m-1$对决策者进行协商并给出协商值时，我们可以推导出$\alpha_i\ (i=1,2,\cdots,m)$的值，并根据式（2－19）得到群决策结果。然而，实际情况中，可能难以确保$m-1$对决策者能够达成一致的协商值，同时还可能存在超过$m-1$对的决策者希望进行双边协商的情况。为此，本节将 Baucells 等[27]的研究进行扩展。对于一个包含m个决策者的群决策问题，假设至少$m-1$对决策者愿意协商，并在此基础上提出相应的群决策方法。接下来，我们将介绍一些相关的定义。

定义 2.1 设$E=\{e_1,e_2,\cdots,e_m\}$为决策者集合，针对某一方案或属性，各决策者给出的评价值向量可以表示为$\boldsymbol{u}=(u_1,u_2,\cdots,u_m)$，其中$u_i$为决策者$e_i$给出的评价值。假设任两个决策者都愿意协商，决策者$e_i$和$e_j$协商后的评价值分别为$u_{ij}$和$u_{ji}$，称为决策者$e_i$和$e_j$的谈判协商值。所有的$u_{ij},i,j=1,2,\cdots,m$可以构成一个双边谈判协商矩阵$\boldsymbol{U}=(u_{ij})_{m\times m}$且满足条件$\min(u_i,u_j)\leqslant u_{ij}\leqslant \max(u_i,u_j)$，$u_{ii}=u_i$，特别地，当$u_{ij}=u_{ji}$时，决策者$e_i$和$e_j$达成双边协商，此时称$\boldsymbol{U}$为双边协商矩阵。

在谈判协商过程中，决策者的妥协程度可以用一个谈判系数来表示。通过这种方式，我们可以构建双边谈判值和原始评价值的关系。假设决策者e_i相对于决策者e_j的协商系数为α_{ij}，则u_{ij}可以表示为u_i和u_j的函数，设u_{ij}为u_i和u_j的拟平均函数，则$u_{ij}=f^{-1}\Big(f(u_i)+\alpha_{ij}\big(f(u_j)-f(u_i)\big)\Big)$，其中$f:(a,b)\to(-\infty,+\infty)$为连续严格单调函数。若$f(x)=x$，则$u_{ij}=(1-\alpha_{ij})u_i+\alpha_{ij}u_j$，即为$u_i$和$u_j$的算数平均算子，若$f(x)=\log x$，则$u_{ij}=(u_i)^{1-\alpha_{ij}}(u_j)^{\alpha_{ij}}$为$u_i$和$u_j$的几何平均算子。$\alpha_{ij}$为协商系数需满足条件$0\leqslant\alpha_{ij}\leqslant 1$，所有$\alpha_{ij}$可以构成一个谈判系数矩阵，定义如下。

定义 2.2 设$E=\{e_1,e_2,\cdots,e_m\}$为决策者集合。协商系数矩阵为$E\times E$上的模糊集$\mu_R:E\times E\to[0,1]$，表示为$\boldsymbol{\alpha}=(\alpha_{ij})_{m\times m}$，其中$\alpha_{ij}=\mu_R(e_i,e_j),i,j=1,2,\cdots,m$。$\alpha_{ij}$表示谈判过程中决策者$e_i$相对于决策者$e_j$的谈判协商系数。$\alpha_{ij}=\alpha_{ji}$表示$e_i$和$e_j$在谈判中持平，$\alpha_{ij}<\alpha_{ji}$表示在谈判中$e_i$相对于$e_j$具有优势。

特别地，如果$\alpha_{ij}+\alpha_{ji}=1$，则协商系数矩阵$\boldsymbol{\alpha}=(\alpha_{ij})_{m\times m}$可以看作一个判断矩阵，此时决策者$e_i$和$e_j$达成协商一致，即

$$\begin{aligned}u_{ij}&=f^{-1}\Big(f(u_i)+\alpha_{ij}\big(f(u_j)-f(u_i)\big)\Big)\\&=f^{-1}\Big(f(u_i)+(1-\alpha_{ji})\big(f(u_j)-f(u_i)\big)\Big)\\&=f^{-1}\Big(f(u_j)+\alpha_{ji}\big(f(u_i)-f(u_j)\big)\Big)=u_{ji}\end{aligned}$$

上式是 Xia 等[29]定义的。特别地，如果$\alpha_{ij}+\alpha_{ji}=1$，$f(x)=x$，则$u_{ij}=u_i+\alpha_{ij}(u_j-u_i)=u_i+(1-\alpha_{ji})(u_j-u_i)=u_j-\alpha_{ji}(u_j-u_i)=u_{ji}$，则等同于 Baucells 等[27]给出的式子。

如果$\alpha_{ij}+\alpha_{ji}\neq 1$，决策者$e_i$和$e_j$不能协商一致，会有几种情况出现，基于此，给出下面的定理。

定理 2.5 如果$\alpha_{ij}+\alpha_{ji}\leqslant 1$，则$u_{ij}\leqslant u_{ji}$，$u_i\leqslant u_j$，且$u_{ji}\leqslant u_{ij}$，$u_i\geqslant u_j$；如果$\alpha_{ij}+\alpha_{ji}\geqslant 1$，则$u_{ji}\leqslant u_{ij}$，$u_i\leqslant u_j$且$u_{ij}\leqslant u_{ji}$，$u_i\geqslant u_j$。

证明：这里仅证明定理的前半部分，后半部分可以类似地证明。如果$\alpha_{ij}+\alpha_{ji}\leqslant 1$，则$\alpha_{ij}\leqslant 1-\alpha_{ji}$，主要讨论两种情况：（1）$u_i\leqslant u_j$；（2）$u_i\geqslant u_j$。

对于第一种情况，如果$u_i\leqslant u_j$，则

$$\begin{aligned}u_{ij}&=f^{-1}\Big(f(u_i)+\alpha_{ij}\big(f(u_j)-f(u_i)\big)\Big)\\&\leqslant f^{-1}\Big(f(u_i)+(1-\alpha_{ji})\big(f(u_j)-f(u_i)\big)\Big)\\&=f^{-1}\Big(f(u_j)+\alpha_{ji}\big(f(u_i)-f(u_j)\big)\Big)=u_{ji}\end{aligned}$$

对于第二种情况，如果$u_i\geqslant u_j$，则

$$\begin{aligned}u_{ij}&=f^{-1}\Big(f(u_i)+\alpha_{ij}\big(f(u_j)-f(u_i)\big)\Big)\\&\geqslant f^{-1}\Big(f(u_i)+(1-\alpha_{ji})\big(f(u_j)-f(u_i)\big)\Big)\\&=f^{-1}\Big(f(u_j)+\alpha_{ji}\big(f(u_i)-f(u_j)\big)\Big)=u_{ji}\end{aligned}$$

定理得证。

根据定理 2.5，若满足$\alpha_{ij}+\alpha_{ji}\leqslant 1$且$u_i\leqslant u_j$，则决策者$e_i$更倾向于自己的原始意见，因此其协商意见比自己的原始意见要高，但仍然低于决策者e_j的协商意见；然而，如果$\alpha_{ij}+\alpha_{ji}\geqslant 1$且$u_i\leqslant u_j$，则决策者$e_i$的协商意见更偏向决策者$e_j$的意见，因此其协商意见不仅会高于他自己的原始意见，同时也超过了决策者e_j的协商意见。

如果$\alpha_{ij}+\alpha_{ji}\neq 1$，则意味着决策者$e_i$和$e_j$协商不一致，我们可以将协商意见反馈给决策者$e_i$和$e_j$，并鼓励他们再次协商，直到达成协商一致。基于此，给出下面的算法（设p为迭代次数，P为最大迭代次数）。

算法 2.1

步骤 1：设$p=1$，决策者$e_i\,(i=1,2,\cdots,m)$给出各自的评价值u_i。

步骤 2：使决策者 e_i 和 e_j 进行谈判协商并给出谈判协商值 $u_{ij}^{(p)}$ 和 $u_{ji}^{(p)}$。

步骤 3：如果 $u_{ij}^{(p)} \neq u_{ji}^{(p)}$，则令 $p=p+1$，返回步骤 2；如果 $u_{ij}^{(p)}=u_{ji}^{(p)}$ 或 $p>P$，则前进到步骤 4。

步骤 4：设 $u_{ij}=u_{ij}^{(p)}$，输出协商矩阵 $\boldsymbol{U}=(u_{ij})_{m\times m}$。

算法 2.1 假设决策者具有足够的时间，并且愿意在谈判协商中让步。然而，在实际场景中，若决策者坚持己见或者时间紧迫将导致无法进行多轮的谈判协商，下面我们给出一个自动进行谈判协商的算法。

假设决策者 e_i 和 e_j 的协商系数在谈判协商过程中保持不变，那么即便第一轮谈判协商未能达成一致，我们仍然可以得知协商系数 α_{ij} 和 α_{ji}。这些协商系数可以帮助决策者 e_i 和 e_j 达成最终协商一致。假设决策者在后续的谈判协商中继续使用相同的协商系数，那么他们最终会有一个共同的协商结果。基于这一逻辑，我们给出下面的定理。

定理 2.6　设 u_i 和 u_j 分别为决策者 e_i 和 e_j 给出的初始评价值，$u_{ij}^{(1)}$ 和 $u_{ji}^{(1)}$ 为决策者 e_i 和 e_j 在第一轮谈判协商结束后分别给出的协商值，且满足 $f\left(u_{ij}^{(1)}\right)=f\left(u_i\right)+\alpha_{ij}\left(f\left(u_j\right)-f\left(u_i\right)\right)$ 和 $f\left(u_{ji}^{(1)}\right)=f\left(u_j\right)+\alpha_{ji}\left(f\left(u_i\right)-f\left(u_j\right)\right)$。假设 $f\left(u_{ij}^{(p)}\right)$ 和 $f\left(u_{ji}^{(p)}\right)$ 为第 p 轮协商后决策者 e_i 和 e_j 分别给出的协商值，则 $f\left(u_{ij}^{(p)}\right)=f\left(u_{ij}^{(p-1)}\right)+\alpha_{ij}\left(f\left(u_{ji}^{(p-1)}\right)-f\left(u_{ij}^{(p-1)}\right)\right)$，且 $f\left(u_{ji}^{(p)}\right)=f\left(u_{ji}^{(p-1)}\right)+\alpha_{ji}\left(f\left(u_{ij}^{(p-1)}\right)-f\left(u_{ji}^{(p-1)}\right)\right)$，则 $f\left(u_{ij}^{(n)}\right)=f\left(u_j\right)+\alpha_{ij}\left(f\left(u_i\right)-f\left(u_j\right)\right)\dfrac{1-(1-\alpha_{ij}-\alpha_{ji})^n}{\alpha_{ij}+\alpha_{ji}}$ 且 $f\left(u_{ji}^{(n)}\right)=f\left(u_i\right)+\alpha_{ji}\left(f\left(u_j\right)-f\left(u_i\right)\right)\dfrac{1-(1-\alpha_{ij}-\alpha_{ji})^n}{\alpha_{ij}+\alpha_{ji}}$。

证明：当 $n=1$ 时结论成立。假设 $n=p$ 时结论成立，这里证明 $n=p+1$ 时结论成立。由于 $f\left(u_{ij}^{(p)}\right)=f\left(u_i\right)+\alpha_{ij}\left(f\left(u_j\right)-f\left(u_i\right)\right)\dfrac{1-(1-\alpha_{ij}-\alpha_{ji})^p}{\alpha_{ij}+\alpha_{ji}}$ 且 $f\left(u_{ji}^{(p)}\right)=f\left(u_j\right)+\alpha_{ji}\left(f\left(u_i\right)-f\left(u_j\right)\right)\dfrac{1-(1-\alpha_{ij}-\alpha_{ji})^p}{\alpha_{ij}+\alpha_{ji}}$，则

$$f\left(u_{ji}^{(p)}\right)-f\left(u_{ij}^{(p)}\right)=\left(f\left(u_j\right)-f\left(u_i\right)\right)\left(1-\alpha_{ji}\frac{1-(1-\alpha_{ij}-\alpha_{ji})^p}{\alpha_{ij}+\alpha_{ji}}-\alpha_{ij}\frac{1-(1-\alpha_{ij}-\alpha_{ji})^p}{\alpha_{ij}+\alpha_{ji}}\right)$$
$$=\left(f\left(u_j\right)-f\left(u_i\right)\right)\left(\frac{\left(\alpha_{ji}+\alpha_{ij}\right)(1-\alpha_{ij}-\alpha_{ji})^p}{\alpha_{ij}+\alpha_{ji}}\right)$$

则

$$f\left(u_{ij}^{(p+1)}\right)=f\left(u_{ij}^{(p)}\right)+\alpha_{ij}\left(f\left(u_{ji}^{(p)}\right)-f\left(u_{ij}^{(p)}\right)\right)$$
$$=f\left(u_i\right)+\alpha_{ij}\left(f\left(u_j\right)-f\left(u_i\right)\right)\frac{1-(1-\alpha_{ij}-\alpha_{ji})^p}{\alpha_{ij}+\alpha_{ji}}+\alpha_{ij}\left(f\left(u_{ji}^{(p)}\right)-f\left(u_{ij}^{(p)}\right)\right)$$
$$=f\left(u_i\right)+\alpha_{ij}\left(f\left(u_j\right)-f\left(u_i\right)\right)\left(\frac{1-(1-\alpha_{ij}-\alpha_{ji})^p+\left(\alpha_{ij}+\alpha_{ji}\right)(1-\alpha_{ij}-\alpha_{ji})^p}{\alpha_{ij}+\alpha_{ji}}\right)$$
$$=f\left(u_i\right)+\alpha_{ij}\left(f\left(u_j\right)-f\left(u_i\right)\right)\left(\frac{1-(1-\alpha_{ij}-\alpha_{ji})^{p+1}}{\alpha_{ij}+\alpha_{ji}}\right)$$

类似地，可以证明定理的另一部分。

定理 2.6 表明，如果决策者在每轮谈判协商中都使用相同的协商系数，且该系数可以在首轮协商中确定，那么我们便可计算出决策者在每一轮谈判协商后决策者各自的谈判协商值。

定理 2.7 在谈判协商过程中，谈判协商值之间的关系可以表示为

（1）如果 $\alpha_{ij}+\alpha_{ji}\leqslant 1$，则若 $u_i\leqslant u_j$，则 $u_i\leqslant u_{ij}^{(1)}\leqslant u_{ij}^{(2)}\leqslant\cdots\leqslant u_{ij}^{(p)}\leqslant\cdots\leqslant u_{ji}^{(p)}\leqslant\cdots\leqslant u_{ji}^{(2)}\leqslant u_{ji}^{(1)}\leqslant u_j$；若 $u_j\leqslant u_i$，则 $u_j\leqslant u_{ji}^{(1)}\leqslant u_{ji}^{(2)}\leqslant\cdots\leqslant u_{ji}^{(p)}\leqslant\cdots\leqslant u_{ij}^{(p)}\leqslant\cdots\leqslant u_{ij}^{(2)}\leqslant u_{ij}^{(1)}\leqslant u_i$。

（2）如果 $\alpha_{ij}+\alpha_{ji}\geqslant 1$，则若 $u_i\leqslant u_j$，则

$$u_i\leqslant u_{ji}^{(1)}\leqslant u_{ij}^{(2)}\leqslant u_{ji}^{(3)}\leqslant\cdots\leqslant u_{ij}^{(2p)}\leqslant u_{ji}^{(2p+1)}\leqslant\cdots\leqslant$$
$$u_{ij}^{(2p+1)}\leqslant u_{ji}^{(2p)}\leqslant\cdots\leqslant u_{ij}^{(3)}\leqslant u_{ji}^{(2)}\leqslant u_{ij}^{(1)}\leqslant u_j$$

若 $u_j\leqslant u_i$，则

$$u_j\leqslant u_{ij}^{(1)}\leqslant u_{ji}^{(2)}\leqslant u_{ij}^{(3)}\leqslant\cdots\leqslant u_{ji}^{(2p)}\leqslant u_{ij}^{(2p+1)}\leqslant\cdots\leqslant$$
$$u_{ji}^{(2p+1)}\leqslant u_{ij}^{(2p)}\leqslant\cdots\leqslant u_{ji}^{(3)}\leqslant u_{ij}^{(2)}\leqslant u_{ji}^{(1)}\leqslant u_i$$

证明： 因为 $f\left(u_{ij}^{(p)}\right)=f(u_i)+\alpha_{ij}\left(f(u_j)-f(u_i)\right)\dfrac{1-(1-\alpha_{ij}-\alpha_{ji})^p}{\alpha_{ij}+\alpha_{ji}}$，则 $f\left(u_{ij}^{(p+1)}\right)-f\left(u_{ij}^{(p)}\right)=\alpha_{ij}\left(f(u_j)-f(u_i)\right)(1-\alpha_{ij}-\alpha_{ji})^p$。

如果 $\alpha_{ij}+\alpha_{ji}\leqslant 1$ 且 $u_i\leqslant u_j$，则

$$f\left(u_{ij}^{(p+1)}\right)\geqslant f\left(u_{ij}^{(p)}\right) \tag{2-20}$$

另外，$f\left(u_{ji}^{(p)}\right)-f\left(u_{ij}^{(p)}\right)=\left(f(u_j)-f(u_i)\right)(1-\alpha_{ij}-\alpha_{ji})^p\geqslant 0$，因此

$$f\left(u_{ji}^{(p)}\right)\geqslant f\left(u_{ij}^{(p)}\right) \tag{2-21}$$

结合式（2-20）和式（2-21），可得 $u_i\leqslant u_{ij}^{(1)}\leqslant u_{ij}^{(2)}\leqslant\cdots\leqslant u_{ij}^{(p)}\leqslant\cdots\leqslant u_{ji}^{(p)}\leqslant\cdots\leqslant u_{ji}^{(2)}\leqslant u_{ji}^{(1)}\leqslant u_j$。

类似地，如果 $u_j\leqslant u_i$，则 $u_j\leqslant u_{ji}^{(1)}\leqslant u_{ji}^{(2)}\leqslant\cdots\leqslant u_{ji}^{(p)}\leqslant\cdots\leqslant u_{ij}^{(p)}\leqslant\cdots\leqslant u_{ij}^{(2)}\leqslant u_{ij}^{(1)}\leqslant u_j$。

如果 $\alpha_{ij}+\alpha_{ji}\geqslant 1$，$u_i\leqslant u_j$，则 $f\left(u_{ji}^{(p)}\right)-f\left(u_{ij}^{(p)}\right)=\left(f(u_j)-f(u_i)\right)\times(1-\alpha_{ij}-\alpha_{ji})^p\leqslant 0$，则 $f\left(u_{ji}^{(2p)}\right)\leqslant f\left(u_{ij}^{(2p)}\right)$ 且 $f\left(u_{ji}^{(2p+1)}\right)\leqslant f\left(u_{ij}^{(2p+1)}\right)$。另外，

$$\begin{aligned}&f\left(u_{ji}^{(2p+1)}\right)-f\left(u_{ij}^{(2p)}\right)\\&=\left(1-\alpha_{ji}\frac{1-(1-\alpha_{ij}-\alpha_{ji})^{(2p+1)}}{\alpha_{ij}+\alpha_{ji}}-\alpha_{ij}\frac{1-(1-\alpha_{ij}-\alpha_{ji})^{2p}}{\alpha_{ij}+\alpha_{ji}}\right)\left(f(u_j)-f(u_i)\right)\\&=\frac{(2-\alpha_{ij}-\alpha_{ji})(1-\alpha_{ij}-\alpha_{ji})^{2p}}{\alpha_{ij}+\alpha_{ji}}\left(f(u_j)-f(u_i)\right)\geqslant 0\end{aligned}$$

因此，$f\left(u_{ji}^{(2p+1)}\right)\geqslant f\left(u_{ij}^{(2p)}\right)$。类似地，可以证明 $f\left(u_{ji}^{(2p+1)}\right)\leqslant f\left(u_{ij}^{(2p+2)}\right)$，即 $f\left(u_{ij}^{(2p)}\right)\leqslant f\left(u_{ji}^{(2p+1)}\right)\leqslant f\left(u_{ij}^{(2p+2)}\right)$，因此

$$\begin{gathered}u_i\leqslant u_{ji}^{(1)}\leqslant u_{ij}^{(2)}\leqslant u_{ji}^{(3)}\leqslant\cdots\leqslant u_{ij}^{(2p)}\leqslant u_{ji}^{(2p+1)}\leqslant\cdots\leqslant\\u_{ij}^{(2p+1)}\leqslant u_{ji}^{(2p)}\leqslant\cdots\leqslant u_{ij}^{(3)}\leqslant u_{ji}^{(2)}\leqslant u_{ij}^{(1)}\leqslant u_j\end{gathered}$$

类似地，可以证明定理的第二部分。

定理 2.7 描述了在谈判协商过程中谈判协商值的变化情况。

如果$\alpha_{ij}+\alpha_{ji}\leqslant 1$，则与决策者$e_j$前一轮给出的协商值相比，决策者$e_i$更偏向于自己前一轮给出的谈判协商值。因此，如果$u_i\leqslant u_j$，则在此轮谈判协商后，决策者$e_i$给出的谈判协商值高于其上一轮给出的谈判协商值，但低于决策者e_j在本轮给出的谈判协商值。如果$u_i\geqslant u_j$，则会得到相反的结果。

如果$\alpha_{ij}+\alpha_{ji}\geqslant 1$，则决策者$e_i$与其上一轮给出的谈判协商值相比，更倾向于决策者$e_j$上一轮给出的协商值。如果$u_i\leqslant u_j$，经过$2p+1$轮协商，决策者$e_i$给出的谈判协商值将高于上一轮给出的协商值，同时超过决策者e_j在本轮的谈判协商值。决策者e_j给出的谈判协商值则低于其上一轮给出的谈判协商值，并低于决策者e_i在本轮的协商值；而在第$2p+2$次协商，情况会反转。类似地，当$u_i\geqslant u_j$时，情况与$u_i\leqslant u_j$时的情况相反。

如果赋予函数$f(x)$不同的形式，则可得到下面的推论。

推论 2.2 如果$f(x)=x$,则$u_{ij}^{(n)}=u_i+\alpha_{ij}\left(u_j-u_i\right)\dfrac{1-(1-\alpha_{ij}-\alpha_{ji})^n}{\alpha_{ij}+\alpha_{ji}}$且$u_{ji}^{(n)}=u_j+\alpha_{ji}\left(u_i-u_j\right)\dfrac{1-(1-\alpha_{ij}-\alpha_{ji})^n}{\alpha_{ij}+\alpha_{ji}}$。

推论 2.3 如果$f(x)=\log x$，则$u_{ij}^{(n)}=u_i\left(\dfrac{u_j}{u_i}\right)^{\alpha_{ij}\frac{1-(1-\alpha_{ij}-\alpha_{ji})^n}{\alpha_{ij}+\alpha_{ji}}}$且$u_{ji}^{(n)}=u_j\left(\dfrac{u_j}{u_i}\right)^{\alpha_{ji}\frac{1-(1-\alpha_{ij}-\alpha_{ji})^n}{\alpha_{ij}+\alpha_{ji}}}$。

推论 2.2 和推论 2.3 分别适用于不同的输入数据，推论 2.2 适用于具有加型特征的数据，而推论 2.3 则适用于具有乘型特征的数据。

定理 2.8 $\lim\limits_{n\to+\infty}f\left(u_{ij}^{(n)}\right)=\lim\limits_{n\to+\infty}f\left(u_{ji}^{(n)}\right)=\dfrac{\alpha_{ji}f(u_i)+\alpha_{ij}f(u_j)}{\alpha_{ij}+\alpha_{ji}}$。

由于

$$\begin{aligned}\lim_{n\to+\infty}f\left(u_{ij}^{(n)}\right)&=\lim_{n\to+\infty}\left(f(u_i)+\alpha_{ij}\left(f\left(u_j\right)-f\left(u_i\right)\right)\frac{1-(1-\alpha_{ij}-\alpha_{ji})^n}{\alpha_{ij}+\alpha_{ji}}\right)\\&=f\left(u_i\right)+\left(f\left(u_j\right)-f\left(u_i\right)\right)\frac{\alpha_{ij}}{\alpha_{ij}+\alpha_{ji}}\end{aligned}$$

且

$$\begin{aligned}\lim_{n\to+\infty} f\left(u_{ji}^{(n)}\right) &= \lim_{n\to+\infty}\left(f(u_j)+\alpha_{ji}\left(f(u_i)-f(u_j)\right)\frac{1-(1-\alpha_{ij}-\alpha_{ji})^n}{\alpha_{ij}+\alpha_{ji}}\right)\\ &= f(u_j)+\left(f(u_i)-f(u_j)\right)\frac{\alpha_{ji}}{\alpha_{ij}+\alpha_{ji}}\end{aligned}$$

则 $\lim\limits_{n\to+\infty} f\left(u_{ij}^{(n)}\right)=\lim\limits_{n\to+\infty} f\left(u_{ji}^{(n)}\right)=\dfrac{\alpha_{ji}f(u_i)+\alpha_{ij}f(u_j)}{\alpha_{ij}+\alpha_{ji}}$，因此，定理得证。

定理 2.8 表明，当多轮谈判协商中使用相同的协商系数时，决策者 e_i 和 e_j 可以达到协商一致。当 $f(x)$ 被赋予不同的形式时，可以得到下面的推论。

推论 2.4　设 $f(x)=x$，则 $\lim\limits_{n\to+\infty} u_{ij}^{(n)}=\lim\limits_{n\to+\infty} u_{ji}^{(n)}=\dfrac{\alpha_{ji}u_i+\alpha_{ij}u_j}{\alpha_{ij}+\alpha_{ji}}$。

推论 2.5　设 $f(x)=\log x$，则 $\lim\limits_{n\to+\infty} u_{ij}^{(n)}=\lim\limits_{n\to+\infty} u_{ji}^{(n)}=\left((u_i)^{\alpha_{ji}}(u_j)^{\alpha_{ij}}\right)^{\frac{1}{\alpha_{ij}+\alpha_{ji}}}$。

基于上面的分析，给出下面的算法帮助决策者进行双边协商。

算法 2.2

步骤 1：决策者 $e_i\,(i=1,2,\cdots,m)$ 给出评价值 u_i，同时决策者 e_i 和 e_j 进行谈判协商分别给出谈判协商值 $u_{ij}^{(1)}$ 和 $u_{ji}^{(1)}$。

步骤 2：如果 $u_{ij}^{(1)}\neq u_{ji}^{(1)},i\neq j$，则可获得决策者 e_i 和 e_j 的协商系数，其中 $\alpha_{ij}=\dfrac{u_{ij}^{(1)}-u_i}{u_j-u_i}$ 且 $\alpha_{ji}=\dfrac{u_j-u_{ji}^{(1)}}{u_j-u_i}$，因此可以构造协商系数矩阵 $\boldsymbol{\alpha}=(\alpha_{ij})_{m\times m}$，$\alpha_{ii}=\text{“–”},i=1,2,\cdots,m$。

步骤 3：根据定理 2.8 构造双边协商矩阵 $\boldsymbol{U}=(u_{ij})_{m\times m}$，其中

$$\begin{aligned}u_{ij} &= \frac{\alpha_{ji}u_i+\alpha_{ij}u_j}{\alpha_{ij}+\alpha_{ji}}=\frac{\dfrac{u_j-u_{ji}^{(1)}}{u_j-u_i}u_i+\dfrac{u_{ij}^{(1)}-u_i}{u_j-u_i}u_j}{\dfrac{u_{ij}^{(1)}-u_i}{u_j-u_i}+\dfrac{u_j-u_{ji}^{(1)}}{u_j-u_i}}\\ &= \frac{\left(u_j-u_{ji}^{(1)}\right)u_i+\left(u_{ij}^{(1)}-u_i\right)u_j}{u_{ij}^{(1)}-u_i+u_j-u_{ji}^{(1)}}\end{aligned}$$

步骤 4：输出双边协商矩阵 $\boldsymbol{U}=(u_{ij})_{m\times m}$。

Baucells 等[28]提供一个关于双边协商的实例，具体描述如下：在一家公司内，多个部门如营销部、研发部、生产部和会计部都参与决策过程。每个部门都可以看作一个决策者，因此公司的决策实际上是一个群决策，各决策者的意见均会反映本部门的偏好。例如，当营销部和研发部决定投资以缩短新产品进入市场的时间时，市场营销部愿意出资 10 万元，而研发部更倾向于优化产品功能，因此只愿意支付 3 万元。最终，这两个部门可能经过双边协商，同意支付 8 万元以加快产品进入市场。

Baucells 等[28]给出的例子仅考虑了两个部门，并假定这两个部门可以达成双边协商。然而，加快产品进入市场的投资这项决定不仅仅涉及这两个部门，还有其他部门，如会计部和生产部。在涉及 m 个决策者的群决策情境中，Baucells 等[27]假设 $m-1$ 对决策者参与双边协商。但当超过 $m-1$ 对决策者愿意参与双边协商时，我们也应该考虑这部分信息。接下来，我们将对 Baucells 等[27]给出的方法进行深入探讨和扩展。

例 2.6 为了快速推动产品上市，四个部门共同进行群决策，这些部门分别为会计部、研发部、生产部和营销部。在希望产品尽早上市的初衷下，它们愿意投入的资金分别是 0、3、6 和 10（单位为万元）。为了达成共识，各部门进行双边协商。例如，会计部和研发部在第一轮双边谈判协商中，会计部愿意支付 1 万元，而研发部愿意支付 2 万元。同样，其他部门进行两两协商获得谈判协商矩阵

$$\boldsymbol{U}=(u_{ij})_{4\times4}=\begin{pmatrix}0&1&3&4\\2&3&4&5\\4&5&6&7\\6&7&9&10\end{pmatrix}$$

需要注意的是，对于不同的协商对象，决策者可能会给出不同的谈判协商值，这个现象是合理的。因为参考点不同，决策者可能会采取不同的反应，如前景理论。因此，我们应当综合考虑决策者的初始评价值和双边谈判协商值，这些数据可以揭示决策者之间的关系，并可以用于确定决策者的权重。

例 2.6 中我们可以观察到 $u_{ij}\neq u_{ji}$，$i\neq j$ 的情况，这意味决策者 e_i 和 e_j 不能达成双边协商。为了促使决策者达成双边协商，如果时间允许，他们可以采取多轮谈判协商，算法 2.1 为决策者提供了通过多轮谈判达成双边协商的方法。在每一轮的谈判协商中，每个决策者都可以提供新的证据或材料来支持他们的立场。但如

果时间紧迫或决策者无意进一步协商，那么算法 2.2 可以帮助其快速达成双边协商。基于算法 2.2，我们可以构建协商系数矩阵

$$\boldsymbol{\alpha}=\begin{pmatrix} - & 0.3333 & 0.5000 & 0.4000 \\ 0.3333 & - & 0.3333 & 0.2857 \\ 0.3333 & 0.3333 & - & 0.2500 \\ 0.4000 & 0.4286 & 0.2500 & - \end{pmatrix}$$

则双边协商矩阵表示为

$$\boldsymbol{U}=\begin{pmatrix} 0 & 1.5 & 3.6 & 5 \\ 1.5 & 3 & 4.5 & 5.8 \\ 3.6 & 4.5 & 6 & 8 \\ 5 & 5.8 & 8 & 10 \end{pmatrix}$$

2.4　双边协商矩阵的一致性

每家公司均由多个部门构成，其决策过程可视为一个群决策问题。尽管每个部门都有其独特的利益和需求，但整个公司的利益也必须考虑。在涉及多个部门的决策中，每个决策者均需提供其评估意见，这些意见不仅影响到本部门，还涉及其他部门乃至整个公司。因此，为了达成共同的决策，必须综合考虑各部门的评估意见。

双边协商是寻求群决策的有效方法 ，它不仅可以实现每对决策者之间的一致性，而且可以减少决策者之间的分歧。通过双边协商，我们可以推导出决策者之间的关系，从而进一步推导出决策者的权重，这些权重可以用来集成决策者的原始评价，进而得出群决策的结果。对于两个决策者，达成一致的双边协商相对简单，但当涉及几对双边协商时，可能存在不一致的信息，这种现象是层次分析法中经常出现的问题。尽管两个双边协商矩阵可以产生相同的权重向量，但是它们的一致性水平可能不同。双边协商矩阵的不一致可能会影响最终结果的可信度，一致性水平越高的权重向量越合理。所以，有必要事先对双边协商矩阵的一致性水平进行衡量并修正。

假设有 m 个决策者且每个决策者 e_i 给出各自的评价值 u_i，则最终的群评价值可以用式（2－19）表示为 $u_m=f^{-1}\left(\sum_{i=1}^{m}\alpha_i f\left(u_i\right)\right)$。由于 u_{ij} 可以表示为 $u_{ij}=f^{-1}\left(\dfrac{\alpha_{ji} f\left(u_i\right)+\alpha_{ij} f\left(u_j\right)}{\alpha_{ij}+\alpha_{ji}}\right)$，我们期望决策者协商系数之间的关系在双边协商

中及在最终的群决策中应保持不变，因此$\frac{\alpha_{ji}}{\alpha_{ij}}=\frac{\alpha_i}{\alpha_j}$。

如果$\frac{\alpha_{ji}}{\alpha_{ij}}=\frac{\alpha_i}{\alpha_j}$，则$\alpha_i=\frac{\alpha_{ji}}{\alpha_{ij}}\alpha_j$，且$\sum_{i=1,i\neq j}^{m}\alpha_i=\sum_{i=1,i\neq j}^{m}\frac{\alpha_{ji}}{\alpha_{ij}}\alpha_j=1-\alpha_j$，则

$$\alpha_j=\frac{1}{1+\sum_{i=1,i\neq j}^{m}\frac{\alpha_{ji}}{\alpha_{ij}}}，\quad \alpha_i=\frac{\alpha_{ji}}{\alpha_{ij}}\alpha_j=\frac{\frac{\alpha_{ji}}{\alpha_{ij}}}{1+\sum_{i=1,i\neq j}^{m}\frac{\alpha_{ji}}{\alpha_{ij}}}。$$

在 Baucells 等[27]和 Xia 等[29]给出的方法中，令$\alpha_{ij}+\alpha_{ji}=1$，$\rho_{ij}=\frac{\alpha_{ij}}{1-\alpha_{ij}}$，则

$$\alpha_i=\frac{\alpha_{ji}}{\alpha_{ij}}\alpha_j=\frac{\frac{\alpha_{ji}}{\alpha_{ij}}}{1+\sum_{i=1,i\neq j}^{m}\frac{\alpha_{ji}}{\alpha_{ij}}}=\frac{\frac{1-\alpha_{ij}}{\alpha_{ij}}}{1+\sum_{i=1,i\neq j}^{m}\frac{1-\alpha_{ij}}{\alpha_{ij}}}=\frac{\rho_{ji}}{1+\sum_{i=1,i\neq j}^{m}\rho_{ji}},i\neq j$$

且$\alpha_j=\frac{1}{1+\sum_{i=1,i\neq j}^{m}\rho_{ji}}$，基于式（2－19），则

$$\begin{aligned}u_m&=f^{-1}\left(\sum_{i=1}^{m}\alpha_i f\left(u_i\right)\right)\\&=f^{-1}\left(\frac{1}{1+\sum_{i=1,i\neq j}^{m}\rho_{ji}}f\left(u_j\right)+\sum_{i=1,i\neq j}^{n}\frac{\rho_{ji}}{1+\sum_{i=1,i\neq j}^{m}\rho_{ji}}f\left(u_i\right)\right)\end{aligned}$$

特别地，当$j=1$时，

$$\begin{aligned}u_m&=f^{-1}\left(\frac{1}{1+\sum_{i=1,i\neq j}^{m}\rho_{ji}}f\left(u_j\right)+\sum_{i=1,i\neq j}^{n}\frac{\rho_{ji}}{1+\sum_{i=1,i\neq j}^{m}\rho_{ji}}f\left(u_i\right)\right)\\&=f^{-1}\left(\frac{f\left(u_1\right)+\rho_{12}f\left(u_2\right)+\cdots+\rho_{1m}f\left(u_m\right)}{1+\rho_{12}+\cdots+\rho_{1m}}\right)\end{aligned}$$

此式为 Xia 等[29]给出的。

若 $f(x)=x$，则 $u_m=\dfrac{u_1+\rho_{12}u_2+\cdots+\rho_{1m}u_m}{1+\rho_{12}+\cdots+\rho_{1m}}$，此式为 Baucells 等[27]给出的。

由于 $\rho_{ij}=\dfrac{\alpha_{ij}}{1-\alpha_{ij}}=\dfrac{\alpha_j}{\alpha_i}$，则 $\rho_{ik}\rho_{kj}=\dfrac{\alpha_k}{\alpha_i}\dfrac{\alpha_j}{\alpha_k}=\rho_{ij}$，则 $\boldsymbol{\rho}=(\rho_{ij})_{m\times m}$ 为一致性互反判断矩阵。已知任意 $m-1$ 对比较可以构成一个包含 m 个决策者的生成树 T,并可以生成一个一致且完整的互反判断矩阵 $\boldsymbol{\rho}=(\rho_{ij})_{m\times m}$，$\rho_{ij}=\prod\limits_{pq\in T_{ij}}\rho_{pq}$，其中 T_{ij} 指 T 中 e_i 到 e_j 的唯一路径。设 $\lambda_1=1$ 和 $\lambda_i=\rho_{1i}=\prod\limits_{pq\in T_{1i}}\rho_{pq}$，则 u_m 可以写为

$$u_m=f^{-1}\left(\frac{\sum\limits_{i=1}^{m}\lambda_i f(u_i)}{\sum\limits_{i=1}^{m}\lambda_i}\right) \tag{2-22}$$

此式为 Xia 等[29]给出的。特别地，如果 $f(x)=x$ 且 $u_i\in[0,1]$，则式（2－22）退化为 Baucells 等[27]给出的式子。

基于以上分析，假设 $\dfrac{\alpha_{ji}}{\alpha_{ij}}=\dfrac{\alpha_i}{\alpha_j}$，即 $\dfrac{\alpha_{ji}}{\alpha_{ij}+\alpha_{ji}}=\dfrac{\alpha_i}{\alpha_j+\alpha_i}$，因此一致的双边协商矩阵可以定义如下。

定义 2.3　双边协商矩阵 $\boldsymbol{U}=(u_{ij})_{m\times m}$ 为一致的，当且仅当存在一个向量 $\boldsymbol{\alpha}=(\alpha_1,\alpha_1,\cdots,\alpha_1)^{\mathrm{T}}$ 使 $u_{ij}=f^{-1}\left(\dfrac{\alpha_i f(u_i)+\alpha_j f(u_j)}{\alpha_i+\alpha_j}\right)(i,j=1,2,\cdots,m)$ 成立，且满足 $\sum\limits_{i=1}^{m}\alpha_i=1$，$\alpha_i\geqslant 0\ (i=1,2,\cdots,m)$。

定理 2.9　双边协商矩阵 $\boldsymbol{U}=(u_{ij})_{m\times m}$ 是一致的当且仅当

$$u_{ij}=f^{-1}\left(\frac{f(u_j)\big(f(u_i)-f(u_{ik})\big)\big(f(u_{jk})-f(u_k)\big)+f(u_i)\big(f(u_{ik})-f(u_k)\big)\big(f(u_j)-f(u_{jk})\big)}{\big(f(u_i)-f(u_{ik})\big)\big(f(u_{jk})-f(u_k)\big)+\big(f(u_{ik})-f(u_k)\big)\big(f(u_j)-f(u_{jk})\big)}\right),k\neq i,j$$

证明： 由于

$$u_{ij}=f^{-1}\left(\frac{f(u_j)\big(f(u_i)-f(u_{ik})\big)\big(f(u_{jk})-f(u_k)\big)+f(u_i)\big(f(u_{ik})-f(u_k)\big)\big(f(u_j)-f(u_{jk})\big)}{\big(f(u_i)-f(u_{ik})\big)\big(f(u_{jk})-f(u_k)\big)+\big(f(u_{ik})-f(u_k)\big)\big(f(u_j)-f(u_{jk})\big)}\right),k\neq i,j$$

则

$$\frac{f(u_i)-f(u_{ij})}{f(u_{ij})-f(u_j)}=\frac{f(u_i)-f(u_{ik})}{f(u_{ik})-f(u_k)}\frac{f(u_k)-f(u_{kj})}{f(u_{kj})-f(u_j)},k\neq i,j$$

将上面所有式子两边相乘可得

$$\left(\frac{f(u_i)-f(u_{ij})}{f(u_{ij})-f(u_j)}\right)^{m-2}=\prod_{l=1,l\neq i,j}^{m}\frac{f(u_i)-f(u_{il})}{f(u_{il})-f(u_l)}\frac{f(u_l)-f(u_{lj})}{f(u_{lj})-f(u_j)}$$

等价于

$$\left(\frac{f(u_i)-f(u_{ij})}{f(u_{ij})-f(u_j)}\right)^{2}\left(\frac{f(u_i)-f(u_{ij})}{f(u_{ij})-f(u_j)}\right)^{m-2}$$

$$=\left(\frac{f(u_i)-f(u_{ij})}{f(u_{ij})-f(u_j)}\right)^{2}\prod_{l=1,l\neq i,j}^{m}\frac{f(u_i)-f(u_{il})}{f(u_{il})-f(u_l)}\frac{f(u_l)-f(u_{lj})}{f(u_{lj})-f(u_j)}$$

则

$$\frac{f(u_i)-f(u_{ij})}{f(u_{ij})-f(u_j)}=\frac{\sqrt[m]{\prod_{l=1,l\neq j}^{m}\frac{f(u_l)-f(u_{lj})}{f(u_{lj})-f(u_j)}}}{\sqrt[m]{\prod_{l=1,l\neq i}^{m}\frac{f(u_l)-f(u_{il})}{f(u_{il})-f(u_i)}}}$$

因此，

$$u_{ij}=f^{-1}\left(\frac{f(u_i)\sqrt[m]{\prod_{l=1,l\neq i}^{m}\frac{f(u_l)-f(u_{il})}{f(u_{il})-f(u_i)}}+f(u_j)\sqrt[m]{\prod_{l=1,l\neq j}^{m}\frac{f(u_l)-f(u_{lj})}{f(u_{lj})-f(u_j)}}}{\sqrt[m]{\prod_{l=1,l\neq i}^{m}\frac{f(u_l)-f(u_{il})}{f(u_{il})-f(u_i)}}+\sqrt[m]{\prod_{l=1,l\neq j}^{m}\frac{f(u_l)-f(u_{lj})}{f(u_{lj})-f(u_j)}}}\right),i,j=1,2,\cdots,m$$

设

$$\alpha_i=\frac{\sqrt[m]{\prod_{l=1,l\neq i}^{m}\frac{f(u_l)-f(u_{il})}{f(u_{il})-f(u_i)}}}{\sum_{i=1}^{m}\sqrt[m]{\prod_{l=1,l\neq i}^{m}\frac{f(u_l)-f(u_{il})}{f(u_{il})-f(u_i)}}}$$

则

$$u_{ij}=f^{-1}\left(\frac{\alpha_i f(u_i)+\alpha_j f(u_j)}{\alpha_i+\alpha_j}\right),i,j=1,2,\cdots,m$$

即 $\boldsymbol{U}$ 具有一致性，定理得证。

从另一方面，如果 $\boldsymbol{U}$ 具有一致性，则存在一个权重向量 $\boldsymbol{\alpha}=(\alpha_1,\alpha_1,\cdots,\alpha_1)^{\mathrm{T}}$ 且满足 $u_{ij}=f^{-1}\left(\frac{\alpha_i f(u_i)+\alpha_j f(u_j)}{\alpha_i+\alpha_j}\right)$，则

$$\frac{f(u_i)-f(u_{ij})}{f(u_{ij})-f(u_j)}=\frac{f(u_i)-\frac{\alpha_i f(u_i)+\alpha_j f(u_j)}{\alpha_i+\alpha_j}}{\frac{\alpha_i f(u_i)+\alpha_j f(u_j)}{\alpha_i+\alpha_j}-f(u_j)}=\frac{\alpha_j f(u_i)-\alpha_j f(u_j)}{\alpha_i f(u_i)-\alpha_i f(u_j)}=\frac{\alpha_j}{\alpha_i},k\neq i,j$$

因此

$$\frac{f(u_i)-f(u_{ik})}{f(u_{ik})-f(u_k)}\frac{f(u_k)-f(u_{kj})}{f(u_{kj})-f(u_j)}=\frac{\alpha_k}{\alpha_i}\frac{\alpha_j}{\alpha_k}=\frac{\alpha_j}{\alpha_i}=\frac{f(u_i)-f(u_{ij})}{f(u_{ij})-f(u_j)},k\neq i,j$$

可得

$$u_{ij}=f^{-1}\left(\frac{f(u_j)\big(f(u_i)-f(u_{ik})\big)\big(f(u_k)-f(u_{jk})\big)+f(u_i)\big(f(u_{ik})-f(u_k)\big)\big(f(u_{jk})-f(u_j)\big)}{\big(f(u_i)-f(u_{ik})\big)\big(f(u_{jk})-f(u_k)\big)+\big(f(u_{ik})-f(u_k)\big)\big(f(u_j)-f(u_{jk})\big)}\right),$$

$k\neq i,j$

定理得证。

定理 2.9 描述了在一致性双边协商矩阵中，协商值和原始评价值之间的关系。可以看到 u_{ij} 是 u_i 和 u_j 的函数，协商系数可以表示为 $\frac{\alpha_j}{\alpha_i}=\frac{f(u_i)-f(u_{ik})}{f(u_{ik})-f(u_k)}\frac{f(u_k)-f(u_{kj})}{f(u_{kj})-f(u_j)}$，$k\neq i,j$，值得注意的是，当 k 发生变化时，协商系数保持不变。

定理 2.10　设 $\bar{\boldsymbol{U}}=(\bar{u}_{ij})_{m\times m}$ 为由 $\boldsymbol{U}=(u_{ij})_{m\times m}$ 构造的协商矩阵，且

$$\bar{u}_{ij}=f^{-1}\left(\frac{f(u_i)\sqrt[m]{\prod_{l=1,l\neq i}^{m}\frac{f(u_l)-f(u_{il})}{f(u_{il})-f(u_i)}}+f(u_j)\sqrt[m]{\prod_{l=1,l\neq j}^{m}\frac{f(u_l)-f(u_{lj})}{f(u_{lj})-f(u_j)}}}{\sqrt[m]{\prod_{l=1,l\neq i}^{m}\frac{f(u_l)-f(u_{il})}{f(u_{il})-f(u_i)}}+\sqrt[m]{\prod_{l=1,l\neq j}^{m}\frac{f(u_l)-f(u_{lj})}{f(u_{lj})-f(u_j)}}}\right),i,j=1,2,\cdots,m$$

则 $\bar{\boldsymbol{U}}=(\bar{u}_{ij})_{m\times m}$ 具有一致性。

证明： 设 $\alpha_i=\dfrac{\sqrt[m]{\prod\limits_{l=1,l\neq i}^{m}\dfrac{f(u_l)-f(u_{il})}{f(u_{il})-f(u_i)}}}{\sum\limits_{i=1}^{m}\sqrt[m]{\prod\limits_{l=1,l\neq i}^{m}\dfrac{f(u_l)-f(u_{il})}{f(u_{il})-f(u_i)}}}$，则 $\bar{u}_{ij}=f^{-1}\left(\dfrac{\alpha_i f(u_i)+\alpha_j f(u_j)}{\alpha_i+\alpha_j}\right)$，$i,j=1,2,\cdots,m$，基于定义 2.3 可得 $\bar{\boldsymbol{U}}$ 具有一致性，定理得证。

基于定理 2.10，我们可以将不一致的双边协商矩阵转化成一致的双边协商矩阵。具体来说，由定理 2.10 可构造例 2.6 中的一致的双边协商矩阵

$$\bar{\boldsymbol{U}}=\begin{pmatrix}0 & 1.6515 & 3.3031 & 5\\ 1.6515 & 3 & 4.5 & 6.1464\\ 3.3031 & 4.5 & 6 & 7.7980\\ 5 & 6.1464 & 7.7980 & 10\end{pmatrix}$$

定理 2.11 设 $\boldsymbol{U}=(\bar{u}_{ij})_{m\times m}$ 为双边协商矩阵，且 $\bar{\boldsymbol{U}}=(\bar{u}_{ij})_{m\times m}$ 为由定理 2.10 构造的双边协商矩阵，则 $\boldsymbol{U}=(u_{ij})_{m\times m}$ 具有一致性当且仅当 $\bar{\boldsymbol{U}}=\boldsymbol{U}$。

证明： 基于定理 2.9，如果 $\boldsymbol{U}=(u_{ij})_{m\times m}$ 具有一致性，则

$$u_{ij}=f^{-1}\left(\frac{f(u_j)\big(f(u_i)-f(u_{ik})\big)\big(f(u_{jk})-f(u_k)\big)+f(u_i)\big(f(u_{ik})-f(u_k)\big)\big(f(u_j)-f(u_{jk})\big)}{\big(f(u_i)-f(u_{ik})\big)\big(f(u_{jk})-f(u_k)\big)+\big(f(u_{ik})-f(u_k)\big)\big(f(u_j)-f(u_{jk})\big)}\right),$$

$$i,j=1,2,\cdots,m$$

即

$$\frac{f(u_i)-f(u_{ij})}{f(u_{ij})-f(u_j)}=\frac{f(u_i)-f(u_{ik})}{f(u_{ik})-f(u_k)}\frac{f(u_k)-f(u_{kj})}{f(u_{kj})-f(u_j)},k\neq i,j$$

则

$$\frac{f(u_i)-f(u_{ij})}{f(u_{ij})-f(u_j)}=\frac{\sqrt[m]{\prod\limits_{l=1,l\neq j}^{m}\dfrac{f(u_l)-f(u_{lj})}{f(u_{lj})-f(u_j)}}}{\sqrt[m]{\prod\limits_{l=1,l\neq i}^{m}\dfrac{f(u_l)-f(u_{il})}{f(u_{il})-f(u_i)}}},i,j=1,2,\cdots,m$$

则

$$u_{ij}=f^{-1}\left(\frac{f(u_i)\sqrt[m]{\prod_{l=1,l\neq i}^{m}\frac{f(u_l)-f(u_{il})}{f(u_{il})-f(u_i)}}+f(u_j)\sqrt[m]{\prod_{l=1,l\neq j}^{m}\frac{f(u_l)-f(u_{lj})}{f(u_{lj})-f(u_j)}}}{\sqrt[m]{\prod_{l=1,l\neq i}^{m}\frac{f(u_l)-f(u_{il})}{f(u_{il})-f(u_i)}}+\sqrt[m]{\prod_{l=1,l\neq j}^{m}\frac{f(u_l)-f(u_{lj})}{f(u_{lj})-f(u_j)}}}\right),$$

$$i,j=1,2,\cdots,m$$

定理得证。

定理 2.11 指出如果双边协商矩阵具有一致性，则它等价于构造的双边协商矩阵。

定理 2.12　设 $\boldsymbol{U}=(u_{ij})_{m\times m}$ 为双边协商矩阵，则 $\bar{\boldsymbol{U}}=(\bar{u}_{ij})_{m\times m}$ 为由定理 2.10 构造的双边协商矩阵 $\bar{\boldsymbol{U}}$，则权重向量为 $\boldsymbol{\alpha}=(\alpha_1,\alpha_1,\cdots,\alpha_1)^{\mathrm{T}}$，可以表示为

$$\alpha_i=\frac{\sqrt[m]{\prod_{l=1,l\neq i}^{m}\frac{f(u_l)-f(u_{il})}{f(u_{il})-f(u_i)}}}{\sum_{i=1}^{m}\sqrt[m]{\prod_{l=1,l\neq i}^{m}\frac{f(u_l)-f(u_{il})}{f(u_{il})-f(u_i)}}},i,j=1,2,\cdots,m$$

证明： 由于 $\bar{\boldsymbol{U}}=(\bar{u}_{ij})_{m\times m}$ 是一致的，则存在一个权重向量 $\boldsymbol{\alpha}=(\alpha_1,\alpha_1,\cdots,\alpha_1)^{\mathrm{T}}$ 满足 $\bar{u}_{ij}=f^{-1}\left(\frac{\alpha_i f(u_i)+\alpha_j f(u_j)}{\alpha_j+\alpha_j}\right)$，也可以写为 $\alpha_j=\frac{\alpha_i\left(f(\bar{u}_{ij})-f(u_i)\right)}{f(u_j)-f(\bar{u}_{ij})},i=1,2,\cdots,m$。将上面所有等式两侧相加，则

$$\sum_{j=1,j\neq i}^{m}\alpha_j=\sum_{j=1,j\neq i}^{m}\frac{\alpha_i\left(f(\bar{u}_{ij})-f(u_i)\right)}{f(u_j)-f(\bar{u}_{ij})}=1-\alpha_i,i=1,2,\cdots,m$$

由此可得 $\alpha_i=\frac{1}{1+\sum_{j=1,j\neq i}^{m}\frac{f(\bar{u}_{ij})-f(u_i)}{f(u_j)-f(\bar{u}_{ij})}},i=1,2,\cdots,m$，由于

$$\frac{f(\bar{u}_{ij})-f(u_i)}{f(u_j)-f(\bar{u}_{ij})}=\frac{\sqrt[m]{\prod_{l=1,l\neq j}^{m}\frac{f(u_l)-f(u_{lj})}{f(u_{lj})-f(u_j)}}}{\sqrt[m]{\prod_{l=1,l\neq i}^{m}\frac{f(u_l)-f(u_{il})}{f(u_{il})-f(u_i)}}},\quad i,j=1,2,\cdots,m$$

则

$$\alpha_i=\frac{1}{1+\sum\limits_{j=1,j\neq i}^{m}\frac{\sqrt[m]{\prod\limits_{l=1,l\neq j}^{m}\frac{f(u_l)-f(u_{lj})}{f(u_{lj})-f(u_j)}}}{\sqrt[m]{\prod\limits_{l=1,l\neq i}^{m}\frac{f(u_l)-f(u_{il})}{f(u_{il})-f(u_i)}}}}=\frac{\sqrt[m]{\prod\limits_{l=1,l\neq i}^{m}\frac{f(u_l)-f(u_{il})}{f(u_{il})-f(u_i)}}}{\sum\limits_{j=1}^{m}\sqrt[m]{\prod\limits_{l=1,l\neq j}^{m}\frac{f(u_l)-f(u_{lj})}{f(u_{lj})-f(u_j)}}},i=1,2,\cdots,m$$

定理得证。

定理 2.12 给出从构造的一致性双边协商矩阵中获取权重向量的方法，由此可计算例 2.6 中双边协商矩阵的权重向量 $\boldsymbol{\alpha}=(0.2247,0.2753,0.2753,0.2247)^{\mathrm{T}}$ 。

2.5 基于双边协商矩阵的群决策方法

通常双边协商矩阵中的元素并不能完全获得，在这种情况下，我们给出广义的双边协商矩阵的概念。

定义 2.4 广义双边协商矩阵定义为 $\boldsymbol{U}=(u_{ij})_{m\times m}$ ，其中某些元素 $u_{ij}(i,j=1,2,\cdots,m)$ 是未知的，已知元素 $u_{ij}(i,j=1,2,\cdots,m)$ 满足条件 $u_{ij}=u_{ji},u_i\leqslant u_{ij}\leqslant u_j,u_{ii}=u_i$。设 $\boldsymbol{\delta}=(\delta_{ij})_{m\times m}$ ，其中 $\delta_{ij}=\delta_{ji},\delta_{ij}=0$ 或 1 ，如果元素 u_{ij} 已知，则令 $\delta_{ij}=1$ ，如果元素 u_{ij} 未知，则令 $\delta_{ij}=0$ 。如果存在 $\delta_{ij}=0$ ，则称 $\boldsymbol{U}$ 为不完全的，如果 $\delta_{ij}=1$ ， $i,j=1,2,\cdots,m$ ，则称 $\boldsymbol{U}$ 为完全的，此时即为定义 2.1 中定义的双边协商矩阵。

在定义 2.4 中，如果决策者给出 u_{ij} 的值，则 u_{ij} 已知，如果决策者不提供 u_{ij} 的值，则 u_{ij} 未知，但仍需满足条件 $u_i\leqslant u_{ij}\leqslant u_j$ ，即未知元素属于区间 $[u_i,u_j]$。

对任一双边协商矩阵，其元素满足 $f(u_{ij})=\dfrac{\alpha_i f(u_i)+\alpha_j f(u_j)}{\alpha_i+\alpha_j}$ ，即 $f(u_{ij})(\alpha_i+\alpha_j)=\alpha_i f(u_i)+\alpha_j f(u_j)$ 或 $(f(u_{ij})-f(u_i))\alpha_i=(f(u_j)-f(u_{ij}))\alpha_j$ ，其等价于 $\log\alpha_i+\log|f(u_{ij})-f(u_i)|-\log\alpha_j-\log|f(u_j)-f(u_{ij})|=0$ 。对广义的双边协商矩阵，应满足 $\delta_{ij}(\log\alpha_i+\log|f(u_{ij})-f(u_i)|-\log\alpha_j-\log|f(u_j)-f(u_{ij})|)=0$ 。但是，上面的等式不总是成立的，我们给出下面的式子使偏差最小化：

$$\min \quad \sum_{j=1, j \neq i}^{m} \sum_{i=1}^{m} \delta_{ij} \left(\log \alpha_i + \log \left| f\left(u_{ij}\right) - f\left(u_i\right) \right| - \log \alpha_j - \log \left| f\left(u_j\right) - f\left(u_{ij}\right) \right| \right)^2$$

$$\text{s.t.} \quad \sum_{i=1}^{m} \alpha_i = 1, \alpha_i \geqslant 0,\ \delta_{ij} = \delta_{ji}, \delta_{ij} = 0 \text{ 或 } 1, i \neq j, i, j = 1, 2, \cdots, m$$

（MOD 2－1）

定理 2.13 设 $\alpha^* = \left(\alpha_1^*, \alpha_2^*, \cdots, \alpha_m^*\right)^{\mathrm{T}}$ 为模型（MOD 2－1）的最优解，则

$$\alpha_i^* = \begin{cases} \dfrac{\mathrm{e}^{\left(x_i^*\right)}}{\sum\limits_{i=1}^{m-1} \mathrm{e}^{\left(x_i^*\right)} + 1}, & i = 1, 2, \cdots, m-1 \\ \dfrac{1}{\sum\limits_{i=1}^{m-1} \mathrm{e}^{\left(x_i^*\right)} + 1}, & i = m \end{cases} \tag{2-23}$$

其中 $\exp\left(x_j^*\right)$ 为向量 $\boldsymbol{X}^* = \left(x_1^*, x_2^*, \cdots, x_{m-1}^*\right)^{\mathrm{T}}$ 中第 i 个元素的指数函数，$\boldsymbol{X}^* = B^{-1}Y$，且

$$\boldsymbol{B} = \begin{pmatrix} \sum\limits_{j=2}^{m} \delta_{1j} & -\delta_{12} & \cdots & -\delta_{1,m-1} \\ -\delta_{21} & \sum\limits_{j=1, j \neq 2}^{m} \delta_{2,j} & \cdots & -\delta_{2,m-1} \\ \vdots & \vdots & \ddots & \vdots \\ -\delta_{m-1,1} & -\delta_{m-1,2} & \cdots & \sum\limits_{j=1, j \neq m-1}^{m} \delta_{m-1,j} \end{pmatrix}$$

和

$$\boldsymbol{Y} = \begin{pmatrix} \sum\limits_{j=1, j \neq 1}^{m} \delta_{1j} \log \dfrac{f\left(u_j\right) - f\left(u_{1j}\right)}{f\left(u_{1j}\right) - f\left(u_1\right)} \\ \sum\limits_{j=1, j \neq 2}^{m} \delta_{2j} \log \dfrac{f\left(u_j\right) - f\left(u_{2j}\right)}{f\left(u_{2j}\right) - f\left(u_2\right)} \\ \vdots \\ \sum\limits_{j=1, j \neq m-1}^{m} \delta_{1j} \log \dfrac{f\left(u_j\right) - f\left(u_{m-1,j}\right)}{f\left(u_{m-1,j}\right) - f\left(u_{m-1}\right)} \end{pmatrix}$$

证明： 可以利用拉格朗日乘数法求解模型（MOD 2－1），设

$$L(W,\lambda)=\sum_{j=1,j\neq i}^{m}\sum_{i=1}^{m}\delta_{ij}\left(\log\alpha_i+\log\left|f\left(u_{ij}\right)-f\left(u_i\right)\right|-\log\alpha_j-\log\left|f\left(u_j\right)-f\left(u_{ij}\right)\right|\right)^2+\lambda\left(\sum_{i=1}^{m}\alpha_i-1\right)$$

其中 λ 为拉格朗日乘数且满足 $\sum_{i=1}^{m}\alpha_i=1$ 。设 $\frac{\partial L(W,\lambda)}{\partial\alpha_i}=0$ ， $i=1,2,\cdots,m$ ，则

$$\sum_{j=1,j\neq i}^{m}\delta_{ij}\left(\log\alpha_i+\log\left|f\left(u_{ij}\right)-f\left(u_i\right)\right|-\log\alpha_j-\log\left|f\left(u_j\right)-f\left(u_{ij}\right)\right|\right)+\lambda\alpha_i=0,$$

$i=1,2,\cdots,m$

将上面所有等式两边相加可得

$$\sum_{i=1}^{m}\sum_{j=1,j\neq i}^{m}\delta_{ij}\left(\log\alpha_i+\log\left|f\left(u_{ij}\right)-f\left(u_i\right)\right|-\log\alpha_j-\log\left|f\left(u_j\right)-f\left(u_{ij}\right)\right|\right)+\sum_{i=1}^{n}\lambda\alpha_i=0$$

由于

$$\sum_{i=1}^{m}\sum_{j=1,j\neq i}^{m}\delta_{ij}\left(\log\alpha_i+\log\left|f\left(u_{ij}\right)-f\left(u_i\right)\right|-\log\alpha_j-\log\left|f\left(u_j\right)-f\left(u_{ij}\right)\right|\right)=0$$

且 $\sum_{i=1}^{m}\alpha_i=1$ ，则 $\lambda=0$ ，可得

$$\sum_{j=1,j\neq i}^{m}\delta_{ij}\left(\log\alpha_i+\log\left|f\left(u_{ij}\right)-f\left(u_i\right)\right|-\log\alpha_j-\log\left|f\left(u_j\right)-f\left(u_{ij}\right)\right|\right)=0$$

即

$$\sum_{j=1,j\neq i}^{m}\delta_{ij}\log\alpha_i-\sum_{j=1,j\neq i}^{m}\delta_{ij}\log\alpha_j=\sum_{j=1,j\neq i}^{m}\delta_{ij}\log\frac{f\left(u_j\right)-f\left(u_{ij}\right)}{f\left(u_{ij}\right)-f\left(u_i\right)}$$

可以进一步写为 $\bar{\boldsymbol{B}}\bar{\boldsymbol{X}}=\bar{\boldsymbol{Y}}$ ，其中 $\bar{\boldsymbol{X}}=\left(\log\alpha_1,\log\alpha_2,\cdots,\log\alpha_{\mathrm{m}}\right)^{\mathrm{T}}$ ， $\bar{\boldsymbol{B}}$ 和 $\bar{\boldsymbol{Y}}$ 为由下式确定的矩阵和向量：

$$\overline{\boldsymbol{B}}=\begin{pmatrix}\sum_{j=2}^{m}\delta_{1j} & -\delta_{12} & \cdots & -\delta_{1m}\\ -\delta_{21} & \sum_{j=1,j\neq 2}^{m}\delta_{2j} & \cdots & -\delta_{2m}\\ \vdots & \vdots & \ddots & \vdots\\ -\delta_{m1} & -\delta_{m2} & \cdots & \sum_{j=1,j\neq m}^{m}\delta_{mj}\end{pmatrix}$$

且

$$\overline{\boldsymbol{Y}}=\begin{pmatrix}\sum_{j=1,j\neq 1}^{m}\delta_{1j}\log\frac{f(u_j)-f(u_{1j})}{f(u_{1j})-f(u_1)}\\ \sum_{j=1,j\neq 2}^{m}\delta_{2j}\log\frac{f(u_j)-f(u_{2j})}{f(u_{2j})-f(u_2)}\\ \vdots\\ \sum_{j=1,j\neq m-1}^{m}\delta_{1j}\log\frac{f(u_j)-f(u_{mj})}{f(u_{mj})-f(u_m)}\end{pmatrix}$$

很容易证明 $\overline{\boldsymbol{B}}$ 为奇异矩阵，因为每一行/列和为零。因此，$\overline{\boldsymbol{B}}\overline{\boldsymbol{X}}=\overline{\boldsymbol{Y}}$ 可以由式 $\overline{x}_m=\log\alpha_m=0$ 求得，同时求解 $m-1$ 个等式，即 $\boldsymbol{BX}=\boldsymbol{Y}$，令 $\boldsymbol{X}^*=\left(x_1^*,x_2^*,\cdots,x_{m-1}^*\right)^{\mathrm{T}}$ 为 $\boldsymbol{BX}=\boldsymbol{Y}$ 的解，则 $\alpha_i^*=\mathrm{e}^{\left(x_i^*\right)}$，$i=1,2,\cdots,m-1$ 且 $\alpha_m^*=1$。归一化后的权重向量由式（2－23）求得，定理得证。

基于定理 2.13 可以求得广义双边协商矩阵的权重向量。

推论 2.6　如果 $\delta_{ij}=1$，$i,j=1,2,\cdots,m$，则模型（MOD 2－1）的最优解可以表示为

$$\alpha_i^*=\frac{\sqrt[m]{\prod_{l=1,l\neq i}^{m}\frac{f(u_l)-f(u_{il})}{f(u_{il})-f(u_i)}}}{\sum_{i=1}^{m}\sqrt[m]{\prod_{l=1,l\neq i}^{m}\frac{f(u_l)-f(u_{il})}{f(u_{il})-f(u_i)}}},i,j=1,2,\cdots,m$$

如果 $\delta_{ij}=1$，$i,j=1,2,\cdots,m$，则决策者给出所有双边协商元素，由推论 2.6 可以得到完全双边协商的权重向量。推论 2.6 的证明类似于定理 2.13 的证明，这里不再重复。通过比较定理 2.12 和推论 2.6，可以看到完全的双边协商矩阵的权重向

量等价于其构建的具有一致性的双边协商矩阵的权重向量，即具有一致性的双边协商矩阵是由原始的双边协商矩阵的权重向量构建的。

基于给出的权重向量，可以进一步衡量广义双边协商矩阵的一致性，由此给出下面的定义。

定义 2.5 设 $\boldsymbol{U}=(u_{ij})_{m\times m}$ 为一广义双边协商矩阵，则 $\boldsymbol{\alpha}=(\alpha_1,\alpha_2,\cdots,\alpha_m)^{\mathrm{T}}$ 为模型（MOD 2－1）求得的权重向量，则 $\boldsymbol{U}$ 的一致性指标可以表示为

$$I(\boldsymbol{U})=\frac{1}{m(m-1)}\sum_{j=1,j\neq i}^{m}\sum_{i=1}^{m}\delta_{ij}\left(\log\alpha_i+\log\left|f(u_{ij})-f(u_i)\right|-\log\alpha_j-\log\left|f(u_j)-f(u_{ij})\right|\right)^2$$

特别地，如果 $I(\boldsymbol{U})=0$，则 $\boldsymbol{U}=(u_{ij})_{m\times m}$ 具有一致性，否则不具有一致性。$I(\boldsymbol{U})$ 的值越小，$\boldsymbol{U}$ 的一致性水平越高。

定义 2.5 使用双边协商矩阵和其权重向量的距离来衡量双边协商矩阵的一致性。对于完全的双边协商矩阵，可得下面的定理。

定理 2.14 对于完全的双边协商矩阵 $\boldsymbol{U}=(u_{ij})_{m\times m}$，它的一致性指标可以表示为

$$I(U)=\frac{1}{m(m-1)}\sum_{j=1,j\neq i}^{m}\sum_{i=1}^{m}(\log\left|f(\bar{u}_{ij})-f(u_j)\right|-\log\left|f(u_i)-f(\bar{u}_{ij})\right|+\log\left|f(u_{ij})-\right.$$

$$\left.f(u_i)\right|-\log\left|f(u_j)-f(u_{ij})\right|)^2$$

其中 $\bar{\boldsymbol{U}}=(\bar{u}_{ij})_{m\times m}$ 是由定理 2.10 构造的。

证明：对于一个完全的双边协商矩阵，有

$$\alpha_i=\frac{\sqrt[m]{\prod_{l=1,l\neq i}^{m}\frac{f(u_l)-f(u_{il})}{f(u_{il})-f(u_i)}}}{\sum_{i=1}^{m}\sqrt[m]{\prod_{l=1,l\neq i}^{m}\frac{f(u_l)-f(u_{il})}{f(u_{il})-f(u_i)}}},i,j=1,2,\cdots,m$$

则

$$\frac{\alpha_j}{\alpha_i}=\frac{\sqrt[m]{\prod_{l=1,l\neq j}^{m}\frac{f(u_l)-f(u_{jl})}{f(u_{jl})-f(u_j)}}}{\sqrt[m]{\prod_{l=1,l\neq i}^{m}\frac{f(u_l)-f(u_{il})}{f(u_{il})-f(u_i)}}}$$

基于定理 2.8 的证明，可得

$$\frac{f(\bar{u}_{ij})-f(u_i)}{f(u_j)-f(\bar{u}_{ij})}=\frac{\sqrt[m]{\prod_{l=1,l\neq j}^{m}\frac{f(u_l)-f(u_{lj})}{f(u_{lj})-f(u_j)}}}{\sqrt[m]{\prod_{l=1,l\neq i}^{m}\frac{f(u_l)-f(u_{il})}{f(u_{il})-f(u_i)}}}$$

因此 $\frac{\alpha_j}{\alpha_i}=\frac{f(u_i)-f(\bar{u}_{ij})}{f(\bar{u}_{ij})-f(u_j)}$，则

$$\log\alpha_i-\log\alpha_j=\log\left|f(\bar{u}_{ij})-f(u_j)\right|-\log\left|f(u_i)-f(\bar{u}_{ij})\right|$$

且

$$I=\frac{1}{m(m-1)}\sum_{j=1,j\neq i}^{m}\sum_{i=1}^{m}\left(\log\alpha_i+\log\left|f(u_{ij})-f(u_i)\right|-\log\alpha_j-\log\left|f(u_j)-f(u_{ij})\right|\right)^2$$

$$=\frac{1}{m(m-1)}\sum_{j=1,j\neq i}^{m}\sum_{i=1}^{m}\left(\log\left|f(\bar{u}_{ij})-f(u_j)\right|+\log\left|f(u_{ij})-f(u_i)\right|-\log\left|f(u_i)-f(\bar{u}_{ij})\right|-\log\left|f(u_j)-f(u_{ij})\right|\right)^2$$

定理得证。

定理 2.14 通过原始双边协商矩阵和其构造的一致性双边协商矩阵的距离来衡量完全的双边协商矩阵的一致性。

通过随机生成 100 000 个元素值属于 0 到 10 的完全的双边协商矩阵，可以构造它们的平均一致性水平，表 2－1 所示为平均一致性指标。

表 2－1　平均一致性指标

m	3	4	5	6	7	8	9
$\ddot{I}(m)$	1.119 2	1.643 7	1.958 6	2.197 7	2.343 2	2.456 9	2.547 5
m	10	11	12	13	14	15	16
$\ddot{I}(m)$	2.640 0	2.678 8	2.735 7	2.791 7	2.815 6	2.853 5	2.881 9

从表 2－1 中，我们可以明显观察到，随着双边协商矩阵维度的增加，平均一致性指标也在随之上升。设 $\ddot{I}(m)$ 表示 m 维双边协商矩阵的平均一致性指标，则对

于完全的双边协商矩阵$\boldsymbol{U}$，如果满足$\frac{(U)}{\ddot{I}(m)}\leqslant 0.1$，我们就可以认为$\boldsymbol{U}$具有可接受的一致性水平。

基于广义双边协商矩阵和其权重向量，我们可以给出提高广义双边协商矩阵一致性水平的算法。

算法 2.3

步骤 1：输入广义双边协商矩阵$\boldsymbol{U}=(\delta_{ij}u_{ij})_{m\times m}$，设$p=0$和$\boldsymbol{U}^{(p)}=(\delta_{ij}u_{ij})_{m\times m}$。

步骤 2：基于模型（MOD 2－1）从广义多边协商矩阵$\boldsymbol{U}^{(p)}=(u_{ij}^{(p)})_{m\times m}$中获取权重向量$\boldsymbol{\alpha}^{(p)}$，根据定义 2.5 计算$\boldsymbol{U}$的一致性水平。如果$\frac{I\left(\boldsymbol{U}^{(p)}\right)}{\ddot{I}(m)}\leqslant 0.1$，则停止，令$\boldsymbol{U}=\boldsymbol{U}^{(p)}$，输出$\boldsymbol{U}$；否则进入下一步。

步骤 3：构造广义双边协商矩阵$\boldsymbol{U}^{(p+1)}=(\delta_{ij}u_{ij}^{(p+1)})_{m\times m}$，其中

$$u_{ij}^{(p+1)}=f^{-1}\left(\frac{f(u_i)\left(f\left(u_{ij}^{(p)}\right)-f(u_j)\right)^{\lambda}(\alpha_i^{(p)})^{1-\lambda}+f(u_j)\left(f(u_i)-f\left(u_{ij}^{p}\right)\right)^{\lambda}\left(\alpha_j^{(p)}\right)^{1-\lambda}}{\left(f(u_i)-f\left(u_{ij}^{(p)}\right)\right)^{\lambda}(\alpha_j^{(p)})^{1-\lambda}+\left(f\left(u_{ij}^{p}\right)-f(u_j)\right)^{\lambda}\left(\alpha_i^{(p)}\right)^{1-\lambda}}\right)$$

$\delta_{ij}\neq 0$，且$0\leqslant\lambda\leqslant 1$。令$p=p+1$，返回步骤 2。

由算法 2.3 可以构造一个满足满意一致性指标的广义双边协商矩阵。基于获取的权重向量和构造的一致性协商矩阵，可得下面的定理。

定理 2.15 如果$\boldsymbol{U}=(u_{ij})_{m\times m}$是完全的，则由算法 2.3 的步骤 3 构造的双边协商矩阵表示为$\boldsymbol{U}^{(p+1)}=(u_{ij}^{(p+1)})_{m\times m}$，其中

$$u_{ij}^{(p+1)}=f^{-1}\left(\frac{f(u_i)\left(f\left(u_{ij}^{(p)}\right)-f(u_j)\right)^{\lambda}\left(f(\bar{u}_{ij})-f(u_j)\right)^{1-\lambda}+f(u_j)\left(f(u_i)-f\left(u_{ij}^{(p)}\right)\right)^{\lambda}\left(f(u_i)-f\left(\bar{u}_{ij}^{(p)}\right)\right)^{1-\lambda}}{\left(f(u_i)-f\left(u_{ij}^{(p)}\right)\right)^{\lambda}\left(f(u_i)-f\left(\bar{u}_{ij}^{(p)}\right)\right)^{1-\lambda}+\left(f\left(u_{ij}^{(p)}\right)-f(u_j)\right)^{\lambda}\left(f(\bar{u}_{ij})-f(u_j)\right)^{1-\lambda}}\right) \tag{2-24}$$

其中$\bar{\boldsymbol{U}}=(\bar{u}_{ij})_{m\times m}$为基于定理 2.10 由$\boldsymbol{U}=(u_{ij})_{m\times m}$构造的具有一致性的双边协商矩阵。

证明：基于定理 2.8 的证明过程，可得$\frac{\alpha_j}{\alpha_i}=\frac{f(\bar{u}_{ij})-f(u_i)}{f(u_j)-f(\bar{u}_{ij})}$，因此

$$u_{ij}^{(p+1)}=f^{-1}\left(\frac{f(u_i)\left(f\left(u_{ij}^{(p)}\right)-f(u_j)\right)^{\lambda}(\alpha_i)^{1-\lambda}+f(u_j)\left(f(u_i)-f\left(u_{ij}^{(p)}\right)\right)^{\lambda}(\alpha_j)^{1-\lambda}}{\left(f(u_i)-f\left(u_{ij}^{(p)}\right)\right)^{\lambda}(\alpha_j)^{1-\lambda}+\left(f\left(u_{ij}^{(p)}\right)-f(u_j)\right)^{\lambda}(\alpha_i)^{1-\lambda}}\right)$$

$$=f^{-1}\left(\frac{f(u_i)\left(f\left(u_{ij}^{(p)}\right)-f(u_j)\right)^{\lambda}\left(f(\bar{u}_{ij})-f(u_j)\right)^{1-\lambda}+f(u_j)\left(f(u_i)-f\left(u_{ij}^{(p)}\right)\right)^{\lambda}f(u_i)-f\left(\bar{u}_{ij}^{(p)}\right)^{1-\lambda}}{\left(f(u_i)-f\left(u_{ij}^{(p)}\right)\right)^{\lambda}\left(f(u_i)-f\left(\bar{u}_{ij}^{(p)}\right)\right)^{1-\lambda}+\left(f\left(u_{ij}^{(p)}\right)-f(u_j)\right)^{\lambda}\left(f(\bar{u}_{ij})-f(u_j)\right)^{1-\lambda}}\right)$$

定理得证。

定理 2.15 指出由算法 2.3 的步骤 3 构造的双边协商矩阵为原始双边协商矩阵和其构造的一致性双边协商矩阵的组合。

定理 2.16　假设 $\boldsymbol{\alpha}$ 为由算法 2.3 获得的原始双边协商矩阵的权重向量，$\hat{\boldsymbol{\alpha}}$ 为由算法 2.3 修正的广义双边协商矩阵的权重向量，则 $\boldsymbol{\alpha}=\hat{\boldsymbol{\alpha}}$ 。

证明： 假设 $\boldsymbol{U}^{(p)}$ 为算法 2.3 中第 p 次迭代得到的双边协商矩阵，则我们证明 $\boldsymbol{\alpha}^{(p+1)}=\boldsymbol{\alpha}^{(p)}$ 。由于

$$u_{ij}^{(p+1)}=f^{-1}\left(\frac{f(u_i)\left(f\left(u_{ij}^{(p)}\right)-f(u_j)\right)^{\lambda}(\alpha_i^{(p)})^{1-\lambda}+f(u_j)\left(f(u_i)-f\left(u_{ij}^{(p)}\right)\right)^{\lambda}\left(\alpha_j^{(p)}\right)^{1-\lambda}}{\left(f(u_i)-f\left(u_{ij}^{(p)}\right)\right)^{\lambda}(\alpha_j^{(p)})^{1-\lambda}+\left(f\left(u_{ij}^{(p)}\right)-f(u_j)\right)^{\lambda}\left(\alpha_i^{(p)}\right)^{1-\lambda}}\right)$$

且 $\delta_{ij}\neq 0$，则

$$\frac{f(u_j)-f\left(u_{ij}^{(p+1)}\right)}{f\left(u_{ij}^{(p+1)}\right)-f(u_i)}$$

$$=\frac{f(u_j)-\dfrac{f(u_i)\left(f\left(u_{ij}^{(p)}\right)-f(u_j)\right)^{\lambda}\left(\alpha_i^{(p)}\right)^{1-\lambda}+f(u_j)\left(f(u_i)-f\left(u_{ij}^{(p)}\right)\right)^{\lambda}\left(\alpha_j^{(p)}\right)^{1-\lambda}}{\left(f(u_i)-f\left(u_{ij}^{(p)}\right)\right)^{\lambda}\left(\alpha_j^{(p)}\right)^{1-\lambda}+\left(f\left(u_{ij}^{(p)}\right)-f(u_j)\right)^{\lambda}\left(\alpha_i^{(p)}\right)^{1-\lambda}}}{\dfrac{f(u_i)\left(f\left(u_{ij}^{(p)}\right)-f(u_j)\right)^{\lambda}\left(\alpha_i^{(p)}\right)^{1-\lambda}+f(u_j)\left(f(u_i)-f\left(u_{ij}^{(p)}\right)\right)^{\lambda}\left(\alpha_j^{(p)}\right)^{1-\lambda}}{\left(f(u_i)-f\left(u_{ij}^{(p)}\right)\right)^{\lambda}\left(\alpha_j^{(p)}\right)^{1-\lambda}+\left(f\left(u_{ij}^{(p)}\right)-f(u_j)\right)^{\lambda}\left(\alpha_i^{(p)}\right)^{1-\lambda}}-f(u_i)}$$

$$=\frac{\left(f(u_j)-f(u_i)\right)\left(f\left(u_{ij}^{(p)}\right)-f(u_j)\right)^{\lambda}\left(\alpha_i^{(p)}\right)^{1-\lambda}}{\left(f(u_j)-f(u_i)\right)\left(f(u_i)-f\left(u_{ij}^{(p)}\right)\right)^{\lambda}\left(\alpha_j^{(p)}\right)^{1-\lambda}}=\frac{\left(f\left(u_{ij}^{(p)}\right)-f(u_j)\right)^{\lambda}\left(\alpha_i^{(p)}\right)^{1-\lambda}}{\left(f(u_i)-f\left(u_{ij}^{(p)}\right)\right)^{\lambda}\left(\alpha_j^{(p)}\right)^{1-\lambda}}$$

基于定理 2.13 可得

$$\sum_{j=1,j\neq i}^{n}\delta_{ij}\left(\log\alpha_i^{(p)}-\log\alpha_j^{(p)}\right)=\sum_{j=1,j\neq i}^{n}\delta_{ij}\left(\log\left|f\left(u_j\right)-f\left(u_{ij}^{(p)}\right)\right|-\log\left|f\left(u_{ij}^{(p)}\right)-f\left(u_i\right)\right|\right)$$

因此

$$\begin{aligned}&\sum_{j=1,j\neq i}^{n}\delta_{ij}\left(\log\alpha_i^{(p+1)}-\log\alpha_j^{(p+1)}\right)\\&=\sum_{j=1,j\neq i}^{n}\delta_{ij}\left(\log\left|f\left(u_j\right)-f\left(u_{ij}^{(p+1)}\right)\right|-\log\left|f\left(u_{ij}^{(p+1)}\right)-f\left(u_i\right)\right|\right)\\&=\sum_{j=1,j\neq i}^{n}\delta_{ij}\left(\lambda\log\left|f\left(u_j\right)-f\left(u_{ij}^{(p)}\right)\right|-(1-\lambda)\log\left(\alpha_i^{(p)}\right)-\log\left|f\left(u_{ij}^{(p)}\right)-f\left(u_i\right)\right|-(1-\lambda)\log\left(\alpha_j^{(p)}\right)\right)\\&=\lambda\sum_{j=1,j\neq i}^{n}\delta_{ij}\left(\log\alpha_i^{(p)}-\log\alpha_j^{(p)}\right)+(1-\lambda)\sum_{j=1,j\neq i}^{n}\delta_{ij}\left(\log\alpha_i^{(p)}-\log\alpha_j^{(p)}\right)\\&=\sum_{j=1,j\neq i}^{n}\delta_{ij}\left(\log\alpha_i^{(p)}-\log\alpha_j^{(p)}\right)\end{aligned}$$

定理得证。

定理 2.16 显示权重向量在一致性修正的过程中并没有改变，即算法 2.3 不仅可以提高广义双边协商矩阵的一致性，而且可以最大程度地保留原始决策信息。

定理 2.17 设 $\boldsymbol{U}$ 为广义原始双边协商矩阵，且 $\hat{\boldsymbol{U}}$ 为算法 2.3 得到的修正的双边协商矩阵，则 $I\left(\hat{\boldsymbol{U}}\right)=\lambda^2 I\left(\boldsymbol{U}\right)$。

证明： 设 $\boldsymbol{U}^{(p)}$ 为算法 2.3 第 p 次迭代获得的双边协商矩阵，则仅需证明 $I\left(\boldsymbol{U}^{(p+1)}\right)=\lambda^2 I\left(\boldsymbol{U}^{(p)}\right)$。基于定理 2.17，可得

$$\begin{aligned}I\left(\boldsymbol{U}^{(p+1)}\right)&=\frac{1}{m(m-1)}\sum_{j=1,j\neq i}^{m}\sum_{i=1}^{m}\delta_{ij}\left(\log\left|f\left(u_{ij}^{(p+1)}\right)-f\left(u_i\right)\right|-\log\left|f\left(u_j\right)-f\left(u_{ij}^{(p+1)}\right)\right|-\log\alpha_j^{(p+1)}+\log\alpha_i^{(p+1)}\right)^2\\&=\frac{1}{m(m-1)}\sum_{j=1,j\neq i}^{m}\sum_{i=1}^{m}\delta_{ij}\left(\log\left|f\left(u_{ij}^{(p+1)}\right)-f\left(u_i\right)\right|-\log\left|f\left(u_j\right)-f\left(u_{ij}^{(p+1)}\right)\right|-\log\alpha_j^{(p)}+\log\alpha_i^{(p)}\right)^2\end{aligned}$$

由于

$$f\left(u_{ij}^{p+1}\right)=f^{-1}\left(\frac{f(u_i)\left(f\left(u_{ij}^{(p)}\right)-f(u_j)\right)^{\lambda}(\alpha_i)^{1-\lambda}+f(u_j)\left(f(u_i)-f\left(u_{ij}^{(p)}\right)\right)^{\lambda}(\alpha_j)^{1-\lambda}}{\left(f(u_i)-f\left(u_{ij}^{(p)}\right)\right)^{\lambda}(\alpha_j)^{1-\lambda}+\left(f\left(u_{ij}^{(p)}\right)-f(u_j)\right)^{\lambda}(\alpha_i)^{1-\lambda}}\right),$$

则

$$\begin{aligned}
I\left(\boldsymbol{U}^{(p+1)}\right)=&\frac{1}{m(m-1)}\sum_{j=1,j\neq i}^{m}\sum_{i=1}^{m}\delta_{ij}\left(\log\left|f\left(u_{ij}^{(p+1)}\right)-f(u_i)\right|-\right.\\
&\left.\log\left|f(u_j)-f\left(u_{ij}^{(p+1)}\right)\right|-\log\alpha_j^{(p)}+\log\alpha_i^{(p)}\right)^2\\
=&\frac{1}{m(m-1)}\sum_{j=1,j\neq i}^{m}\sum_{i=1}^{m}\delta_{ij}\left(\log\left(\left|f\left(u_{ij}^{(p)}\right)-f(u_i)\right|^{\lambda}\left(\alpha_i^{(p)}\right)^{1-\lambda}\right)-\right.\\
&\left.\log\left(\left|f(u_j)-f\left(u_{ij}^{(p)}\right)\right|^{\lambda}\left(\alpha_i^{(p)}\right)^{1-\lambda}\right)-\log\alpha_j^{(p)}+\log\alpha_i^{(p)}\right)^2\\
=&\frac{1}{m(m-1)}\sum_{j=1,j\neq i}^{m}\sum_{i=1}^{m}\lambda^2\delta_{ij}\left(\log\left|f\left(u_{ij}^{(p)}\right)-f(u_i)\right|-\right.\\
&\left.\log\left|f(u_j)-f\left(u_{ij}^{(p)}\right)\right|-\log\alpha_j^{(p)}+\log\alpha_i^{(p)}\right)^2
\end{aligned}$$

因此，$I\left(\boldsymbol{U}^{(p+1)}\right)=\lambda^2 I\left(\boldsymbol{U}^{(p)}\right)$，定理得证。由于$I\left(\boldsymbol{U}^{(p)}\right)\geqslant 0$，因此$\left\{I\left(\boldsymbol{U}^{(p)}\right)\right\}$单调递减且具有最小边界。

定理 2.17 指出算法 2.3 可以提高双边协商矩阵的一致性水平。

在例 2.6 中，计算可得$I(\boldsymbol{U})=0.024\,7$，$\dfrac{I(\boldsymbol{U})}{\ddot{I}(m)}=0.016\,7\leqslant 0.1$，由此可得$\boldsymbol{U}$具有可接受的一致性水平。如果双边协商矩阵为

$$\boldsymbol{U}=\begin{pmatrix}0&2&2&8\\2&3&5&4\\2&5&6&8\\8&4&8&10\end{pmatrix}$$

使用 Baucells 等[27]或 Baucells 等[28]给出的方法，我们可以从三对双边协商中获得群体意见。如果使用(1,2)、(1,3)和(1,4)对协商值进行协商，则群决策为 6.533 3；如果使用(1,3)、(3,4)和(4,2)，则群决策的值为 3.4；如果使用(2,1)、(2,3)和(2,4)，则群决策的值为 4.545 5。从理论上讲，任选三对决策者进行协商均应获得相同的

群决策结果，但是从计算结果看，实际上得到了不同的决策结果。这意味着当多于三对决策者进行协商时，会存在不一致的现象。如果只使用三对协商值，很难确定哪三对协商能给出正确的群决策结果，且可能会丢失很多决策信息，因此，有必要考虑所有的协商数据。尽管我们可以通过集成协商结果获得最终决策结果，但是在此之前需要验证协商值的一致性。如果未达到规定的一致性水平，则需要决策者重新检查并修正双边协商值，以防得到不合理的决策结果。另外，两个不同的双边协商矩阵可能会得到相同的权重向量，这说明他们的一致性水平不一样。

根据本节给出的方法，计算可得 $\dfrac{I(\boldsymbol{U})}{\ddot{I}(4)}=0.532\,3>0.1$，这意味着 $\boldsymbol{U}$ 不具有可接受的一致性。如果决策者无法进行双边协商，他们可以使用算法 2.3 自动提高协商矩阵 $\boldsymbol{U}$ 的一致性，修正过程见表 2-2。经过 8 次迭代，我们可以得到具有满意一致性水平的双边协商矩阵，相应的权重向量为 $\boldsymbol{\alpha}=(0.169\,3,0.374\,8,0.239\,5,0.216\,4)^{\mathrm{T}}$，由式（2-19）可得最终的群决策结果为 $u_{\mathrm{m}}=0.169\,3\times0+0.374\,8\times3+0.239\,5\times6+0.216\,4\times10=4.725\,4$。

这意味着四个部门需要为加快产品进入市场投资 4.725 4 万元。

表 2-2　基于算法 2.3 的双边协商矩阵的一致性修正过程

$\boldsymbol{U}^{(p)}$	$\dfrac{I\left(\boldsymbol{U}^{(p)}\right)}{\ddot{I}(4)}$
$\boldsymbol{U}^{(1)}=\begin{pmatrix}0 & 2.006\,7 & 2.140\,9 & 7.811\,2\\ 2.006\,7 & 3 & 4.922\,5 & 4.111\,3\\ 2.140\,9 & 4.922\,5 & 6 & 7.989\,9\\ 7.811\,2 & 4.111\,3 & 7.989\,9 & 10\end{pmatrix}$	0.431 2
$\boldsymbol{U}^{(2)}=\begin{pmatrix}0 & 2.012\,8 & 2.271\,5 & 7.630\,5\\ 2.012\,8 & 3 & 4.850\,7 & 4.219\,9\\ 2.271\,5 & 4.850\,7 & 6 & 7.980\,7\\ 7.630\,5 & 4.219\,9 & 7.980\,7 & 10\end{pmatrix}$	0.349 2
$\boldsymbol{U}^{(3)}=\begin{pmatrix}0 & 2.018\,2 & 2.391\,5 & 7.459\,4\\ 2.018\,2 & 3 & 4.784\,4 & 4.324\,6\\ 2.391\,5 & 4.784\,4 & 6 & 7.972\,5\\ 7.459\,4 & 4.324\,6 & 7.972\,5 & 10\end{pmatrix}$	0.282 9

续表

$\boldsymbol{U}^{(p)}$	$\frac{I\left(\boldsymbol{U}^{(p)}\right)}{\ddot{I}(4)}$
$\boldsymbol{U}^{(4)}=\begin{pmatrix} 0 & 2.0231 & 2.5013 & 7.2985 \\ 2.0231 & 3 & 4.7239 & 4.4246 \\ 2.5013 & 4.7239 & 6 & 7.9651 \\ 7.2985 & 4.4246 & 7.9651 & 10 \end{pmatrix}$	0.229 1
$\boldsymbol{U}^{(5)}=\begin{pmatrix} 0 & 2.0275 & 2.6013 & 7.1484 \\ 2.0275 & 3 & 4.6687 & 4.5193 \\ 2.6013 & 4.6687 & 6 & 7.9585 \\ 7.1484 & 4.5193 & 7.9585 & 10 \end{pmatrix}$	0.185 6
$\boldsymbol{U}^{(6)}=\begin{pmatrix} 0 & 2.0314 & 2.6921 & 7.0091 \\ 2.0314 & 3 & 4.6186 & 4.6084 \\ 2.6921 & 4.6186 & 6 & 7.9525 \\ 7.0091 & 4.6084 & 7.9525 & 10 \end{pmatrix}$	0.150 3
$\boldsymbol{U}^{(7)}=\begin{pmatrix} 0 & 2.0349 & 2.7743 & 6.8804 \\ 2.0349 & 3 & 4.5733 & 4.6917 \\ 2.7743 & 4.5733 & 6 & 7.9471 \\ 6.8804 & 4.6917 & 7.9471 & 10 \end{pmatrix}$	0.121 7
$\boldsymbol{U}^{(8)}=\begin{pmatrix} 0 & 2.0381 & 2.8486 & 6.7621 \\ 2.0381 & 3 & 4.5324 & 4.7691 \\ 2.8486 & 4.5324 & 6 & 7.9423 \\ 6.7621 & 4.7691 & 7.9423 & 10 \end{pmatrix}$	0.098 6

通过随机产生 100 000 个双边协商矩阵，我们可以计算它们达到可接受一致性水平的平均迭代次数，结果见表 2-3。

表 2-3　算法 2.3 的平均迭代次数

λ	m						
	3	4	5	6	7	8	9
0.1	7.938	9.594	10.438	10.668	10.999	11.115	11.168
0.2	3.769	4.843	5.195	5.311	5.469	5.544	5.554
0.3	2.290	3.161	3.466	3.552	3.604	3.664	3.657

续表

λ	m						
	10	11	12	13	14	15	16
0.1	11.273	11.281	11.294	11.340	11.336	11.342	11.351
0.2	5.540	5.589	5.605	5.565	5.627	5.596	5.618
0.3	3.660	3.721	3.722	3.754	3.762	3.775	3.806

从表 2－2 中，我们可以明显观察到，随着双边协商矩阵维度的增加，达到一致性水平所需的迭代次数也随之增加。当参数 λ 从 0.1 增加到 0.3 时，达到一致性水平所需的迭代次数也随之增加。

算法 2.3 给出提高一致性的自动化过程，其中参数 λ 用来控制步长并帮助决策者修改他们给出的双边协商矩阵。决策者只需在算法初始阶段设定参数 λ 的值即可，该算法适用于决策者不愿意或者没有充足时间进行多轮双边协商的情况。如果决策着有足够的时间并希望进行多轮双边协商，则可以根据下面的算法进行操作。

算法 2.4

步骤 1：输入广义双边协商矩阵 $\boldsymbol{U}=(\delta_{ij}u_{ij})_{m\times m}$。设 $p=0$，$\boldsymbol{U}^{(p)}=(\delta_{ij}u_{ij})_{m\times m}$。

步骤 2：根据模型（MOD 2－1）获得广义双边协商矩阵 $\boldsymbol{U}^{(p)}=(u_{ij}^{(p)})_{m\times m}$ 的权重向量 $\boldsymbol{\alpha}^{(p)}$ 并根据定义 2.5 计算 $\boldsymbol{U}$ 的一致性水平。如果 $\dfrac{I\left(\boldsymbol{U}^{(p)}\right)}{\ddot{I}(m)}\leqslant 0.1$，则停止并输出 $\boldsymbol{U}=\boldsymbol{U}^{(p)}$；否则进入下一步。

步骤 3：使用步骤 2 中产生的权重向量 $\boldsymbol{\alpha}^{(p)}$ 构造完全一致的双边协商矩阵 $\overline{\boldsymbol{U}}^{(p)}=(\overline{u}_{ij}^{(p)})_{m\times m}$，其中

$$\overline{u}_{ij}^{(p)}=f^{-1}\left(\frac{\alpha_i^{(p)}f(u_i)+\alpha_j^{(p)}f(u_j)}{\alpha_i^{(p)}+\alpha_j^{(p)}}\right),i,j=1,2,\cdots,m.$$

步骤 4：将 $\overline{u}_{ij}^{(p)}$ 返回给决策者 e_i 和 e_j 并使他们重新考虑在 p 次迭代中给出的双边协商值 $u_{ij}^{(p)}$，并重新给出协商值 $u_{ij}^{(p+1)}$，构成新的协商矩阵 $\boldsymbol{U}^{(p+1)}=(u_{ij}^{(p+1)})_{m\times m}$，其中 $u_{ij}^{(p+1)}\in\left[\min\left\{u_{ij}^{(p)},\overline{u}_{ij}^{(p)}\right\},\max\left\{u_{ij}^{(p)},\overline{u}_{ij}^{(p)}\right\}\right]$，$\delta_{ij}\neq 0$，$i,j=1,2,\cdots,m$。设 $p+1$，返

回步骤 2。

与算法 2.3 相比，算法 2.4 在提高一致性水平时需要更多的交互。在算法 2.4 中，决策者可以根据新构造的一致性双边协商矩阵来调整他们的协商值，从而更准确地体现出决策者的真实意向。此算法特别适合于那些有充足时间并且愿意深入协商的决策者使用。

定理 2.18　设 $\boldsymbol{U}$ 为原始的广义双边协商矩阵，$\hat{\boldsymbol{U}}$ 为由算法 2.4 修正的双边协商矩阵，则 $I\left(\hat{\boldsymbol{U}}\right)\leqslant I\left(\boldsymbol{U}\right)$。

证明： 假设 $\boldsymbol{U}^{(p)}$ 为算法 2.4 在第 p 次迭代中获得的协商矩阵，则仅需证明 $I\left(\boldsymbol{U}^{(p+1)}\right)\leqslant I\left(\boldsymbol{U}^{(p)}\right)$，基于定理 2.17 可得

$$
\begin{aligned}
I\left(\boldsymbol{U}^{(p+1)}\right)=&\frac{1}{m(m-1)}\sum_{j=1,j\neq i}^{m}\sum_{i=1}^{m}\Bigg(\log\left|f\left(\overline{u}_{ij}^{(p+1)}\right)-f\left(u_j\right)\right|+\log\left|f\left(u_{ij}^{(p+1)}\right)-f\left(u_i\right)\right|-\\
&\log\left|f\left(u_i\right)-f\left(\overline{u}_{ij}^{(p+1)}\right)\right|-\log\left|f\left(u_j\right)-f\left(u_{ij}^{(p+1)}\right)\right|\Bigg)^2\\
=&\frac{1}{m(m-1)}\sum_{j=1,j\neq i}^{m}\sum_{i=1}^{m}\left(\log\alpha_i^{(p+1)}+\log\left|f\left(u_{ij}^{(p+1)}\right)-f\left(u_i\right)\right|-\log\alpha_j^{(p+1)}-\log\left|f\left(u_j\right)-f\left(u_{ij}^{(p+1)}\right)\right|\right)^2\\
\leqslant&\frac{1}{m(m-1)}\sum_{j=1,j\neq i}^{m}\sum_{i=1}^{m}\left(\log\alpha_i^{(p)}+\log\left|f\left(u_{ij}^{(p+1)}\right)-f\left(u_i\right)\right|-\log\alpha_j^{(p)}-\log\left|f\left(u_j\right)-f\left(u_{ij}^{(p+1)}\right)\right|\right)^2\\
=&\frac{1}{m(m-1)}\sum_{j=1,j\neq i}^{m}\sum_{i=1}^{m}\Bigg(\log\left|f\left(\overline{u}_{ij}^{(p)}\right)-f\left(u_j\right)\right|+\log\left|f\left(u_{ij}^{(p+1)}\right)-f\left(u_i\right)\right|-\log\Big|f\left(u_i\right)-\\
&f\left(\overline{u}_{ij}^{(p)}\right)\Big|-\log\left|f\left(u_j\right)-f\left(u_{ij}^{(p+1)}\right)\right|\Bigg)^2
\end{aligned}
$$

由于 $u_{ij}^{(p+1)}\in\left[\min\left\{u_{ij}^{(p)},\overline{u}_{ij}^{(p)}\right\},\max\left\{u_{ij}^{(p)},\overline{u}_{ij}^{(p)}\right\}\right]$，则需要考虑两种情况：（1）$u_{ij}^{(p)}<u_{ij}^{(p+1)}<\overline{u}_{ij}^{(p)}$；（2）$f\left(u_{ij}^{(p)}\right)>f\left(u_{ij}^{(p+1)}\right)>f\left(\overline{u}_{ij}^{(p)}\right)$。这里只证明第一种情况，第二种情况可以类似证明。

对于第一种情况，有

$$
\frac{f\left(u_{ij}^{(p+1)}\right)-f\left(u_j\right)}{f\left(u_i\right)-f\left(u_{ij}^{(p+1)}\right)}=\frac{f\left(u_{ij}^{(p+1)}\right)-f\left(u_i\right)+f\left(u_i\right)-f\left(u_j\right)}{f\left(u_i\right)-f\left(u_{ij}^{(p+1)}\right)}
$$

$$=\frac{f(u_i)-f(u_j)}{f(u_i)-f\left(u_{ij}^{(p+1)}\right)}-1\geqslant 0$$

因此

$$\frac{f(u_i)-f(u_j)}{f(u_i)-f\left(u_{ij}^{(p)}\right)}-1<\frac{f(u_i)-f(u_j)}{f(u_i)-f\left(u_{ij}^{(p+1)}\right)}-1<\frac{f(u_i)-f(u_j)}{f(u_i)-f\left(\overline{u}_{ij}^{(p)}\right)}-1$$

等价于

$$\frac{f\left(u_{ij}^{(p)}\right)-f(u_j)}{f(u_i)-f\left(u_{ij}^{(p)}\right)}<\frac{f\left(u_{ij}^{(p+1)}\right)-f(u_j)}{f(u_i)-f\left(u_{ij}^{(p+1)}\right)}<\frac{f\left(\overline{u}_{ij}^{(p)}\right)-f(u_j)}{f(u_i)-f\left(\overline{u}_{ij}^{(p)}\right)}$$

即

$$\log\frac{f\left(u_{ij}^{(p)}\right)-f(u_j)}{f(u_i)-f\left(u_{ij}^{(p)}\right)}<\log\frac{f\left(u_{ij}^{(p+1)}\right)-f(u_j)}{f(u_i)-f\left(u_{ij}^{(p+1)}\right)}<\log\frac{f\left(\overline{u}_{ij}^{(p)}\right)-f(u_j)}{f(u_i)-f\left(\overline{u}_{ij}^{(p)}\right)}$$

因此

$$\left(\log\frac{f\left(\overline{u}_{ij}^{(p)}\right)-f(u_j)}{f(u_i)-f\left(\overline{u}_{ij}^{(p)}\right)}-\log\frac{f\left(u_{ij}^{(p)}\right)-f(u_j)}{f(u_i)-f\left(u_{ij}^{(p)}\right)}\right)^2>\left(\log\frac{f\left(\overline{u}_{ij}^{(p)}\right)-f(u_j)}{f(u_i)-f\left(\overline{u}_{ij}^{(p)}\right)}-\log\frac{f\left(u_{ij}^{(p+1)}\right)-f(u_j)}{f(u_i)-f\left(u_{ij}^{(p+1)}\right)}\right)^2$$

由此可得

$$\begin{aligned}I\left(\boldsymbol{U}^{(p+1)}\right)\leqslant&\frac{1}{m(m-1)}\sum_{j=1,j\neq i}^{m}\sum_{i=1}^{m}\Bigg(\log\left|f\left(\overline{u}_{ij}^{(p)}\right)-f(u_j)\right|+\log\left|f\left(u_{ij}^{(p+1)}\right)-f(u_i)\right|-\\&\log\left|f(u_i)-f\left(\overline{u}_{ij}^{(p)}\right)\right|-\log\left|f(u_j)-f\left(u_{ij}^{(p+1)}\right)\right|\Bigg)^2\\\leqslant&\frac{1}{m(m-1)}\sum_{j=1,j\neq i}^{m}\sum_{i=1}^{m}\Bigg(\log\left|f\left(\overline{u}_{ij}^{(p)}\right)-f(u_j)\right|+\log\left|f\left(u_{ij}^{(p)}\right)-f(u_i)\right|-\\&\log\left|f(u_i)-f\left(\overline{u}_{ij}^{(p)}\right)\right|-\log\left|f(u_j)-f\left(u_{ij}^{(p)}\right)\right|\Bigg)^2=I\left(\boldsymbol{U}^{(p)}\right)\end{aligned}$$

定理得证。

定理 2.18 表明，算法 2.4 是具有收敛性的，且通过适当修正可以进一步提高协商矩阵的一致性水平。

在前面的例子中，可知 $\dfrac{I(\boldsymbol{U})}{\ddot{I}(4)}=0.532\,3>0.1$，因此 $\boldsymbol{U}$ 不具有可接受一致性水平，这说明决策者给出的协商值存在不一致性，将会影响最终的决策结果。如果一致性水平比较低，所得到的决策结果可能不会被普遍接受。因此有必要先提升原始协商矩阵的一致性水平，避免得到可能导致误解的权重向量和决策结果。

当决策者考虑调整他们的协商值时，我们可以根据算法 2.4 构造一致性双边协商矩阵，利用该矩阵，决策者能够优化他们的协商值，修正过程见表 2－4。设 $p=0$，我们可以获得 $\boldsymbol{U}^{(0)}$ 的权重向量并构造一致性双边协商矩阵 $\bar{\boldsymbol{U}}^{(0)}$，将 $u_{ij}^{(0)}$ 返回给决策者 e_i 和 e_j 并重新构造新的双边协商矩阵。例如，基于第一轮的协商值 2 和构造的一致性协商矩阵 $\bar{\boldsymbol{U}}^{(0)}$ 中协商值 3.514 7，审计部和产品部决定进行第二次协商并愿意支付 3 万元以加速产品进入市场。类似地，审计部和营销部给出协商值 7 万元，研发部和营销部给出协商值 5 万元。重复上述过程直到双边协商矩阵达到满意一致性水平。经过三次迭代后，我们获得了具有满意一致性的双边协商矩阵，其相应的权重向量为 $\boldsymbol{\alpha}=(0.1607,0.2810,0.3138,0.2445)^{\mathrm{T}}$，由式（2－19）可得最终的群决策为 $u_{\mathrm{m}}=0.160\,7\times0+0.281\,0\times3+0.313\,8\times6+0.244\,5\times10=5.170\,8$ 。

这意味着，最终四个部门愿意投资 5.170 8 万元以促使产品加快进入市场。

表 2－4　基于算法 2.4 的一致性修正过程

$\boldsymbol{U}^{(p)}$	$\bar{\boldsymbol{U}}^{(p)}$	$\dfrac{I\left(\boldsymbol{U}^{(p)}\right)}{\ddot{I}(4)}$
$\boldsymbol{U}^{(0)}=\begin{pmatrix}0&2&2&8\\2&3&5&4\\2&5&6&8\\8&4&8&10\end{pmatrix}$	$\bar{\boldsymbol{U}}^{(0)}=\begin{pmatrix}0&2.066\,4&3.514\,7&5.610\,0\\2.066\,4&3.000\,0&4.169\,6&5.562\,2\\3.514\,7&4.169\,6&6.000\,0&7.898\,7\\5.610\,0&5.562\,2&7.898\,7&10.000\,0\end{pmatrix}$	0.532 3
$\boldsymbol{U}^{(1)}=\begin{pmatrix}0&2&3&7\\2&3&5&5\\3&5&6&8\\7&5&8&10\end{pmatrix}$	$\bar{\boldsymbol{U}}^{(1)}=\begin{pmatrix}0&1.946\,7&3.816\,5&5.909\,4\\1.946\,7&3.000\,0&4.458\,2&6.071\,1\\3.816\,5&4.458\,2&6.000\,0&7.810\,0\\5.909\,4&6.071\,1&7.810\,0&10.000\,0\end{pmatrix}$	0.161 6
$\boldsymbol{U}^{(2)}=\begin{pmatrix}0&2&3.5&6.5\\2&3&5&5.5\\3.5&5&6&8\\6.5&5.5&8&10\end{pmatrix}$	$\bar{\boldsymbol{U}}^{(2)}=\begin{pmatrix}0&1.908\,7&3.968\,4&6.034\,8\\1.908\,7&3.000\,0&4.582\,8&6.256\,9\\3.968\,4&4.582\,8&6.000\,0&7.751\,7\\6.034\,8&6.256\,9&7.751\,7&10.000\,0\end{pmatrix}$	0.078 2

本章小结

本章研究了基于双边协商的群决策方法。为了保证判断矩阵的一致性，给出基于拟平均的集成方式。通过决策者针对给出的偏好信息进行双边协商获取群判断矩阵。决策者可以针对属性值进行协商，可以针对属性权重进行协商，也可以针对属性之间的替代率进行协商。并证明了只需进行 $m-1$ 次协商便可获取最终的群判断矩阵。为了解决超过 $m-1$ 对决策者愿意提供双边协商值的情况，研究了基于双边协商矩阵的群决策方法，并给出两种算法帮助决策者达成双边协商，并在此基础上给出双边协商矩阵的定义。根据双边协商矩阵与原始评价值之间的关系，定义了一致性双边协商矩阵。接着给出一种从不一致的双边协商矩阵构造一致性协商矩阵的方法。通过测量原始双边协商矩阵与构建的一致性双边协商矩阵之间的偏差，定义了一致性水平。给出两种方法帮助决策者提高其提供的双边协商矩阵的一致性水平并获取最终的群决策。[40]

第 3 章　基于后悔理论的多属性决策方法

多属性决策旨在通过衡量多个方案在多个属性下的表现寻找最优的方案，并在日常决策中得到了广泛应用。传统的多属性决策方法通常假设属性权重和属性评价的信息是精确的，然而在实际决策中，由于时间紧迫，知识或数据不足，以及决策者的犹豫，往往难以作出准确的判断。[41] Sarin[42]指出，过度的精确判断会造成巨大的认知压力，并可能在实际操作中遭遇困难且耗时。Anandalingam 等[43]认为信息的不完整性是由于决策者对精确信息的注意力和处理能力有限。Park[44]则认为放宽这种精确的偏好判断是缩小理论研究和实际需求之间差距的一种方法。

过去，已有学者对不精确信息下的多属性决策进行了研究。Park[44]总结了处理不精确信息的多属性决策方法，并发现两两比较及潜在最优性分析是两种主要的方法。Eum 等[45]给出一些模型以确定属性权重和识别不精确信息下的最优方案。为了获取一组方案的排序，常见的方法是进行两两比较，其中判断矩阵被广泛采用。在不精确信息下，通过方案的两两比较，计算方案的差异，从而识别强可能最优（SPO）方案和弱可能最优（WPO）方案。Wang[46]认为可能最优分析是乐观的，在不利情况下可能导致很大的损失，因此，基于最小最大后悔理论，Wang[46]给出鲁棒性最优（OR）对方案进行排序分析。Wei 等[47]进一步给出强的鲁棒性最优（SRO）方案和弱的鲁棒性最优（WRO）方案，从而完善了鲁棒性的分析，并指出强的鲁棒性和弱的鲁棒性最优分析分别针对属性评价值在坏的和好的情况下进行分析。

依据后悔理论[48–49]，在决策过程中，决策者可能更加重视方案的相对值而不是绝对值，特别是在不确定的场景中。相对值可以通过对方案进行两两比较来确定，进而构造一个判断矩阵。尽管目前大部分方法基于加型判断矩阵，即通过测量方案或属性之间的距离来确定相对值，但在实际决策中，乘型判断矩阵和模糊判断矩阵被更为广泛地应用。需要注意的是，即使两对方案有相同的差值，其比值也可能存在差异。在这种情况下，我们需要采用其他的判断矩阵来进行评估，且其他的判断矩阵也面临类似的问题。因此，有必要给出从不同角度衡量方案相对值的方法。基于有序阿贝尔群，Cavallo 等[4]定义了一个可以统一不同类型判断矩阵的形式。基于这一理念，本章基于有序阿贝尔群来衡量方案的相对值，并将其应用于信息不精确的多属性决策场景中。

在传统的多属性决策中，经常假设属性之间相互独立，但实际问题中属性之间往往是存在相互作用的。[50-51]以 Park[44]对企业资源计划（ERP）系统的评估为例，他使用成本、供应商支持、功能和易用性四个属性来进行衡量。除了成本之外，其他三个属性用不精确的信息来评估，且属性权重的信息为部分已知。值得注意的是，这四个属性并非完全独立。例如，成本与功能之间可能存在正向的交互作用：价格更低且功能更强大的 ERP 系统会更受欢迎。而供应商支持和易用性之间可能存在负向的交互作用，因为供应商提供的支持越多，ERP 系统就越容易使用。因此，在多属性决策分析中，考虑属性之间的相互作用是必要和重要的。很多时候，属性之间的交互和不精确信息会同时存在，但相关的研究却相对缺乏。为解决这类问题，本章将研究属性之间的交互作用和不精确信息并存的多属性决策问题。

针对属性之间有关联的多属性决策问题，很多学者利用 Choquet 积分来反应属性之间的关联，并在许多领域中得到了应用。然而，对于属性之间存在相互作用、属性权重和评价信息不精确的多属性决策问题，目前研究较少。现有的方法在信息不精确的情况下，只能从乐观和悲观两方面进行决策分析，缺乏全面深入的情景分析。

3.1 方案的相对值

多属性决策问题描述如下：设 $X=\{x_1,x_2,\cdots,x_m\}$ 为方案集，$C=\{c_1,c_2,\cdots,c_n\}$ 为属性集，$\boldsymbol{w}=(w,w_2,\cdots,w_n)^{\mathrm{T}}$ 为属性权重向量且满足 $\sum_{j=1}^{n}w_j=1$，$w_j\geqslant 0$ $(j=1,2,\cdots,n)$。决策者给出属性 c_j 下方案 x_i 的评价值 v_{ij}，为方便起见，假设 v_{ij} 被规范化到 $[0,1]$ 区间，其中 0 和 1 分别表示最差和最好的情况。如果关于 v_{ij} 和 w_j 信息为精确值，则方案的综合值可以用某种集成算子获得，进而得出方案排序，但是现实问题中很难获得决策的精确信息。

众所周知，后悔理论是处理不确定性风险决策的重要理论，它强调人们在做决策时不仅会关心自己能获得什么，同时也会考虑会失去什么，因此有必要衡量方案之间的相对值。

设 p_h 和 p_k 分别表示方案 x_h 和 x_k 的评价值，减法和除法分别为衡量方案相对值常用的运算。例如方案 x_k 相对于 x_h 的相对值可示为 r_{kh} ，即 $r_{kh}=p_h-p_k$ 或 $r_{kh}=p_h/p_k$ 。下面我们给出几个例子来说明一种形式表示的相对值可能会在某种情况下难以区分。

Case A：假设有两个封闭的盒子，第一个盒子里有 0.05 元，第二个盒子里有 0.10 元，如果随机选择一个，假设选中有 0.05 元的盒子。

Case B：假设有两个封闭的盒子，第一个盒子里有 0.85 元，第二个盒子里有 0.90 元，如果随机选择一个，假设选中有 0.85 元的盒子。

Case C：假设有两个封闭的盒子，第一个盒子里有 0.40 元，第二个盒子里有 0.80 元，如果随机选择一个，假设选中有 0.40 元的盒子。

在 Case A 和 Case B 下，如果使用减法来衡量方案之间的后悔值，即 $r_{kh}=p_h-p_k$ ，则这两种情况下的后悔值均相同，即为 0.05。但直觉上，Case A 的损失似乎比 Case B 的损失要大。而在 Case A 和 Case C 中，如果用除法来衡量方案的后悔值，即 $r_{kh}=p_h/p_k$ ，则在这两种情况下的后悔值均相同，即为 2，但直觉上，Case C 的损失明显比 Case A 的损失要大。

基于上面的讨论，我们给出在上面三种情况下后悔值的顺序为

$$\text{Case C} > \text{Case A} > \text{Case B} \tag{3-1}$$

如果仅用减法，则 $\text{Case C}(0.40) > \text{Case A}(0.05) = \text{Case B}(0.05)$，与式（3－1）得到的结果不一致，如果仅用除法，则得到的结果为 $\text{Case C}(2) = \text{Case A}(2) > \text{Case B}(1.0588)$，与式（3－1）的结果也不符合。因此，在大多数情况下使用的相对值的计算公式 $r_{kh}=p_h-p_k$ 或者 $r_{kh}=p_h/p_k$ 并不一定在所有情况下有效，有必要从多角度计算方案的相对值。

需要说明的是一组方案的相对值 r_{kh} 可以构成一个判断矩阵 $\boldsymbol{R}=(r_{kh})_{m\times m}$ 。如果 $r_{kh}=p_h-p_k$ ，则 $\boldsymbol{R}$ 为加型判断矩阵，主要用于衡量方案的差值。如果 $r_{kh}=p_h/p_k$ ，则 $\boldsymbol{R}$ 为乘型判断矩阵，主要用于衡量方案的比值。这两种类型的判断矩阵均为 Cavallo 等[4]定义的判断矩阵的特殊形式，即 $\boldsymbol{R}=(r_{kh})_{m\times m}$ ，其中 $r_{kh}=p_h\div p_k$ ，“$\div$”是基于有序阿贝尔群定义的运算。

基于有序阿贝尔群，两个方案的相对值可以定义如下。[52]

定义 3.1　设 p_h 和 p_k 为方案 x_h 和 x_k 集成后的评价值，则方案 x_k 相对于方案 x_h 的相对值可以表示为

$$r_{kh}=p_h\div p_k \tag{3-2}$$

在假设 1.1 下，可得$\phi^{-1}\left(x^{(-1)}\right)=-\phi^{-1}(x)$，则$x\div y=x\odot y^{(-1)}=\phi\left(\phi^{-1}(x)-\phi^{-1}(y)\right)$，因此式（3－2）可以写为

$$r_{kh}=p_h\div p_k=\phi^{-1}\left(\phi(p_h)-\phi(p_k)\right) \tag{3-3}$$

其中ϕ为之前定义的且可以被赋予不同的形式。如果$\phi(x)=x$，则 $r_{kh}=p_h-p_k$，即用差值来衡量方案的相对值，如果 $\phi(x)=\mathrm{e}^x$，则$r_{kh}=p_h/p_k$，即用比值衡量方案的相对值。如果 $\phi(x)=\frac{\mathrm{e}^x}{1+\mathrm{e}^x}$，则$r_{kh}=\frac{(1-p_k)p_h}{(1-p_k)p_h+p_k(1-p_h)}$，即包含了上述两种情况。如果用$r_{kh}=\frac{(1-p_k)p_h}{(1-p_k)p_h+p_k(1-p_h)}$来衡量 Case A、Case B、Case C 的相对值，则

$$\text{Case C}(0.857\,1)>\text{Case A}(0.678\,6)>\text{Case B}(0.613\,6)$$

所得结果与式（3－1）一致。

需要注意的是$r_{kh}=p_h\div p_k$可以从不同角度衡量方案的相对值，因此$r_{kh}=p_h\div p_k$可以适用于不同的情况。

在多属性决策问题中，我们可以采用两种方法计算方案的相对值：一种方法是首先计算每个属性下方案的相对值，然后通过某种集成算子对计算出的相对值进行集成；另一种方法是首先通过某种集成算子获得每个方案的总体评价值，然后计算总体评价值的相对值。这两种方法如图 3－1 所示。根据我们的直觉，这两种方法应该得到相同的结果，即

$$F\left(w_j,C\left(v_{hj},v_{kj}\right)\right)=C\left(F\left(w_j,v_{hj}\right),F\left(w_j,v_{kj}\right)\right) \tag{3-4}$$

其中F和C分别表示集成算子和相对值计算公式。关键问题是找到合适的F和C满足式（3－4）。

基于上面的分析，属性c_j下方案x_k相对于方案x_h的相对值可以用式（3－3）计算，即

$$r_{khj}=v_{hj}\div v_{kj},j=1,2,\cdots,n \tag{3-5}$$

由于$r_{khj}=v_{hj}\div v_{kj}$，$r_{klj}=v_{lj}\div v_{kj}$和$r_{lhj}=v_{hj}\div v_{lj}$，因此$r_{khj}$，$r_{klj}$和$r_{lhj}$满足

$$r_{khj}=r_{klj}\odot r_{lhj},j=1,2,\cdots,n \tag{3-6}$$

则集成算子需满足

$$r_{kh} = r_{kl} \odot r_{lh} \tag{3-7}$$

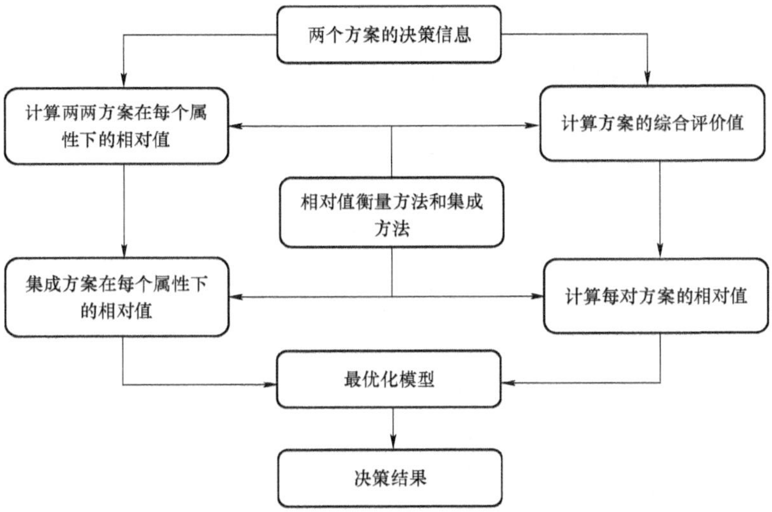

图 3－1　两种计算方案相对值的方法

定义 3.2　设$\left(z_1,z_2,\cdots,z_n\right)$为一组数据，$\boldsymbol{w}=\left(w_1,w_2,\cdots,w_n\right)^{\mathrm{T}}$为权重向量且满足$\sum_{j=1}^{n} w_j=1$，$w_j \geqslant 0$。基于有序阿贝尔群集成$\left(z_1,z_2,\cdots,z_n\right)$ 可得

$$z = \mathop{\odot}_{n}^{j=1} \mathrm{z}^{\left[w_j\right]} \tag{3-8}$$

基于假设 1.1，式（3－8）可以表示为

$$z = \mathop{\odot}_{n}^{j=1} z_j^{\left[w_j\right]} = \phi\left(\sum_{j=1}^{n}\left(w_j \phi^{-1}\left(z_j\right)\right)\right) \tag{3-9}$$

方案x_k相对于方案x_h的相对值可以由集成$r_{khj}\left(j=1,2,\cdots,n\right)$获得

$$r_{kh} = \mathop{\odot}_{j=1}^{n}(r_{khj})^{\left[w_j\right]} \tag{3-10}$$

因此

$$r_{kl} \odot r_{lh} = \left(\mathop{\odot}_{j=1}^{n}(r_{klj})^{\left[w_j\right]}\right) \odot \left(\mathop{\odot}_{j=1}^{n}(r_{lhj})^{\left[w_j\right]}\right) = \mathop{\odot}_{j=1}^{n}(r_{klj} \odot r_{lhj})^{\left[w_j\right]} \tag{3-11}$$

基于式（3－6），式（3－10）和式（3－11）可得$r_{kl} \odot r_{lh} = r_{kh}$，与式（3－7）一致。

从另一角度，如果先用式（3－8）集成方案的属性值，则$p_h = \mathop{\odot}_{j=1}^{n}(v_{hj})^{\left[w_j\right]}$，

$p_k = \bigodot_{j=1}^{n} (v_{kj})^{[w_j]}$。基于式（3－3），方案 x_k 相对于方案 x_h 的相对值可以表示为

$$\begin{aligned} p_h \div p_k &= \left(\bigodot_{j=1}^{n} (v_{hj})^{[w_j]} \right) \div \left(\bigodot_{j=1}^{n} (v_{kj})^{[w_j]} \right) \\ &= \bigodot_{j=1}^{n} (v_{hj} \div v_{kj})^{[w_j]} = \bigodot_{j=1}^{n} (r_{khj})^{[w_j]} = r_{kh} \end{aligned}$$

这意味着式（3－4）两侧是等价的，因此式（3－4）成立。

3.2 基于相对值的多属性决策方法

在多属性决策中，获取精确的属性评价值及属性的权重实际上是非常困难的，通常情况下可以用下面的形式表示。

关于属性权重信息：

（1）弱序关系：$\{w_i \geqslant w_j\}, i \neq j$。

（2）强序关系：$\{w_i - w_j \geqslant \varepsilon_i\}, \varepsilon_i > 0, i \neq j$。

（3）带参数的关系：$\{w_i \geqslant a_i w_j\}, 0 \leqslant a_i \leqslant 1, i \neq j$。

（4）区间形式：$\{b_i \leqslant w_i \leqslant b_i + \varepsilon_i\}, 0 \leqslant b_i \leqslant b_i + \varepsilon_i \leqslant 1$。

（5）基于差值的排序：$\{w_i - w_j \geqslant w_k - w_l\}, i \neq j \neq k \neq l$。

以上形式可以用线性不等式表示，即 $\boldsymbol{A}\boldsymbol{w} \leqslant a$，其中 $\boldsymbol{A}$ 为 $I \times n$ 矩阵，$\boldsymbol{w}$ 为之前定义的，$a \in \mathbf{R}^I$ 和 I 为约束系数。

关于属性评价值：

（1）弱序关系：$\{v_{ij} \geqslant v_{ik}\}, j \neq k$.

（2）强序关系：$\{v_{ij} - v_{ik} \geqslant \varepsilon_{jk}\}, \varepsilon_{jk} > 0, j \neq k$.

（3）带参数的关系：$\{v_{ij} \geqslant a_{jk} w_{ik}\}, 0 \leqslant a_{jk} \leqslant 1, j \neq k$.

（4）区间形式：$\{b_{ij} \leqslant v_{ij} \leqslant b_{ij} + \varepsilon_{ij}\}, 0 \leqslant b_{ij} \leqslant b_{ij} + \varepsilon_{ij} \leqslant 1$.

（5）基于差值的排序：$\{v_{ij} - v_{ik} \geqslant v_{il} - v_{ir}\}, j \neq k \neq l \neq r$. 同样可以表示为线性不等式 $\boldsymbol{B}_j \boldsymbol{v}_j \leqslant b_j$，$j = 1, 2, \cdots, n$，其中 $\boldsymbol{B}_j$ 为 $I \times n$ 矩阵，$\boldsymbol{v}_j = (v_{1j}, v_{2j}, \cdots, v_{mj})^{\mathrm{T}}$，$a \in \mathbf{R}^I$ 和 I 为相对于属性 c_j 的约束系数。

设 r_{kh} 表示方案 x_k 对于方案 x_h 的相对值，则 r_{kh} 可以看作决策者选择方案 x_k 而没选择方案 x_h 造成的损失。基于式（3-3）和式（3-7），r_{kh} 可以写为

$$\begin{aligned} r_{kh} &= p_h \div p_k = \left(\bigodot_{j=1}^{n} (v_{hj})^{[w_j]} \right) \div \left(\bigodot_{j=1}^{n} (v_{kj})^{[w_j]} \right) \\ &= \bigodot_{j=1}^{n} (v_{hj} \div v_{kj})^{[w_j]} = \phi\left(\sum_{j=1}^{n} w_j \left(\phi^{-1}(v_{hj}) - \phi^{-1}(v_{kj}) \right) \right) \end{aligned}$$

为方便起见，设 $W = \{\boldsymbol{w} \in \mathbf{R}^n \mid \boldsymbol{A}\boldsymbol{w} \leqslant a\}$ 为属性权重向量集合，其中 $\boldsymbol{A}$ 和 a 为之前定义的，设 $V_j = \{\boldsymbol{v}_j \in \mathbf{R}^m \mid \boldsymbol{B}_j \boldsymbol{v}_j \leqslant b_j\}$ 为所有属性评价值的集合，其中 $\boldsymbol{B}_j$ 和 b_j 为之前定义的。设 $V = V_1 \times V_2 \times \cdots \times V_n$ 为 V_j $(j = 1,2,\cdots,n)$ 的笛卡儿积。设 $\boldsymbol{v} \in V$，则 $x^i(\boldsymbol{v})$ 为方案 x_i 对应的评价值向量。

基于后悔理论，相对于方案的绝对值，决策者更关注方案的相对值。对任意两个方案 x_k 和 x_h，方案 x_k 相对于方案 x_h 的相对值可以表示为 $r_{kh} = c_{kh}(\boldsymbol{w},\boldsymbol{v}) = \phi\left(\boldsymbol{w}^t\left(\phi^{-1}\left(x^h(\boldsymbol{v})\right) - \phi^{-1}\left(x^k(\boldsymbol{v})\right)\right)\right)$，则 $c_{kh}(\boldsymbol{w},\boldsymbol{v})$ 可以被看作决策者选择方案 x_k 而不选择方案 x_h 的损失。如果 $c_{kh}(\boldsymbol{w},\boldsymbol{v}) \leqslant 0$，则方案 x_k 优于方案 x_h。$c_{kh}(\boldsymbol{w},\boldsymbol{v})$ 的值越小，则方案 x_k 越好。

设 $M = \{1,2,\cdots,m\}$，如果对任意 $h \in M \setminus k$，$c_{kh}(\boldsymbol{w},\boldsymbol{v}) \leqslant 0$，或者可以写为 $\max\limits_{h \in M \setminus k} c_{kh}(\boldsymbol{w},\boldsymbol{v}) \leqslant 0$，则 x_k 优于其他方案。$\max\limits_{h \in M \setminus k} c_{kh}(\boldsymbol{w},\boldsymbol{v})$ 的值越小，则方案 x_k 越优。这意味着 $\max\limits_{h \in M \setminus k}\left(c_{kh}(\boldsymbol{w},\boldsymbol{v})\right)$ 可以被看作选择方案 x_k，而不选择其他方案的损失值。

如果关于属性权重 $\boldsymbol{w}$ 和属性评价值 $\boldsymbol{v}$ 的信息为精确信息，则可以根据 $\max\limits_{h \in M \setminus k} c_{kh}(\boldsymbol{w},\boldsymbol{v})$ 选择最优方案，否则 $\max\limits_{h \in M \setminus k} c_{kh}(\boldsymbol{w},\boldsymbol{v})$ 的值将随 $\boldsymbol{w}$ 和 $\boldsymbol{v}$ 的变化而变化，同时最优方案也将发生变化。根据决策者对方案 x_k 损失值的不同态度，可以构造一个识别不同类型最优方案的框架，如表 3-1 所示。

表 3-1　识别不同类型最优方案的框架

类型		关于属性权重的不精确信息	
		悲观的	乐观的
关于属性值的不精确信息	悲观的	情形 A	情形 D
	乐观的	情形 C	情形 B

随着属性权重 $\boldsymbol{w}$ 和评价值 $\boldsymbol{v}$ 的变化，极端悲观的决策者会选择 $\max\limits_{h\in M\setminus k} c_{kh}(\boldsymbol{w},\boldsymbol{v})$ 的最大值作为方案 x_k 的损失值，即最坏可能出现的情况，见表 3－1 中的情形 A；极端乐观的决策者会选择 $\max\limits_{h\in M\setminus k} c_{kh}(\boldsymbol{w},\boldsymbol{v})$ 的最小值作为方案 x_k 的损失值，即最好可能出现的情况，见表 3－1 中的情形 B；中立的决策者可能会选择 $c_{kh}(\boldsymbol{w},\boldsymbol{v})$ 的两种极端值的中间值作为方案 x_k 的损失值，见表 3－1 中的情形 C 和情形 D。情形 C 中，决策者关于属性评价值是乐观的，但是关于属性权重是悲观的；情形 D 是相反的情况。我们将讨论这四种情形，并识别不同的最优方案。

为方便起见，设

$$\gamma_k=\max_{\boldsymbol{v}\in V}\max_{\boldsymbol{w}\in W}\max_{h\in M\setminus k} c_{kh}(\boldsymbol{w},\boldsymbol{v}),\quad \delta_k=\min_{\boldsymbol{v}\in V}\max_{\boldsymbol{w}\in W}\max_{h\in M\setminus k} c_{kh}(\boldsymbol{w},\boldsymbol{v})$$

$$\beta_k=\max_{\boldsymbol{v}\in V}\min_{\boldsymbol{w}\in W}\max_{h\in M\setminus k} c_{kh}(\boldsymbol{w},\boldsymbol{v}),\quad \alpha_k=\min_{\boldsymbol{v}\in V}\min_{\boldsymbol{w}\in W}\max_{h\in M\setminus k} c_{kh}(\boldsymbol{w},\boldsymbol{v})$$

很容易证明 $\alpha_k\leqslant\{\beta_k,\delta_k\}\leqslant\gamma_k$，$\gamma_k$ 为方案 x_k 的最大损失值，可能会被情形 A 中的极端悲观者选择，α_k 为方案 x_k 的最小损失值，可能会被情形 B 中的极端乐观者选择，如果决策者对属性评价值是乐观的，但是对属性权重是悲观的，则可能会根据 β_k 计算方案 x_k 的损失值，即情形 C，如果决策者关于属性评价值是悲观的，关于属性权重是乐观的，则决策者可能会根据 δ_k 计算方案 x_k 的损失值，即情形 D。以 γ_k 为例，γ_k 的值越小，方案 x_k 越优。

为了给出以上四种情形的详细讨论，我们给出下面的定义。

定义 3.3 如果对任意 $\boldsymbol{w}\in W$，$\boldsymbol{v}\in V$，不等式 $c_{kh}(\boldsymbol{w},\boldsymbol{v})>o$ 成立，则称方案 x_k 被方案 x_h o－占优。

定义 3.3 中如果 $c_{kh}(\boldsymbol{w},\boldsymbol{v})$ 的最小值大于 o，即对任意 $\boldsymbol{w}$ 和 $\boldsymbol{v}$，p_h 总是大于 p_h，则意味着方案 x_h 总是优于方案 x_k。特别地，如果方案 x_k 不被任意方案 o－占优，则称方案 x_k 为 o－不被占优方案。如果方案 x_k o－占优任意方案，则称方案 x_k 为 o－绝对占优方案。

定义 3.4 如果 $\gamma_k\leqslant o$，则称方案 x_k 为 o－强鲁棒最优（o－SRO）；如果 $\delta_k\leqslant o$，则称方案 x_k 为弱鲁棒最优（o－WRO）；如果 $\beta_k\leqslant o$，则称方案 x_k 为 o－强潜在最优（o－SPO）；如果 $\alpha_k\leqslant o$，则称方案 x_k 为 o－弱潜在最优（o－WPO）。γ_k，δ_k，β_k 和 α_k 的值越小，则方案 x_k 越好。

定义 3.4 指出如果对任意 $h\in M\setminus k$，$\boldsymbol{w}\in W$ 和 $\boldsymbol{v}\in V$，不等式 $c_{kh}(\boldsymbol{w},\boldsymbol{v})\leqslant o$ 成立，则方案 x_k 为 o－SRO；如果存在 $\boldsymbol{v}\in V$，对任意 $h\in M\setminus k$ 和任意 $\boldsymbol{w}\in W$，不等式 $c_{kh}(\boldsymbol{w},\boldsymbol{v})\leqslant o$ 成立，则方案 x_k 为 o－WRO；如果存在 $\boldsymbol{w}\in W$，对任意

$h \in M \setminus k$，$v \in V$，不等式$c_{kh}(w,v) \leqslant o$成立，则称方案x_k为o – SPO；如果存在$w \in W$，$v \in V$，对任意$h \in M \setminus k$，不等式$c_{kh}(w,v) \leqslant o$成立，则称方案x_k为o – WPO。

图3–2显示了不同类型的最优方案。假设两个属性，属性权重未知，属性评价值使用区间值描述，在（a）中，方案x_k为o – SRO，o – WRO，o – SPO和o – WPO；在（b）中，方案x_k为o – WRO和o – WPO，但不是o – SRO和o – SPO；在（c）中，方案x_k为o – SPO和o – WPO，但不是o – SRO和o – WRO；在（d）中，方案x_k为o – WPO但不是o – SRO，o – WRO和o – SPO。因此，对不精确信息的多属性决策问题，可能不存在o – SRO方案，也可能不存在o – SPO，o – WRO或o – SRO的方案，但至少存在一个方案为o – WPO。

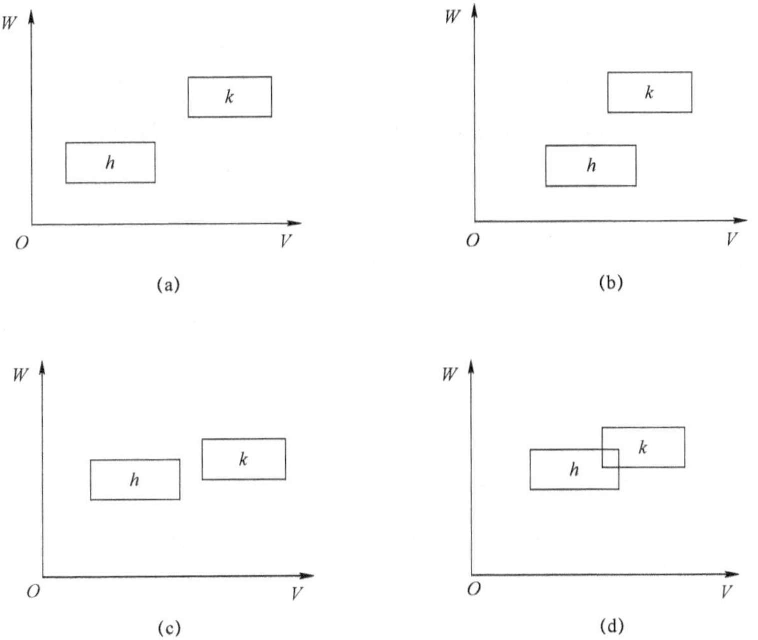

图3–2 几种不同类型的最优方案

特别地，如果$o=0$且$\phi(t)=t$，则$c_{kh}(w,v)=\overline{c}_{kh}(w,v)=w^t\left(x^h(v)-x^k(v)\right)$，此时$\gamma_k$，$\delta_k$，$\beta_k$和$\alpha_k$分别退化为$\overline{\gamma}_k$，$\overline{\delta}_k$，$\overline{\beta}_k$和$\overline{\alpha}_k$：

$$\overline{\gamma}_k=\max_{v\in V}\max_{w\in W}\max_{h\in M\setminus k}\overline{c}_{kh}(w,v),\overline{\delta}_k=\min_{v\in V}\max_{w\in W}\max_{h\in M\setminus k}\overline{c}_{kh}(w,v)$$

$$\bar{\beta}_k=\max_{v\in V}\min_{w\in W}\max_{h\in M\setminus k}\bar{c}_{kh}\left(\boldsymbol{w},\boldsymbol{v}\right),\bar{\alpha}_k=\min_{v\in V}\min_{w\in W}\max_{h\in M\setminus k}\bar{c}_{kh}\left(\boldsymbol{w},\boldsymbol{v}\right)$$

基于 $\bar{\gamma}_k$，$\bar{\delta}_k$，$\bar{\beta}_k$ 和 $\bar{\alpha}_k$，我们给出下面的定义。

定义 3.5　如果 $\bar{\gamma}_k\leqslant 0$，则方案 x_k 为 $0-\mathrm{SRO}$，如果 $\bar{\delta}_k\leqslant 0$，则方案 x_k 为 $0-\mathrm{WRO}$; 如果 $\bar{\beta}_k\leqslant 0$，则方案 x_k 为 $0-\mathrm{SPO}$; 如果 $\bar{\alpha}_k\leqslant 0$，则方案 x_k 为 $0-\mathrm{WPO}$。

Wang[46]定义如果 $\hat{\gamma}_k=\max\limits_{v\in V}\max\limits_{w\in W}\max\limits_{h\in M}\bar{c}_{kh}\left(\boldsymbol{w},\boldsymbol{v}\right)=0$，则方案 x_k 为 SRO。Wei 等[47]定义如果 $\hat{\delta}_k=\min\limits_{v\in V}\max\limits_{w\in W}\max\limits_{h\in M}\bar{c}_{kh}\left(\boldsymbol{w},\boldsymbol{v}\right)=0$，则方案 x_k 为 WRO。Park[44]定义如果 $\hat{\beta}_k=\max\limits_{v\in V}\min\limits_{w\in W}\max\limits_{h\in M}\bar{c}_{kh}\left(\boldsymbol{w},\boldsymbol{v}\right)=0$，则方案 x_k 为 SPO；Eum 等[45]定义如果 $\hat{\alpha}_k=\min\limits_{v\in V}\min\limits_{w\in W}\max\limits_{h\in M}\bar{c}_{kh}\left(\boldsymbol{w},\boldsymbol{v}\right)=0$，则方案 x_k 为 WPO。

设 $o=0$ 和 $\phi(t)=t$，通过比较 $\bar{\alpha}_k$ 和 $\hat{\alpha}_k$，$\bar{\beta}_k$ 和 $\hat{\beta}_k$，$\bar{\gamma}_k$ 和 $\hat{\gamma}_k$，$\bar{\delta}_k$ 和 $\hat{\delta}_k$，可以发现：相对于 $\hat{\alpha}_k$，$\hat{\beta}_k$，$\hat{\gamma}_k$ 和 $\hat{\delta}_k$，$\bar{\alpha}_k$，$\bar{\beta}_k$，$\bar{\gamma}_k$ 和 $\bar{\delta}_k$ 可以给出更好的结果。设 $\bar{\gamma}_1=-0.1$ 和 $\bar{\gamma}_2=-0.3$，则方案 x_1 和 x_2 为 $o-\mathrm{SRO}$，方案 x_2 优于方案 x_1。但是 $\hat{\gamma}_1=\hat{\gamma}_2=0$，这意味着方案 x_1 和 x_2 均为 SRO，但是不能进一步区分哪个方案较优。同时 $\hat{\alpha}_k$，$\hat{\beta}_k$，$\hat{\gamma}_k$ 和 $\hat{\delta}_k$ 仅基于衡量方案的相对值，而 $\bar{\alpha}_k$　$\bar{\beta}_k$　$\bar{\gamma}_k$ 和 $\bar{\delta}_k$ 可以从多角度衡量方案的相对值。$\bar{\gamma}_k$，$\bar{\delta}_k$，$\bar{\beta}_k$，$\bar{\alpha}_k$，$\hat{\gamma}_k$，$\hat{\delta}_k$，$\hat{\beta}_k$ 和 $\hat{\alpha}_k$ 之间的关系可以描述如下：$\bar{\gamma}_k\leqslant\hat{\gamma}_k$，$\bar{\delta}_k\leqslant\hat{\delta}_k$，$\bar{\beta}_k\leqslant\hat{\beta}_k$，$\bar{\alpha}_k\leqslant\hat{\alpha}_k$，因此可以给出如下定理。

定理 3.1　$\bar{\gamma}_k\leqslant 0$ 当且仅当 $\hat{\gamma}_k=0$；$\bar{\delta}_k\leqslant 0$ 当且仅当 $\hat{\delta}_k=0$；$\bar{\beta}_k\leqslant 0$ 当且仅当 $\hat{\beta}_k=0$；$\bar{\alpha}_k\leqslant 0$ 当且仅当 $\hat{\alpha}_k=0$。

证明：如果 $\bar{\gamma}_k\leqslant 0$，则 $\max\limits_{v\in V}\max\limits_{w\in W}\max\limits_{h\in M\setminus k}\bar{c}_{kh}\left(\boldsymbol{w},\boldsymbol{v}\right)\leqslant 0$，因此，$\hat{\gamma}_k=\max\limits_{v\in V}\max\limits_{w\in W}\max\limits_{h\in M}c_{kh}\left(\boldsymbol{w},\boldsymbol{v}\right)=0$；如果 $\hat{\gamma}_k=0$，则 $\max\limits_{v\in V}\max\limits_{w\in W}\max\limits_{h\in M}\bar{c}_{kh}\left(\boldsymbol{w},\boldsymbol{v}\right)=0$，因此，$\bar{\gamma}_k=\max\limits_{v\in V}\max\limits_{w\in W}\max\limits_{h\in M\setminus k}c_{kh}\left(\boldsymbol{w},\boldsymbol{v}\right)\leqslant 0$。类似地，其他式子也可以证明。

基于定理 3.1 可得如下推论。

推论 3.1　如果 $\bar{\gamma}_k\leqslant 0$，则方案 x_k 为 SRO；如果 $\bar{\delta}_k\leqslant 0$，则方案 x_k 为 WRO；如果 $\bar{\beta}_k\leqslant 0$，则方案 x_k 为 SPO；如果 $\bar{\alpha}_k\leqslant 0$，则方案 x_k 为 WPO。

定理 3.1 和推论 3.1 指出相对于 $\hat{\gamma}_k$，$\hat{\delta}_k$，$\hat{\beta}_k$ 和 $\hat{\alpha}_k$，$\bar{\gamma}_k$，$\bar{\delta}_k$，$\bar{\beta}_k$ 和 $\bar{\alpha}_k$ 的区分度更好。

为了计算参数 α_k，β_k，γ_k 和 δ_k 的值，我们给出如下定理。

定理 3.2　设 $\gamma_{kh}=\max\limits_{v\in V}\max\limits_{w\in W}c_{kh}\left(\boldsymbol{w},\boldsymbol{v}\right)$，$\delta_{kh}=\min\limits_{v\in V}\max\limits_{w\in W}c_{kh}\left(\boldsymbol{w},\boldsymbol{v}\right)$，$\beta_{kh}=\max\limits_{v\in V}\min\limits_{w\in W}$

$c_{kh}\left(\boldsymbol{w},\boldsymbol{v}\right)$ 和 $\alpha_{kh}=\min\limits_{\boldsymbol{v}\in V}\min\limits_{\boldsymbol{w}\in W}c_{kh}\left(\boldsymbol{w},\boldsymbol{v}\right)$，则 $\gamma_k=\max\limits_{h\in M\setminus k}\gamma_{kh}$，$\delta_k=\max\limits_{h\in M\setminus k}\delta_{kh}$，$\beta_k=\max\limits_{h\in M\setminus k}\beta_{kh}$ 和 $\alpha_k=\max\limits_{h\in M\setminus k}\alpha_{kh}$。

证明：不失一般性，假设存在两种情形 $\left(\boldsymbol{w}^*,\boldsymbol{v}^*\right)$ 和 $\left(\boldsymbol{w}',\boldsymbol{v}'\right)$，两个方案 x_i 和 x_d 满足条件 $\gamma_k=c_{ki}\left(\boldsymbol{w}^*,\boldsymbol{v}^*\right)$ 和 $\max\limits_{h\in M}\gamma_{kh}=c_{kd}\left(\boldsymbol{w}',\boldsymbol{v}'\right)$。则 $\gamma_k\leqslant\max\limits_{\boldsymbol{w}\in W,\boldsymbol{v}\in V}c_{ki}\left(\boldsymbol{w},\boldsymbol{v}\right)=\gamma_{kh}\leqslant\max\limits_{h\in M}\gamma_{kh}$，且 $\max\limits_{h\in M}\gamma_{kh}\leqslant\max\limits_{\boldsymbol{w}\in W,\boldsymbol{v}\in V}c_{ki}\left(\boldsymbol{w},\boldsymbol{v}\right)\leqslant\max\limits_{\boldsymbol{w}\in W,\boldsymbol{v}\in V}\max\limits_{h\in M}c_{kh}\left(\boldsymbol{w},\boldsymbol{v}\right)=\gamma_k$，因此 $\gamma_k=\max\limits_{i\in M}\gamma_{ki}$。

由于 $\delta_k=\min\limits_{\boldsymbol{v}\in V}\max\limits_{\boldsymbol{w}\in W}\max\limits_{h\in M\setminus k}c_{kh}\left(\boldsymbol{w},\boldsymbol{v}\right)$ 和 $\delta_k\geqslant\min\limits_{\boldsymbol{v}\in V}\max\limits_{\boldsymbol{w}\in W}c_{kh}\left(\boldsymbol{w},\boldsymbol{v}\right)=\delta_{kh}$ 对任意 $h\in M$ 成立，则 $\delta_k\geqslant\max\limits_{h\in M}\delta_{kh}$。假设 $\delta_k=\min\limits_{\boldsymbol{v}\in V}\max\limits_{\boldsymbol{w}\in W}c_{ki}\left(\boldsymbol{w},\boldsymbol{v}\right)$，则 $\delta_k\leqslant\max\limits_{h\in M\setminus k}\min\limits_{\boldsymbol{v}\in V}\max\limits_{\boldsymbol{w}\in W}c_{kh}\left(\boldsymbol{w},\boldsymbol{v}\right)=\max\limits_{h\in M\setminus k}\delta_{kh}$，因此 $\delta_k=\max\limits_{h\in M\setminus k}\delta_{kh}$。

由于 $\beta_k=\max\limits_{\boldsymbol{v}\in V}\min\limits_{\boldsymbol{w}\in W}\max\limits_{h\in M}c_{kh}\left(\boldsymbol{w},\boldsymbol{v}\right)$，则 $\beta_k\geqslant\max\limits_{\boldsymbol{v}\in V}\min\limits_{\boldsymbol{w}\in W}c_{kh}\left(\boldsymbol{w},\boldsymbol{v}\right)=\beta_{kh}$，$h\in M$，则 $\beta_k\geqslant\max\limits_{h\in M\setminus k}\beta_{kh}$。假设 $\beta_k=\max\limits_{\boldsymbol{v}\in V}\min\limits_{\boldsymbol{w}\in W}c_{ki}\left(\boldsymbol{w},\boldsymbol{v}\right)$，则 $\beta_k\leqslant\max\limits_{h\in M\setminus k}\max\limits_{\boldsymbol{v}\in V}\min\limits_{\boldsymbol{w}\in W}c_{kh}\left(\boldsymbol{w},\boldsymbol{v}\right)=\max\limits_{h\in M\setminus k}\beta_{kh}$，因此 $\beta_k=\max\limits_{h\in M\setminus k}\beta_{kh}$。

设 $\alpha_k=\min\limits_{\boldsymbol{v}\in V}\min\limits_{\boldsymbol{w}\in W}\max\limits_{h\in M\setminus k}c_{kh}\left(\boldsymbol{w},\boldsymbol{v}\right)=\min\limits_{\boldsymbol{v}\in V}\min\limits_{\boldsymbol{w}\in W}c_{kh'}\left(\boldsymbol{w},\boldsymbol{v}\right)$，则 $\alpha_k\geqslant\max\limits_{h\in M\setminus k}\alpha_{kh}$，对所有 h，下面不等式成立：

$$\alpha_k=\min_{\boldsymbol{v}\in V}\min_{\boldsymbol{w}\in W}\max_{h\in M\setminus k}c_{kh}\left(\boldsymbol{w},\boldsymbol{v}\right)\geqslant\min_{\boldsymbol{v}\in V}\min_{\boldsymbol{w}\in W}c_{kh}\left(\boldsymbol{w},\boldsymbol{v}\right)=\alpha_{kh}$$

另外

$$\max_{h\in M}\alpha_{kh}=\max_{h\in M\setminus k}\min_{\boldsymbol{v}\in V}\min_{\boldsymbol{w}\in W}c_{kh}\left(\boldsymbol{w},\boldsymbol{v}\right)\geqslant\min_{\boldsymbol{v}\in V}\min_{\boldsymbol{w}\in W}c_{kh'}\left(\boldsymbol{w},\boldsymbol{v}\right)=\alpha_k$$

因此 $\alpha_k=\min\limits_{h\in M\setminus k}\alpha_{kh}$。

定理 3.2 指出如果最优化的顺序发生变化，则最终的最优化结果不会发生变化，这一发现提供给我们求解参数 γ_k，δ_k，β_k 和 α_k 的一个新思路，为求解 γ_{kh}，我们给出下面的模型：

$$\begin{aligned}&\gamma_{kh}=\max_{\boldsymbol{v}\in V,\boldsymbol{w}\in W}\phi\left(\boldsymbol{w}^{\mathrm{T}}\left(\phi^{-1}\left(x^h\left(\boldsymbol{v}\right)\right)-\phi^{-1}\left(x^k\left(\boldsymbol{v}\right)\right)\right)\right),h\in M\setminus k \qquad (\text{MOD } 3-1)\\&\text{s.t. } \boldsymbol{A}\boldsymbol{w}\leqslant a,\ B_jx_j\leqslant b_j,\ j=1,2,\cdots,n\end{aligned}$$

类似地，α_{kh} 可以由下面的模型求出：

$$\alpha_{kh} = \min_{v\in V, w\in W} \phi\left(\boldsymbol{w}^{\mathrm{T}}\left(\phi^{-1}\left(x^{h}\left(\boldsymbol{v}\right)\right)-\phi^{-1}\left(x^{k}\left(\boldsymbol{v}\right)\right)\right)\right), h\in M\setminus k \quad \text{(MOD 3-2)}$$

$$\text{s.t. } \boldsymbol{Aw}\leqslant a, B_j x_j\leqslant b_j, j=1,2,\cdots,n$$

为了求解 δ_{kh}，我们给出下面的模型：

$$\delta_{kh} = \min_{v\in V}\max_{w\in W} \phi\left(\boldsymbol{w}^{\mathrm{T}}\left(\phi^{-1}\left(x^{h}\left(\boldsymbol{v}\right)\right)-\phi^{-1}\left(x^{k}\left(\boldsymbol{v}\right)\right)\right)\right), h\in M\setminus k \quad \text{(MOD 3-3)}$$

$$\text{s.t. } \boldsymbol{Aw}\leqslant a, B_j x_j\leqslant b_j, j=1,2,\cdots,n$$

先考虑下面的模型：

$$\delta'_{kh} = \max_{w\in W} \phi\left(\boldsymbol{w}^{\mathrm{T}}\left(\phi^{-1}\left(x^{h}\left(\boldsymbol{v}\right)\right)-\phi^{-1}\left(x^{k}\left(\boldsymbol{v}\right)\right)\right)\right), h\in M\setminus k \quad \text{(MOD 3-4)}$$

$$\text{s.t. } \boldsymbol{Aw}\leqslant a$$

和

$$d'_{kh} = \min_{\lambda} \phi\left(\boldsymbol{a}^{\mathrm{T}}\boldsymbol{\lambda}\right), h\in M\setminus k \quad \text{(MOD 3-5)}$$

$$\text{s.t. } \boldsymbol{A}^{\mathrm{T}}\boldsymbol{\lambda}\geqslant \phi^{-1}\left(x^{h}\left(\boldsymbol{v}\right)\right)-\phi^{-1}\left(x^{k}\left(\boldsymbol{v}\right)\right)$$

其中 $\boldsymbol{\lambda}=\left(\lambda_1,\lambda_2,\cdots,\lambda_p\right)^{\mathrm{T}}$ 为具有 p 个分支的向量（意味着权重向量 $\boldsymbol{w}$ 具有 p 个约束分量）。

则 δ_{kh} 可由下面的模型求解：

$$\delta_{kh} = \min_{\lambda} \phi\left(\boldsymbol{a}^{\mathrm{T}}\boldsymbol{\lambda}\right), h\in M\setminus k \quad \text{(MOD 3-6)}$$

$$\text{s.t. } \boldsymbol{A}^{\mathrm{T}}\boldsymbol{\lambda}\geqslant \phi^{-1}\left(x^{h}\left(\boldsymbol{v}\right)\right)-\phi^{-1}\left(x^{k}\left(\boldsymbol{v}\right)\right), B_j x_j\leqslant b_j, j=1,2,\cdots,n$$

其中 $\boldsymbol{\lambda}=\left(\lambda_1,\lambda_2,\cdots,\lambda_p\right)^{\mathrm{T}}$ 为之前定义的。

类似于 δ_{kh}，可以用下面的模型求解 β_{kh}：

$$\beta_{kh} = \min_{\lambda} \phi\left(-\boldsymbol{a}^{\mathrm{T}}\boldsymbol{\lambda}\right), h\in M\setminus k \quad \text{(MOD 3-7)}$$

$$\text{s.t. } \boldsymbol{A}^{\mathrm{T}}\boldsymbol{\lambda}\geqslant \phi^{-1}\left(x^{h}\left(\boldsymbol{v}\right)\right)-\phi^{-1}\left(x^{k}\left(\boldsymbol{v}\right)\right), B_j x_j\leqslant b_j, j=1,2,\cdots,n$$

其中 $\boldsymbol{\lambda}=\left(\lambda_1,\lambda_2,\cdots,\lambda_p\right)^{\mathrm{T}}$ 为之前定义的。

模型（MOD 3－1）～（MOD 3－7）为线性规划模型，可以用 Lingo 或 Matlab 求解。

对于多属性决策问题，可能存在多个方案为 o －SRO，o －WRO，o －SPO 或

o −WPO，也可能没有方案为 o −SRO，o −WRO 或 o −SPO，但是存在具有最优值的方案，因此给出下面的定义。

定义 3.6　如果 $\gamma_k = \min_{h\in M} \gamma_h$，则称方案 x_k 为 o −绝对强鲁棒最优（o −ASRO）；如果 $\delta_k = \min_{h\in M} \delta_h$，则称 x_k 为 o −绝对弱鲁棒最优（o −AWRO）；如果 $\beta_k = \min_{h\in M} \beta_h$，则方案 x_k 为 o −绝对强潜在最优（o −ASPO）；如果 $\alpha_k = \max_{h\in M} \alpha_h$，则方案 x_k 为 o −绝对弱潜在最优（o −AWPO）。

定理 3.3　如果方案 x_k 为 o −ASRO，o −AWRO，o −ASPO 和 o −AWPO，则其为 o −不被占优方案。

证明：假设方案 x_k 为 o −ASRO 且被方案 x_h 占优，则对任意 $\boldsymbol{w} \in W$，$\boldsymbol{v} \in V$，$\gamma_k = \min_{g\in M} \gamma_g$ 和 $c_{kh}(\boldsymbol{w},\boldsymbol{v}) > o$ 成立，即 $\forall m \in M$，式子 $c_{km}(\boldsymbol{w},\boldsymbol{v}) > c_{hm}(\boldsymbol{w},\boldsymbol{v})$ 成立。设 $\gamma_k = c_{ki}(\boldsymbol{w}^*,\boldsymbol{v}^*)$ 和 $\gamma_h = c_{hq}(\boldsymbol{w}',\boldsymbol{v}')$，其中 x_i 和 x_q 不一样。则 $\gamma_k \geqslant c_{kq}(\boldsymbol{w}^*,\boldsymbol{v}^*) > c_{kq}(\boldsymbol{w}',\boldsymbol{v}') > c_{kq}(\boldsymbol{w}',\boldsymbol{v}') = \gamma_h$，与方案 x_k 为 o −ASRO 的假设相矛盾。因此，为 o −ASRO 的方案是 o −不被占优的。类似地，可以证明为 o −AWRO，o −ASPO 和 o −AWPO 的方案也是 o −不被占优的。

Park[44]给出一个例子，一家小型企业对 5 个 ERP 系统进行评估后做出采定，我们用这个例子来演示所给出的方法。

例 3.1　5 个 ERP 系统被认为是备选方案：SMERP (x_1)、Dezone (x_2)、Kweb (x_3)、Single（x_4)和 UniR（x_5)。这些方案由四个属性进行评估：成本(c_1)、供应商支持(c_2)、功能(c_3)和使用便利性(c_4)。c_1 的值是精确的，c_2 的值是序数关系，c_3 的值用区间值表示，c_4 的值是精确值和区间值的混合。方案的评价信息见表 3−2。

表 3−2　方案的评价信息

方案	c_1	c_2	c_3	c_4
x_1	0.8	1st	[0.5,0.75]	1
x_2	1	3rd	[0,0.25]	1
x_3	0.4	4th	[0.75,1]	[0.7,0.8]
x_4	0.4	5th	[0.5,0.75]	1
x_5	0	1st	1	0

表 3-2 的信息可以用以下形式表示：

V_1：$\{v_{11}=0.8; v_{21}=1; v_{31}=v_{41}=0.4; v_{51}=0\}$；

V_2：$\{v_{12}=v_{52}=1; v_{21}-v_{22}\geqslant\varepsilon; v_{22}-v_{32}\geqslant\varepsilon; v_{32}-v_{42}\geqslant\varepsilon; v_{42}=0\}$；

V_3：$\{0.5\leqslant v_{13}\leqslant 0.75; 0\leqslant v_{23}\leqslant 0.25; 0.75\leqslant v_{33}\leqslant 1; 0.5\leqslant v_{43}\leqslant 0.75; v_{53}=1\}$；

V_4：$\{v_{14}=v_{24}=v_{44}=1; 0.7\leqslant v_{34}\leqslant 0.8; v_{54}=0\}$。

这里需要指出的是，如果 $v_{ij}=0$，则除法没有意义，为了避免这样的情况，可以将上面的评价信息表示为下面的形式：

V_1：$\{v_{11}=0.8; v_{21}=1-\rho; v_{31}=v_{41}=0.4; v_{51}=\rho\}$；

V_2：$\{v_{12}=v_{52}=1-\rho; v_{21}-v_{22}\geqslant\varepsilon; v_{22}-v_{32}\geqslant\varepsilon; v_{32}-v_{42}\geqslant\varepsilon; v_{42}=\rho\}$；

V_3：$\{0.5\leqslant v_{13}\leqslant 0.75; 0\leqslant v_{23}\leqslant 0.25; 0.75\leqslant v_{33}\leqslant 1-\rho; 0.5\leqslant v_{43}\leqslant 0.75; v_{53}=1-\rho\}$；

V_4：$\{v_{14}=v_{24}=v_{44}=1-\rho; 0.7\leqslant v_{34}\leqslant 0.8; v_{54}=\rho\}$。

其中 ρ 为一个无限小的数字，这里令 $\rho=0.00001$。

属性的权重信息可以表示为

$$w_1\geqslant w_2\geqslant w_3\geqslant w_4,\ w_1-w_2\leqslant w_2-w_3,\ w_2-w_3\leqslant w_3-w_4$$

设 $\phi(t)=t$，由（MOD 3-1）～（MOD 3-7）计算 α_k，β_k，δ_k 和 γ_k 的值，结果见表 3-3。以 β_k 为例，可以构建以下模型：

$$
\begin{aligned}
&\beta_{kh}=\max_{v\in V}\min_{w\in W}\phi\left(\boldsymbol{w}^{\mathrm{T}}\left(\phi^{-1}\left(x^h(\boldsymbol{v})\right)-\phi^{-1}\left(x^k(\boldsymbol{v})\right)\right)\right), h\neq k\\
&\text{s.t. } \boldsymbol{A}\boldsymbol{w}\leqslant a, B_j x_j\leqslant b_j, j=1,2,\cdots,n\\
&\qquad w_1\geqslant w_2\geqslant w_3\geqslant w_4, w_1-w_2\leqslant w_2-w_3\\
&\qquad w_2-w_3\leqslant w_3-w_4, w_1+w_2+w_3+w_4=1\\
&\qquad v_{11}=0.8, v_{21}=1-\rho, v_{31}=v_{41}=0.4, v_{51}=\rho\\
&\qquad v_{12}=v_{52}=1-\rho, v_{21}-v_{22}\geqslant\varepsilon, v_{22}-v_{32}\geqslant\varepsilon, v_{32}-v_{42}\geqslant\varepsilon, v_{42}=\rho\\
&\qquad 0.5\leqslant v_{13}\leqslant 0.75, 0\leqslant v_{23}\leqslant 0.25, 0.75\leqslant v_{33}\leqslant 1-\rho, 0.5\leqslant v_{43}\leqslant 0.75\\
&\qquad v_{53}=1-\rho, v_{14}=v_{24}=v_{44}=1-\rho, 0.7\leqslant v_{34}\leqslant 0.8, v_{54}=\rho
\end{aligned}
$$

考虑下面的模型：

$$
\begin{aligned}
&\beta'_{kh}=\min_{w\in W}\phi\left(\boldsymbol{w}^{\mathrm{T}}\left(\phi^{-1}\left(x^h(\boldsymbol{v})\right)-\phi^{-1}\left(x^k(\boldsymbol{v})\right)\right)\right), h\neq k\\
&\text{s.t. } \boldsymbol{A}\boldsymbol{w}\leqslant a, B_j x_j\leqslant b_j, j=1,2,\cdots,n
\end{aligned}
$$

$$w_1 \geqslant w_2 \geqslant w_3 \geqslant w_4, w_1 - w_2 \leqslant w_2 - w_3$$

$$w_2 - w_3 \leqslant w_3 - w_4, w_1 + w_2 + w_3 + w_4 = 1$$

它的对偶模型可以表示为

$$b'_{kh} = \max_{\lambda_q, q=1,2,\cdots,7} \boldsymbol{a}^{\mathrm{T}}\boldsymbol{\lambda}, h = 1,2,3,4,5, h \neq k$$

$$\begin{aligned}
\text{s.t} -\lambda_1 + \lambda_4 + \lambda_6 - \lambda_7 &\geqslant \phi^{-1}(\boldsymbol{v}_{h1}) - \phi^{-1}(\boldsymbol{v}_{k1}) \\
\lambda_1 - \lambda_2 - 2\lambda_4 - \lambda_5 + \lambda_6 - \lambda_7 &\geqslant \phi^{-1}(\boldsymbol{v}_{h2}) - \phi^{-1}(\boldsymbol{v}_{k2}) \\
\lambda_2 - \lambda_3 + \lambda_4 + 2\lambda_5 + \lambda_6 - \lambda_7 &\geqslant \phi^{-1}(\boldsymbol{v}_{h3}) - \phi^{-1}(\boldsymbol{v}_{k3}) \\
\lambda_3 - \lambda_5 + \lambda_6 - \lambda_7 &\geqslant \phi^{-1}(\boldsymbol{v}_{h4}) - \phi^{-1}(\boldsymbol{v}_{k4}) \\
\lambda_q &\geqslant 0, q = 1,2,\cdots,7
\end{aligned}$$

因此

$$\beta_{kh} = \max_{\lambda_q, q=1,2,\cdots,7} \phi\left(\boldsymbol{a}^{\mathrm{T}}\boldsymbol{\lambda}\right), h = 1,2,3,4,5, h \neq k$$

$$\begin{aligned}
\text{s.t} \quad -\lambda_1 + \lambda_4 + \lambda_6 - \lambda_7 &\geqslant \phi^{-1}(v_{h1}) - \phi^{-1}(v_{k1}) \\
\lambda_1 - \lambda_2 - 2\lambda_4 - \lambda_5 + \lambda_6 - \lambda_7 &\geqslant \phi^{-1}(v_{h2}) - \phi^{-1}(v_{k2}) \\
\lambda_2 - \lambda_3 + \lambda_4 + 2\lambda_5 + \lambda_6 - \lambda_7 &\geqslant \phi^{-1}(v_{h3}) - \phi^{-1}(v_{k3}) \\
\lambda_3 - \lambda_5 + \lambda_6 - \lambda_7 &\geqslant \phi^{-1}(v_{h4}) - \phi^{-1}(v_{k4}) \\
\lambda_q &\geqslant 0, q = 1,2,\cdots,7 \\
v_{11} = 0.8, v_{21} = 1-\rho, v_{31} &= v_{41} = 0.4, v_{51} = \rho \\
v_{12} = v_{52} = 1-\rho, v_{21} - v_{22} &\geqslant \varepsilon, v_{22} - v_{32} \geqslant \varepsilon, v_{32} - v_{42} \geqslant \varepsilon, v_{42} = \rho \\
0.5 \leqslant v_{13} \leqslant 0.75, 0 \leqslant v_{23} &\leqslant 0.25, 0.75 \leqslant v_{33} \leqslant 1-\rho, 0.5 \leqslant v_{43} \leqslant 0.75 \\
v_{53} = 1-\rho, v_{14} = v_{24} = v_{44} &= 1-\rho, 0.7 \leqslant v_{34} \leqslant 0.8, v_{54} = \rho
\end{aligned}$$

上述模型可以通过 Lingo 或 Matlab 进行求解。其他参数的值也可以用类似的方法得到。

用 Park[44]，Eum 等[45]，Wang[46]和 Wei 等[47]给出的方法计算的 $\hat{\alpha}_k$，$\hat{\beta}_k$，$\hat{\delta}_k$ 和 $\hat{\gamma}_k$ 的值的结果见表 3－4。通过比较表 3－3 和表 3－4，可以发现表 3－3 可以给出一个明确的方案排序，而表 3－4 有时却不能。例如，根据表 3－4 中 $\hat{\alpha}_k$ 的值，我们只知道方案 x_1 和 x_2 比其他方案好，但很难确定 x_1 和 x_2 哪个更好。根据表 3.3 中 α_k

的值，可以确定 x_1 比 x_2 好。

表 3-3　当 $\phi(t)=t$ 时方案的相对值 1

方案	α_k		β_k		δ_k		γ_k	
	$\varepsilon=0$	$\varepsilon=0.1$	$\varepsilon=0$	$\varepsilon=0.1$	$\varepsilon=0$	$\varepsilon=0.1$	$\varepsilon=0$	$\varepsilon=0.1$
x_1	-0.47	-0.39	-0.037 5	-0.012 5	-0.2	-0.133 3	0.133 3	0.1
x_2	-0.133 3	-0.1	0.2	0.133	0.012 5	0.037 5	0.47	0.39
x_3	0.025	0.075	0.425	0.4	0.4	0.433	0.8	0.7
x_4	0.287 5	0.287 5	0.412 5	0.412 5	0.7	0.7	0.8	0.75
x_5	0.22	0.22	0.27	0.27	0.533	0.533	0.667	0.633

表 3-4　当 $\phi(t)=t$ 时方案的相对值 2

方案	$\hat{\alpha}_k$		$\hat{\beta}_k$		$\hat{\delta}_k$		$\hat{\gamma}_k$	
	$\varepsilon=0$	$\varepsilon=0.1$	$\varepsilon=0$	$\varepsilon=0.1$	$\varepsilon=0$	$\varepsilon=0.1$	$\varepsilon=0$	$\varepsilon=0.1$
x_1	0	0	0	0	0	0	0.133 3	0.1
x_2	0	0	0.2	0.133	0.012 5	0.037 5	0.47	0.39
x_3	0.025	0.075	0.425	0.4	0.4	0.433	0.8	0.7
x_4	0.287 5	0.287 5	0.412 5	0.412 5	0.7	0.7	0.8	0.75
x_5	0.22	0.22	0.27	0.27	0.533	0.533	0.667	0.633

设 $\phi(t)=e^t$ 和 $\phi(t)=\frac{e^t}{1+e^t}$，计算结果见表 3-5 和表 3-6，基于此，最优方案的结果见表 3-7。需要指出的是，对于 $\phi(t)=t$，$\phi(t)=e^t$，方案 x_1 是 o-WPO，o-AWPO，o-SPO，o-ASPO，o-WRO，o-AWRO，o-ASRO，而方案 x_2 是 WPO。如果 $\phi(t)=\frac{e^t}{1+e^t}$，当 $\varepsilon=0$ 时，x_1 是 o-WPO，o-AWPO，o-ASRO；当 $\varepsilon=0.1$ 时，x_1 是 o-SPO，o-WPO，o-AWPO，o-ASRO；当 $\varepsilon=0$ 时，x_2 是 o-ASPO，o-WPO，o-WRO，o-AWRO；当 $\varepsilon=0.1$ 时，x_2 是 o-SPO，o-ASPO，

o –WPO，o –AWRO；当 $\varepsilon=0$ 时，x_3 是 o –WPO。方案的排序见表 3–8。

表 3–5　当 $\phi(t)=\mathrm{e}^t$ 时方案的相对值

方案	α_k		β_k		δ_k		γ_k	
	$\varepsilon=0$	$\varepsilon=0.1$	$\varepsilon=0$	$\varepsilon=0.1$	$\varepsilon=0$	$\varepsilon=0.1$	$\varepsilon=0$	$\varepsilon=0.1$
x_1	0.002 2	0.223 6	0.889 1	0.866 0	0.042 7	0.678 6	1.160 4	1.120 3
x_2	0.861 8	0.892 6	40.000 0	1.473 6	1.124 7	1.154 7	863.472 0	23.403 1
x_3	1.057 4	1.118 0	23.119 7	2.311 9	1.842 0	1.915 8	500	4.743 1
x_4	19.108 8	19.108 8	23.403 4	23.403 4	447.211 7	447.211 4	500	447.211 4
x_5	79.621 6	79.621 6	86.323 2	86.323 2	1 865.156	1 856.636	2 154.420	1 856.636

表 3–6　当 $\phi(t)=\dfrac{\mathrm{e}^t}{1+\mathrm{e}^t}$ 时方案的相对值

方案	α_k		β_k		δ_k		γ_k	
	$\varepsilon=0$	$\varepsilon=0.1$	$\varepsilon=0$	$\varepsilon=0.1$	$\varepsilon=0$	$\varepsilon=0.1$	$\varepsilon=0$	$\varepsilon=0.1$
x_1	0.000 2	0.020 9	0.904 8	0.482 0	0.873 0	0.909 8	0.998 8	0.974 6
x_2	0.001 1	0.025 4	0.631 6	0.083 4	0.011 4	0.519 2	0.999 5	0.979 1
x_3	0.439 0	0.913 1	1.000 0	0.997 8	0.767 4	1.000 0	1.000 0	1.000 0
x_4	0.997 3	0.997 3	1.000 0	1.000 0	1.000 0	1.000 0	1.000 0	1.000 0
x_5	0.945 7	0.945 7	0.955 9	1.000 0	1.000 0	1.000 0	1.000 0	1.000 0

表 3–7　潜在的最优方案和鲁棒的最优方案

$\phi(t)$	方案	ε	β_k		α_k		γ_k		δ_k	
			o–SPO	o–ASPO	o–WPO	o–AWPO	o–SRO	o–ASRO	o–WRO	o–AWRO
t	x_1	0	√	√	√	√		√	√	√
		0.1	√	√	√	√		√	√	√
	x_2	0			√					
		0.1			√					

续表

$\phi(t)$	方案	ε	β_k		α_k		γ_k		δ_k	
			o–SPO	o–ASPO	o–WPO	o–AWPO	o–SRO	o–ASRO	o–WRO	o–AWRO
e^t	x_1	0	√	√	√	√		√	√	√
		0.1	√	√	√	√		√	√	√
	x_2	0			√					
		0.1			√					
$\frac{e^t}{1+e^t}$	x_1	0			√	√		√		
		0.1	√		√	√		√		
	x_2	0		√	√				√	√
		0.1	√	√	√					√
	x_3	0			√					
		0.1								

表 3–8 方案的排序

方案 相对值	ε	$\phi(t)=t$	$\phi(t)=e^t$	$\phi(t)=\frac{e^t}{1+e^t}$
α_k	0	$x_1 \succeq x_2 \succeq x_3 \succeq x_5 \succeq x_4$	$x_1 \succeq x_2 \succeq x_3 \succeq x_4 \succeq x_5$	$x_1 \succeq x_2 \succeq x_3 \succeq x_5 \succeq x_4$
	0.1	$x_1 \succeq x_2 \succeq x_3 \succeq x_5 \succeq x_4$	$x_1 \succeq x_2 \succeq x_3 \succeq x_4 \succeq x_5$	$x_1 \succeq x_2 \succeq x_3 \succeq x_4 \succeq x_5$
β_k	0	$x_1 \succeq x_2 \succeq x_3 \succeq x_5 \succeq x_4$	$x_1 \succeq x_3 \succeq x_4 \succeq x_2 \succeq x_5$	$x_2 \succeq x_1 \succeq x_5 \succeq x_3 \sim x_5$
	0.1	$x_1 \succeq x_2 \succeq x_5 \succeq x_4 \succeq x_3$	$x_1 \succeq x_2 \succeq x_3 \succeq x_4 \succeq x_5$	$x_2 \succeq x_1 \succeq x_3 \succeq x_4 \sim x_5$
δ_k	0	$x_1 \succeq x_2 \succeq x_3 \succeq x_5 \succeq x_4$	$x_1 \succeq x_2 \succeq x_3 \succeq x_4 \succeq x_5$	$x_2 \succeq x_3 \succeq x_1 \succeq x_4 \sim x_5$
	0.1	$x_1 \succeq x_2 \succeq x_3 \succeq x_5 \succeq x_4$	$x_1 \succeq x_2 \succeq x_3 \succeq x_4 \succeq x_5$	$x_2 \succeq x_1 \succeq x_3 \sim x_4 \sim x_5$
γ_k	0	$x_1 \succeq x_2 \succeq x_5 \succeq x_4 \sim x_3$	$x_1 \succeq x_3 \sim x_4 \succeq x_2 \succeq x_5$	$x_1 \succeq x_2 \succeq x_3 \sim x_4 \sim x_5$
	0.1	$x_1 \succeq x_2 \succeq x_5 \succeq x_3 \succeq x_4$	$x_1 \succeq x_3 \succeq x_2 \succeq x_4 \succeq x_5$	$x_1 \succeq x_2 \succeq x_3 \sim x_4 \sim x_5$

有时决策者不仅需要找到最优的方案，还需要识别最差的方案。例如，当一个公司想要惩罚公司中表现最差的员工时，那么就应该找出表现最差的员工。下面我们给出识别最差方案的方法。

设 $c_{kh}(\boldsymbol{w},\boldsymbol{v})=\phi\left(\boldsymbol{w}^{\mathrm{T}}\left(\phi^{-1}\left(x^h(\boldsymbol{v})\right)-\phi^{-1}\left(x^k(\boldsymbol{v})\right)\right)\right)$ 表示方案 x_k 与方案 x_h 的相对值。那么 $c_{kh}(\boldsymbol{w},\boldsymbol{v})$ 也可以被认为是选择方案 x_h 而不是 x_k 的收益。那么

$\min\limits_{h\in M\setminus k} c_{kh}(\boldsymbol{w},\boldsymbol{v})$可以被认为是不选择方案$x_k$的最小收益，据此可以确定最差的方案，并获得方案的排序。随着属性权重和属性评价值的变化，我们讨论四种情况。设

$$\alpha_k' = \min_{\boldsymbol{v}\in V}\min_{\boldsymbol{w}\in W}\min_{h\in M\setminus k} c_{kh}(\boldsymbol{w},\boldsymbol{v}),\quad \beta_k' = \max_{\boldsymbol{v}\in V}\min_{\boldsymbol{w}\in W}\min_{h\in M\setminus k} c_{kh}(\boldsymbol{w},\boldsymbol{v})$$

$$\gamma_k' = \max_{\boldsymbol{v}\in V}\max_{\boldsymbol{w}\in W}\min_{h\in M\setminus k} c_{kh}(\boldsymbol{w},\boldsymbol{v}),\quad \delta_k' = \min_{\boldsymbol{v}\in V}\max_{\boldsymbol{w}\in W}\min_{h\in M\setminus k} c_{kh}(\boldsymbol{w},\boldsymbol{v})$$

特别地，如果$o=0$和$\phi(t)=t$，则γ_k'，δ_k'，β_k'和α_k'分别退化为$\overline{\gamma}_k'$，$\overline{\delta}_k'$，$\overline{\beta}_k'$和$\overline{\alpha}_k'$

$$\overline{\alpha}_k' = \min_{\boldsymbol{v}\in V}\min_{\boldsymbol{w}\in W}\min_{h\in M\setminus k} \overline{c}_{kh}(\boldsymbol{w},\boldsymbol{v}),\quad \overline{\beta}_k' = \max_{\boldsymbol{v}\in V}\min_{\boldsymbol{w}\in W}\min_{h\in M\setminus k} \overline{c}_{kh}(\boldsymbol{w},\boldsymbol{v})$$

$$\overline{\gamma}_k' = \max_{\boldsymbol{v}\in V}\max_{\boldsymbol{w}\in W}\min_{h\in M\setminus k} \overline{c}_{kh}(\boldsymbol{w},\boldsymbol{v}),\quad \overline{\delta}_k' = \min_{\boldsymbol{v}\in V}\max_{\boldsymbol{w}\in W}\min_{h\in M\setminus k} \overline{c}_{kh}(\boldsymbol{w},\boldsymbol{v})$$

基于上面的讨论，给出下面的定义。

定义 3.7　如果$\alpha_k' = \min\limits_{\boldsymbol{v}\in V}\min\limits_{\boldsymbol{w}\in W}\min\limits_{h\in M\setminus k} c_{kh}(\boldsymbol{w},\boldsymbol{v})\geqslant o$，则称$x_k$为$o$－弱鲁棒最差($o$－WRW)；如果$\beta_k' = \max\limits_{\boldsymbol{v}\in V}\min\limits_{\boldsymbol{w}\in W}\min\limits_{h\in M\setminus k} c_{kh}(\boldsymbol{w},\boldsymbol{v})\geqslant o$，则称$x_k$为$o$－强鲁棒最差($o$－SRW)；如果$\delta_k' = \min\limits_{\boldsymbol{v}\in V}\max\limits_{\boldsymbol{w}\in W}\min\limits_{h\in M\setminus k} c_{kh}(\boldsymbol{w},\boldsymbol{v})=o$，则称$x_k$为$o$－弱潜在最差($o$－WPW)；如果$\gamma_k' = \max\limits_{\boldsymbol{v}\in V}\max\limits_{\boldsymbol{w}\in W}\min\limits_{h\in M\setminus k} c_{kh}(\boldsymbol{w},\boldsymbol{v})\geqslant o$，则称$x_k$为$o$－强潜在最差($o$－SPW)。$\alpha_k'$，$\beta_k'$，$\delta_k'$和$\gamma_k'$的值越大，方案$x_k$越差。

从定义 3.7 可以发现，如果对任意$h\in M\setminus k$，$\boldsymbol{w}\in W$和任意$\boldsymbol{v}\in V$，$c_{kh}(\boldsymbol{w},\boldsymbol{v})\geqslant o$成立，则$x_k$是$o$－WRW。如果存在$\boldsymbol{v}\in V$中，对任意$h\in M\setminus k$中和任意$\boldsymbol{w}\in W$，使得$c_{kh}(\boldsymbol{w},\boldsymbol{v})\geqslant o$中成立，那么$x_k$是$o$－SRW。如果存在$\boldsymbol{w}\in W$，对任意$h\in M\setminus k$和任意$\boldsymbol{v}\in V$，使得$c_{kh}(\boldsymbol{w},\boldsymbol{v})\geqslant o$成立，则$x_k$是$o$－WPW。如果存在$\boldsymbol{w}\in W$，$\boldsymbol{v}\in V$，对任意$h\in M\setminus k$,使得$c_{kh}(\boldsymbol{w},\boldsymbol{v})\geqslant o$成立，那么$x_k$是$o$－SPW。

基于上述分析，可以发现对于一般的多属性决策问题，在信息不精确的情况下可能不存在方案为o－WPW，也有可能没有方案是o－SRW和o－WRW，但至少有一个方案是o－SPW。与定理 3.2 类似，可以得到以下定理。

定理 3.4　设$\alpha_{kh} = \min\limits_{\boldsymbol{v}\in V,\boldsymbol{w}\in W} c_{kh}(\boldsymbol{w},\boldsymbol{v})$，$\beta_{kh} = \max\limits_{\boldsymbol{v}\in V}\min\limits_{\boldsymbol{w}\in W} c_{kh}(\boldsymbol{w},\boldsymbol{v})$，$\delta_{kh} = \min\limits_{\boldsymbol{v}\in V}\max\limits_{\boldsymbol{w}\in W} c_{kh}(\boldsymbol{w},\boldsymbol{v})$，$\gamma_{kh} = \max\limits_{\boldsymbol{v}\in V}\max\limits_{\boldsymbol{w}\in W} c_{kh}(\boldsymbol{w},\boldsymbol{v})$，则$\alpha_k' = \min\limits_{h\in M\setminus k}\alpha_{kh}$，$\beta_k' = \min\limits_{h\in M\setminus k}\beta_{kh}$，$\delta_k' = \min\limits_{h\in M\setminus k}\delta_{kh}$和$\gamma_k' = \min\limits_{h\in M\setminus k}\gamma_{kh}$，其中$\alpha_{kh}$，$\beta_{kh}$，$\delta_{kh}$和$\gamma_{kh}$为之前定义的。

对于一个多属性决策问题，可能存在几个方案为 $o-\text{SRO}$，$o-\text{WRO}$，$o-\text{SPO}$，$o-\text{WPO}$，也可能不存在任何方案为 $o-\text{SRO}$，$o-\text{WRO}$，$o-\text{SPO}$，但总能找到最差方案，可以用以下定义来描述。

定义 3.8 如果 $\alpha_k' = \max\limits_{h\in M} \alpha_h'$，则 x_k 是 $o-$绝对弱鲁棒最差（$o-\text{AWRW}$）；如果 $\beta_k' = \max\limits_{h\in M} \beta_h'$，则 x_k 是 $o-$绝对强鲁棒最差（$o-\text{ASRW}$）；如果 $\delta_k' = \max\limits_{h\in M} \delta_h'$，则 x_k 是 $o-$绝对弱潜在最差（$o-\text{AWPW}$）；如果 $\gamma_k' = \min\limits_{h\in M} \gamma_h'$，则 x_k 是 $o-$绝对强鲁棒最差（$o-\text{ASPW}$）。

接下来，用本节给出的方法识别例 3.1 中最差的方案。设 $\phi(t)=t$，$\phi(t)=\mathrm{e}^t$ 和 $\phi(t)=\dfrac{\mathrm{e}^t}{1+\mathrm{e}^t}$，分别计算 α_k'、β_k'、δ_k' 和 γ_k' 的值，结果见表 3－9～表 3－11，最差方案见表 3－12，方案的排序见表 3－13。

从表 3－12 可以看出，当 $\phi(t)=t$ 时，x_2 在 $\varepsilon=0$ 时为 $o-\text{SRW}$；x_3 在 $\varepsilon=0$ 时为 $o-\text{SPW}$，$o-\text{SRW}$，在 $\varepsilon=0.1$ 时为 $o-\text{SRW}$；x_4 在 $\varepsilon=0$ 时为 $o-\text{SPW}$，$o-\text{ASPW}$，$o-\text{AWPW}$，$o-\text{SRW}$，$o-\text{ASRW}$，$o-\text{WRW}$，在 $\varepsilon=0$ 时为 $o-\text{SPW}$，$o-\text{ASPW}$，$o-\text{AWPW}$，$o-\text{SRW}$，$o-\text{WRW}$，$o-\text{AWRW}$；x_5 在 $\varepsilon=0$ 时为 $o-\text{SRW}$，$o-\text{WRW}$，$o-\text{AWRW}$，在 $\varepsilon=0.1$ 时为 SRW。当 $\phi(t)=\mathrm{e}^t$ 时，x_2 在 $\varepsilon=0$ 时为 $o-\text{SRW}$，$o-\text{ASRW}$；x_3 在 $\varepsilon=0$ 时为 $o-\text{SRW}$；x_4 在 $\varepsilon=0$ 和 $\varepsilon=0$ 时为 $o-\text{ASPW}$，$o-\text{SRW}$，$o-\text{WRW}$；x_5 在 $\varepsilon=0$ 时为 $o-\text{AWPW}$，$o-\text{WRW}$，$o-\text{AWRW}$，在 $\varepsilon=0.1$ 时为 $o-\text{AWW}$，$o-\text{SRW}$，$o-\text{ASRW}$，$o-\text{WRW}$，$o-\text{AWRW}$。

通过比较表 3－8 和表 3－13 可见方案的排序是不一样的，这是因为表 3－8 中方案的排序是基于损失的，而表 3－13 中方案的排序是基于收益的。决策者可以根据自己的偏好选择合适的排序。

表 3－9 当 $\phi(t)=t$ 时的相对值

方案	α_k'		β_k'		δ_k'		γ_k'	
	$\varepsilon=0$	$\varepsilon=0.1$	$\varepsilon=0$	$\varepsilon=0.1$	$\varepsilon=0$	$\varepsilon=0.1$	$\varepsilon=0$	$\varepsilon=0.1$
x_1	−0.7	−0.7	−0.7	−0.7	−0.425	−0.412 5	−0.025	−0.287 5
x_2	−0.8	−0.75	−0.4	−0.466 7	−0.35	−0.312 5	0.037 5	−0.012 5
x_3	−0.5	−0.42	0.0	−0.05	−0.325	−0.266 7	0.075	0.05

续表

方案	α'_k		β'_k		δ'_k		γ'_k	
	$\varepsilon=0$	$\varepsilon=0.1$	$\varepsilon=0$	$\varepsilon=0.1$	$\varepsilon=0$	$\varepsilon=0.1$	$\varepsilon=0$	$\varepsilon=0.1$
x_4	−0.075	−0.05	0.025	0.025	0.000	0.05	0.34	0.34
x_5	−0.34	−0.34	−0.3	−0.3	0.037 5	−0.025	0.037 5	0.037 5

表 3－10　当 $\phi(t)=\mathrm{e}^t$ 时的相对值

方案	α'_k		β'_k		δ'_k		γ'_k	
	$\varepsilon=0$	$\varepsilon=0.1$	$\varepsilon=0$	$\varepsilon=0.1$	$\varepsilon=0$	$\varepsilon=0.1$	$\varepsilon=0$	$\varepsilon=0.1$
x_1	0.000 0	0.000 5	0.000 5	0.000 0	0.011 6	0.011 6	0.000 0	0.012 6
x_2	0.000 5	0.000 5	0.000 0	0.000 0	0.013 2	0.013 8	9.998 4	0.190 4
x_3	0.000 9	0.000 9	0.002 7	0.000 0	0.014 4	0.015 8	1.093 3	0.038 4
x_4	0.039 7	0.039 7	0.642 3	0.642 3	1.000 0	1.581 1	1.657 2	1.657 2
x_5	0.100 0	0.603 4	0.632 4	0.632 4	25.198 5	25.198 5	0.000 0	25.198 5

表 3－11　当 $\phi(t)=\dfrac{\mathrm{e}^t}{1+\mathrm{e}^t}$ 时的相对值

方案	α'_k		β'_k		δ'_k		γ'_k	
	$\varepsilon=0$	$\varepsilon=0.1$	$\varepsilon=0$	$\varepsilon=0.1$	$\varepsilon=0$	$\varepsilon=0.1$	$\varepsilon=0$	$\varepsilon=0.1$
x_1	0.000 0	0.000 0	0.000 0	0.000 0	0.000 8	0.004 2	0.002 7	0.002 7
x_2	0.000 0	0.000 0	0.000 0	0.000 0	0.000 0	0.000 1	0.543 2	0.086 4
x_3	0.000 0	0.000 0	0.000 0	0.000 0	0.019 3	0.025 0	0.935 0	0.583 6
x_4	0.065 0	0.416 4	0.000 0	0.000 0	0.500 0	0.990 6	0.999 1	0.998 4
x_5	0.000 8	0.000 8	0.001 1	0.001 1	0.000 0	0.999 8	0.543 2	0.543 2

表 3-12　潜在和鲁棒最差方案

$\phi(t)$	方案	ε	β_k'		α_k'		γ_k'		δ_k'	
			o -SRW	o -ASPW	o -WPW	o -AWPW	o -SRW	o -ASRW	o -WRW	o -AWRW
t	x_2	0					√			
		0.1								
	x_3	0	√				√			
		0.1					√			
	x_4	0	√	√		√	√	√	√	
		0.1	√	√		√	√	√	√	√
	x_5	0					√		√	√
		0.1					√			
e^t	x_2	0					√	√		
		0.1								
	x_3	0					√			
		0.1								
	x_4	0		√			√		√	
		0.1		√			√		√	
	x_5	0				√			√	√
		0.1				√	√	√	√	√
$\frac{e^t}{1+e^t}$	x_2	0					√			
		0.1								
	x_3	0					√			
		0.1					√			
	x_4	0				√	√	√	√	√
		0.1				√	√	√	√	
	x_5	0		√			√			
		0.1		√			√		√	√

表 3-13　方案的排序

方案相对值	ε	$\phi(t)=t$	$\phi(t)=e^t$	$\phi(t)=\frac{e^t}{1+e^t}$
α_k'	0	$x_2 \succeq x_1 \succeq x_3 \succeq x_5 \succeq x_4$	$x_1 \succeq x_2 \succeq x_3 \succeq x_4 \succeq x_5$	$x_1 \sim x_2 \sim x_3 \sim x_5 \succeq x_4$
	0.1	$x_2 \succeq x_1 \succeq x_3 \succeq x_5 \succeq x_4$	$x_1 \sim x_2 \succeq x_3 \succeq x_4 \succeq x_5$	$x_1 \sim x_2 \sim x_3 \sim x_5 \succeq x_4$
β_k'	0	$x_1 \succeq x_2 \succeq x_5 \succeq x_3 \succeq x_4$	$x_1 \sim x_2 \sim x_3 \succeq x_4 \succeq x_5$	$x_1 \sim x_2 \sim x_3 \sim x_4 \succeq x_5$
	0.1	$x_1 \succeq x_2 \succeq x_5 \succeq x_3 \succeq x_4$	$x_1 \sim x_2 \sim x_3 \succeq x_4 \succeq x_5$	$x_1 \sim x_2 \sim x_3 \sim x_4 \succeq x_5$

续表

方案相对值	ε	$\phi(t)=t$	$\phi(t)=\mathrm{e}^t$	$\phi(t)=\frac{\mathrm{e}^t}{1+\mathrm{e}^t}$
δ'_k	0	$x_1 \succeq x_2 \succeq x_3 \succeq x_4 \succeq x_5$	$x_1 \succeq x_2 \succeq x_3 \succeq x_4 \succeq x_5$	$x_5 \sim x_2 \succeq x_1 \succeq x_3 \succeq x_4$
	0.1	$x_1 \succeq x_2 \succeq x_3 \succeq x_4 \succeq x_5$	$x_1 \succeq x_2 \succeq x_3 \succeq x_4 \succeq x_5$	$x_2 \succeq x_1 \succeq x_3 \succeq x_4 \succeq x_5$
γ'_k	0	$x_1 \succeq x_2 \sim x_5 \succeq x_3 \succeq x_4$	$x_1 \sim x_5 \succeq x_3 \succeq x_4 \succeq x_2$	$x_1 \succeq x_2 \sim x_5 \succeq x_3 \succeq x_4$
	0.1	$x_1 \succeq x_2 \succeq x_5 \succeq x_3 \succeq x_4$	$x_1 \succeq x_3 \succeq x_2 \succeq x_4 \succeq x_5$	$x_1 \succeq x_2 \succeq x_5 \succeq x_3 \succeq x_4$

3.3　属性之间有关联的基于后悔理论的多属性决策方法

目前大部分多属性决策方法没有考虑属性之间的相互作用，而这在许多实际问题中是存在的。本节将同时考虑属性之有关联的和信息不精确的多属性决策问题。

定义 3.9　考虑一个有限的相互作用的属性集 $N=\{1,2,\cdots,n\}$ 和一个模糊度量 $\mu:2^N \to [0,1]$，满足下面的条件：

（1）$\mu(\phi)=0$，$\mu(N)=1$；

（2）若 $A \subseteq B \subseteq N$，则 $\mu(A) \leqslant \mu(B)$。[53]

定义 3.10　设 μ 是 N 上的一个模糊度量，$x=\{x_1,x_2,\cdots,x_n\} \in [0,1]$，则 Choquet 积分定义为 $C_\mu(x)=\sum\limits_{i=1}^{n}\left(x_{(i)}-x_{(i-1)}\right)\mu\left(A_{(i)}\right)$，其中 (i) 表示被置换后的顺序，且满足 $0 \leqslant x_{(1)} \leqslant \cdots \leqslant x_{(n)}$，$A_{(i)}=\{(i),\cdots,(n)\}$，$x_{(0)}=0$。[50]

定义 3.11　设 μ 是 N 上的一个集合函数（不一定是模糊度量），μ 的 Mobius 变换是 N 上的一个集合函数，定义为 $w_A=\sum\limits_{B \subseteq A}(-1)^{|A \backslash B|}\mu(B)$，$\forall A \subseteq N$。[54]

基于定义 3.11，可得 $\mu(A)=\sum\limits_{B \subseteq A} w_B$，$\forall A \subseteq N$，因此定义 3.9 中的条件（1）和条件（2）可以表示为：

（1）$w_\phi=0$，$\sum\limits_{T \subseteq N} w_T=1$；

（2）$\forall i \in N$，$\forall S \subseteq N \setminus \{i\}$，$\sum_{T \subseteq S} w_{T \cup \{i\}} \geqslant 0$。

定义 3.10 中的 Choquet 积分可以重新表示为$C(x) = \sum_{T \subseteq N} w_T \wedge_{i \in T} x_i$，其中 $w_\phi = 0$，$\sum_{T \subseteq N} w_T = 1$，$\forall i \in N$，$\forall S \subseteq N \setminus \{i\}$，$\sum_{T \subseteq S} w_{T \cup \{i\}} \geqslant 0$。特别地，如果$w_T = 0$，$t \geqslant 2$，其中$t$是$T$中元素的个数，则 Choquet 积分退化为加权平均算子$C(x) = \sum_{i=1}^{n} w_i x_i$，其中$\boldsymbol{w} = (w_1, w_2, \cdots, w_n)^{\mathrm{T}}$为加权平均算子中的权重向量。

如果考虑属性之间的相互作用，可以得到方案x_i的综合评价值为$\sum_{T \subseteq N} w_T \wedge_{j \in T} v_{ij}$，其中 $w_\phi = 0$，$\sum_{T \subseteq N} w_T = 1$，$\forall l \in N$，$\forall S \subseteq N \setminus \{l\}$，$\sum_{T \subseteq S} w_{T \cup \{l\}} \geqslant 0$。如果$t = 1$，那么$w_T$为属性$c_T$的权重；如果$t \geqslant 2$，则$w_T$反映了$\{c_j \mid j \in T\}$中属性之间的相互作用。如果$w_T > 0$，则集合$\{c_j \mid j \in T\}$中属性之间存在正的相互作用；如果$w_T < 0$，那么存在负的相互作用；如果$w_T = 0$，则意味着属性之间没有相互作用。这里使用取小运算$\wedge_{j \in T} v_{ij}$用于表达集合$\{c_j \mid j \in T\}$的属性评价值。尽管有些学者用其他运算来代替取小运算，但 Marichal[55]研究表明这些替代运算的稳定性不足。

设$v_{iT} = \wedge_{j \in T} v_{ij}$，其中方案$x_i$的综合评价值表示为$\sum_{T \subseteq N} w_T v_{iT}$，设$\tilde{\boldsymbol{w}} = (w_1, w_2, \cdots, w_T, \cdots, w_N)^{\mathrm{T}}$为属性之间具有关联的权重向量，$\tilde{\boldsymbol{w}}$为一个$1 \times (2^n - 1)$的向量，设$\tilde{\boldsymbol{v}}_T = (\tilde{v}_{1T}, \tilde{v}_{2T}, \cdots, \tilde{v}_{mT})^{\mathrm{T}}$为属性评价值的向量，其中 $T \subseteq N$。对任意$\tilde{\boldsymbol{v}} = (\tilde{v}_1, \tilde{v}_2, \cdots, \tilde{v}_T, \cdots, \tilde{v}_N)^{\mathrm{T}}$，我们可以构造一个关于$x_i$的评价向量$\boldsymbol{x}^i(\tilde{\boldsymbol{v}}) = (v_{i1}, v_{i2}, \cdots, v_{iT}, \cdots, v_{iN})^{\mathrm{T}}$。则方案$x_i$的评价值可以表示为$c_i(\tilde{\boldsymbol{w}}, \tilde{\boldsymbol{v}}) = \sum_{T \subseteq N} w_T v_{iT} = \tilde{w}^{\mathrm{T}} \boldsymbol{x}^i(\tilde{\boldsymbol{v}})$。

设$\tilde{W} = \{\tilde{\boldsymbol{w}} \in \mathbf{R}^{2n-1} \mid \boldsymbol{A}\tilde{\boldsymbol{w}} \leqslant \boldsymbol{a}\}$表示所有满足不等式的属性之间有联系的权重向量的集合，其中$\boldsymbol{A}$为$I \times (2^n - 1)$的矩阵，包含了约束系数。I为约束的个数，$\boldsymbol{a} \in \mathbf{R}^I$为约束条件右侧的值的向量。

类似地，对任一属性集合$\{c_j \mid j \in T\}$，关于属性评价值的不精确信息$\tilde{\boldsymbol{v}}_T$可以表示为$\tilde{V}_T = \{\tilde{\boldsymbol{v}}_T \in \mathbf{R}^m \mid \boldsymbol{B}_T \tilde{\boldsymbol{v}}_T \leqslant b_T\}$，其中$\boldsymbol{B}_T$是一个$q_T \times (2^n - 1)$的约束系数矩阵，

q_T 为对应于 T 的约束系数的个数，$\boldsymbol{b}_T \in \mathbf{R}^{q_T}$ 为约束条件右侧的值的向量。设 $\tilde{V} = \tilde{V}_1 \times \tilde{V}_2 \times \cdots \times \tilde{V}_T \times \cdots \times \tilde{V}_N$ 为 $\tilde{V}_T$ 的笛卡儿积，$T \subseteq N$。设 $\tilde{\boldsymbol{v}} \in \tilde{V}$，则 $\tilde{\boldsymbol{v}} = (\tilde{v}_1, \tilde{v}_2, \cdots, \tilde{v}_N) = (\tilde{v}_{iT})_{m\times(2^n-1)}$。

在基于 Choquet 积分的多属性决策问题中，在属性权重和评价的信息不精确的情况下，可能导致各种不同的最优选择，下面给出详细的分析。

对于两个方案 x_k 和 x_h，方案 x_k 相对于方案 x_h 的相对值可以表示为 $\bar{c}_{kh}(\tilde{\boldsymbol{w}}, \tilde{\boldsymbol{v}}) = \bar{c}_h(\tilde{\boldsymbol{w}}, \tilde{\boldsymbol{v}}) - \bar{c}_k(\tilde{\boldsymbol{w}}, \tilde{\boldsymbol{v}}) = \tilde{\boldsymbol{w}}^{\mathrm{T}}\left(x^h(\tilde{\boldsymbol{v}}) - x^k(\tilde{\boldsymbol{v}})\right)$，这里 $\bar{c}_{kh}(\tilde{\boldsymbol{w}}, \tilde{\boldsymbol{v}})$ 可以理解为决策者选择 x_k 而不选择 x_h 的损失，$\max\limits_{h\in M\setminus k} \bar{c}_{kh}(\tilde{\boldsymbol{w}}, \tilde{\boldsymbol{v}})$ 则表示选择 x_k 而不选择其他方案的最大潜在损失。下面我们将讨论四种可能的情境，以确定不同类型的最优选择。为方便起见，设

$$\tilde{\gamma}_k = \max_{\tilde{\boldsymbol{v}}\in\tilde{V}} \max_{\tilde{\boldsymbol{w}}\in\tilde{W}} \max_{h\in M\setminus k} \bar{c}_{kh}(\tilde{\boldsymbol{w}}, \tilde{\boldsymbol{v}}),\quad \tilde{\delta}_k = \min_{\tilde{\boldsymbol{v}}\in\tilde{V}} \max_{\tilde{\boldsymbol{w}}\in\tilde{W}} \max_{h\in M\setminus k} \bar{c}_{kh}(\tilde{\boldsymbol{w}}, \tilde{\boldsymbol{v}})$$

$$\tilde{\beta}_k = \max_{\tilde{\boldsymbol{v}}\in\tilde{V}} \min_{\tilde{\boldsymbol{w}}\in\tilde{W}} \max_{h\in M\setminus k} \bar{c}_{kh}(\tilde{\boldsymbol{w}}, \tilde{\boldsymbol{v}}),\quad \tilde{\alpha}_k = \min_{\tilde{\boldsymbol{v}}\in\tilde{V}} \min_{\tilde{\boldsymbol{w}}\in\tilde{W}} \max_{h\in M\setminus k} \bar{c}_{kh}(\tilde{\boldsymbol{w}}, \tilde{\boldsymbol{v}})$$

很容易证明 $\tilde{\alpha}_k \leqslant \left\{\tilde{\beta}_k, \tilde{\delta}_k\right\} \leqslant \tilde{\gamma}_k$。基于上述分析，给出以下定义。

定义 3.12　如果对任意 $\tilde{\boldsymbol{w}} \in \tilde{W}$ 和任意 $\tilde{\boldsymbol{v}} \in \tilde{V}$，$\bar{c}_{kh}(\tilde{\boldsymbol{w}}, \tilde{\boldsymbol{v}}) > 0$ 成立，则称 x_k 是基于 Choquet 积分被 x_h 占优的。

此外，我们定义如果 x_k 不被任何其他方案所支配，那么它是基于 Choquet 积分的非占优的；如果 x_k 占优任何其他方案，那么它是基于 Choquet 积分的绝对占优方案。

定义 3.13　如果 $\tilde{\gamma}_k \leqslant 0$，则方案 x_k 是基于 Choquet 积分的强鲁棒最优（CSRO）；如果 $\tilde{\delta}_k \leqslant 0$，则 x_k 是基于 Choquet 积分的弱鲁棒最优（CWRO）。如果 $\tilde{\delta}_k \leqslant 0$，则 x_k 是基于 Choquet 积分的强潜在最优（CSPO）；如果 $\tilde{\alpha}_k \leqslant 0$，则 x_k 是基于 Choquet 积分的弱潜在最优（CWPO）。$\tilde{\gamma}_k$，$\tilde{\delta}_k$，$\tilde{\beta}_k$，$\tilde{\alpha}_k$ 的值越小，x_k 就越好。

定义 3.13 可以理解为：如果选择方案 x_k 的损失对于任意 $\boldsymbol{w} \in \tilde{W}$ 和任意 $\boldsymbol{v} \in \tilde{V}$ 都不大于零，则 x_k 是 CSRO；如果存在 $\boldsymbol{v} \in \tilde{V}$，使得选择方案 x_k 的损失对于任意 $\boldsymbol{w} \in \tilde{W}$ 都不大于零，则 x_k 是 CWRO。如果存在 $\boldsymbol{w} \in \tilde{W}$，使得选择方案 x_k 的损失对于任意 $\boldsymbol{v} \in \tilde{V}$ 来说不大于零，则 x_k 是 CSPO；如果存在 $\boldsymbol{w} \in \tilde{W}$ 和 $\boldsymbol{v} \in \tilde{V}$，使得选择方案 x_k 的损失不大于零，则 x_k 是 CWPO。在这四种最优方案中，CSRO 具有最严格的约束条件，而 CWPO 的约束则较为宽松。基于定义 3.13，我们给出下面的定理。

定理 3.5 若 x_k 是 CSRO，则它同时也是 CWRO，CSPO 和 CWPO；若 x_k 是 CWRO，则它也是 CWPO；若 x_k 是 CSPO，则它也是 CWPO；若 x_k 是 CSRO，则它也是 CWRO，CSPO 和 CWPO；若 x_k 是 CWRO，则它也是 CWPO；若 x_k 是 CSPO，则它也是 CWPO。

证明：若 x_k 是 CSRO，则 $\tilde{\gamma}_k \leqslant 0$ 且 $\tilde{\alpha}_k \leqslant \left\{\tilde{\beta}_k,\tilde{\delta}_k\right\} \leqslant \tilde{\gamma}_k \leqslant 0$，因此，$x_k$ 是 CWRO，CSPO 和 CWPO。同样地，其他的情况也可以类似地证明。

对于不精确信息的多属性决策问题，通常很难找到基于 Choquet 积分的绝对占优方案，也有可能没有方案是 CSRO，CWRO，CSPO，但至少存在一个 CWPO 方案。也可能存在几个 CWRO，CSPO，CWPO 方案，但最多存在一个 CSRO 方案。为了描述这种情况，给出下面的定义。

定义 3.14 如果 $\tilde{\gamma}_k = \min\limits_{h\in M}\tilde{\gamma}_h$，则称 x_k 是基于 Choquet 积分的绝对强鲁棒最优（CASRO）；如果 $\tilde{\delta}_k = \min\limits_{h\in M}\tilde{\delta}_h$，则称 x_k 为基于 Choquet 积分的绝对弱鲁棒最优（CAWRO）；如果 $\tilde{\beta}_k = \min\limits_{h\in M}\tilde{\beta}_h$，则称 x_k 为基于 Choquet 的绝对强潜在最优（CASPO）；如果 $\tilde{\alpha}_k = \max\limits_{h\in M}\tilde{\alpha}_h$，则称 x_k 为基于 Choquet 积分的绝对弱潜在最优（CAWPO）。

通过比较定义 3.13 和定义 3.14，可以看出，为 CASRO，CAWRO，CASPO 的方案并不总是 CSRO，CWRO，CSPO。以 CASRO 和 CSRO 为例。如果 x_k 为 CASRO，则 $\tilde{\gamma}_k = \min\limits_{h\in M}\tilde{\gamma}_h$，但是并不能保证 $\tilde{\gamma}_k \leqslant 0$。相反地，如果 x_k 为 CSRO，则 $\tilde{\gamma}_k \leqslant 0$，但是并不能保证 $\tilde{\gamma}_k = \min\limits_{h\in M}\tilde{\gamma}_h$。若 x_k 为 CAWPO 则一定为 CWPO，这是因为在多属性决策问题中，至少存在一个 CWPO 方案。此外，CWRO，CSPO，CWPO 方案并不总是 CAWRO，CASPO，CAWPO 方案，但 CSRO 方案总是 CASRO 方案，这是因为在多属性决策问题中最多有一个 CSRO 方案。

定理 3.6 CASRO，CAWRO，CASPO，CAWPO 的方案都是基于 Choquet 积分的非占优方案。

证明：假设方案 x_k 为 CASRO 且被方案 x_h 占优。则对任意 $\tilde{\boldsymbol{w}} \in \tilde{W}$ 和任意 $\tilde{\boldsymbol{v}} \in \tilde{V}$，有 $\tilde{\gamma}_k = \min\limits_{g\in M}\tilde{\gamma}_g$ 且 $c_{kh}\left(\tilde{\boldsymbol{w}},\tilde{\boldsymbol{v}}\right) > 0$，这意味着 $c_{km}\left(\boldsymbol{w},\boldsymbol{v}\right) > c_{hm}\left(\tilde{\boldsymbol{w}},\tilde{\boldsymbol{v}}\right)$，$m \in M$。设 $\tilde{\gamma}_k = c_{ki}\left(\tilde{\boldsymbol{w}}^*,\tilde{\boldsymbol{v}}^*\right)$ 和 $\tilde{\gamma}_h = c_{hq}\left(\tilde{\boldsymbol{w}}',\tilde{\boldsymbol{v}}'\right)$，其中 i 和 q 不一定相同。注意到 $\tilde{\gamma}_k \geqslant c_{kq}\left(\tilde{\boldsymbol{w}}^*,\tilde{\boldsymbol{v}}^*\right) > c_{kq}\left(\tilde{\boldsymbol{w}}',\tilde{\boldsymbol{v}}'\right) \geqslant \tilde{\gamma}_h$，这与 x_k 是 CASRO 的假设相矛盾。

因此，CASRO 方案是基于 Choquet 积分非占优的。同样，也可以证明，CAWRO，

CASPO，CAWPO 方案都是基于 Choquet 积分非占优的。

如果属性之间没有关联，即 $w_T=0$，$t\geqslant 2$，则 $\tilde{\gamma}_k$，$\tilde{\delta}_k$，$\tilde{\beta}_k$，$\tilde{\alpha}_k$ 分别退化为 $\bar{\gamma}_k$，$\bar{\delta}_k$，$\bar{\beta}_k$，$\bar{\alpha}_k$。很容易得到下面的定理。

定理 3.7　参数 $\tilde{\gamma}_k,\tilde{\delta}_k,\tilde{\beta}_k,\tilde{\alpha}_k,\bar{\gamma}_k,\bar{\delta}_k,\bar{\beta}_k,\bar{\alpha}_k$ 的关系可以表示为 $\tilde{\alpha}_k\leqslant\bar{\alpha}_k$，$\tilde{\gamma}_k\geqslant\bar{\gamma}_k,\tilde{\delta}_k\geqslant\bar{\delta}_k,\tilde{\beta}_k\leqslant\bar{\beta}_k$。

推论 3.2　如果 x_k 是 CSRO，那么它也是 $0-$SRO；如果 x_k 是 CWRO，那么它也是 $0-$WRO；如果 x_k 是 $0-$SPO，那么它也是 CSPO；如果 x_k 是 $0-$WPO，那么它也是 CWPO。

证明：如果 x_k 为 CSRO，则 $\tilde{\gamma}_k\leqslant 0$，由定理 3.1 和定理 3.7 可得 $\bar{\gamma}_k\leqslant\tilde{\gamma}_k\leqslant 0$，和 $\tilde{\gamma}_k=0$。因此 x_k 为 $0-$SRO。类似地，其他的情况也可以证明。

推论 3.2 揭示了我们定义的最优方案和现有方法给出的最优方案之间的关系。本节定义的最优方案考虑了属性之间的相互作用，但现有的方法却没有。通过考虑属性之间的相互作用，信息空间被扩大，即 $W\subseteq\tilde{W}$ 和 $V\subseteq\tilde{V}$，因此，可以得到更好的结果。同时本节的方法提供了最优方案的完整性分析，在某种意义上是现有方法的延伸或一般化。

为了更明确地区分不同的最优方案，十分重要的一步是推导出 $\tilde{\gamma}_k$，$\tilde{\delta}_k$，$\tilde{\beta}_k$ 和 $\tilde{\alpha}_k$ 的值，在这之前，给出下面的定理。

定理 3.8　设 $\tilde{\gamma}_{kh}=\max\limits_{\tilde{v}\in\tilde{V}}\max\limits_{\tilde{w}\in\tilde{W}}c_{kh}(\tilde{\boldsymbol{w}},\tilde{\boldsymbol{v}}),\tilde{\delta}_{kh}=\min\limits_{\tilde{v}\in\tilde{V}}\max\limits_{\tilde{w}\in\tilde{W}}c_{kh}(\tilde{\boldsymbol{w}},\tilde{\boldsymbol{v}}),\tilde{\beta}_{kh}=\max\limits_{\tilde{v}\in\tilde{V}}\min\limits_{\tilde{w}\in\tilde{W}}c_{kh}(\tilde{\boldsymbol{w}},\tilde{\boldsymbol{v}})$，$\tilde{\alpha}_{kh}=\min\limits_{\tilde{v}\in\tilde{V}}\min\limits_{\tilde{w}\in\tilde{W}}c_{kh}(\tilde{\boldsymbol{w}},\tilde{\boldsymbol{v}})$，则 $\tilde{\gamma}_k=\max\limits_{h\in M}\tilde{\gamma}_{kh}$，$\tilde{\delta}_k=\max\limits_{h\in M\setminus k}\tilde{\delta}_{kh}$，$\tilde{\beta}_k=\max\limits_{h\in M\setminus k}\tilde{\beta}_{kh}$，$\tilde{\alpha}_k=\max\limits_{h\in M\setminus k}\tilde{\alpha}_{kh}$。

证明：在不失一般性的情况下，假设存在两种情况 $(\tilde{\boldsymbol{w}}^*,\tilde{\boldsymbol{v}}^*)$，$(\tilde{\boldsymbol{w}}',\tilde{\boldsymbol{v}}')$ 和两个方案 x_i，x_d，满足 $\tilde{\gamma}_k=c_{ki}(\tilde{\boldsymbol{w}}^*,\tilde{\boldsymbol{v}}^*)$，$\max\limits_{h\in M}\tilde{\gamma}_{kh}=c_{kd}(\tilde{\boldsymbol{w}}',\tilde{\boldsymbol{v}}')$。注意到 $\tilde{\gamma}_k=c_{ki}(\tilde{\boldsymbol{w}}^*,\tilde{\boldsymbol{v}}^*)\leqslant\max\limits_{\tilde{w}\in\tilde{W},\tilde{v}\in\tilde{V}}c_{ki}(\tilde{\boldsymbol{w}},\tilde{\boldsymbol{v}})=\tilde{\gamma}_{ki}\leqslant\max\limits_{h\in M}\tilde{\gamma}_{kh}$ 和 $\max\limits_{h\in M}\tilde{\gamma}_{kh}\leqslant\max\limits_{\tilde{w}\in\tilde{W},\tilde{v}\in\tilde{V}}c_{kd}(\tilde{\boldsymbol{w}},\tilde{\boldsymbol{v}})\leqslant\max\limits_{w\in W,v\in V}\max\limits_{h\in M}c_{kh}(\tilde{\boldsymbol{w}},\tilde{\boldsymbol{v}})=\tilde{\gamma}_k$，这意味着 $\tilde{\gamma}_k=\max\limits_{i\in M}\tilde{\gamma}_{ki}$。类似地，其他的情况也可以证明。

定理 3.8 指出当 $\tilde{\alpha}_k$（或 $\tilde{\beta}_k$，$\tilde{\gamma}_k$ 和 $\tilde{\delta}_k$）的参数计算顺序发生变化后，$\tilde{\alpha}_k$（或 $\tilde{\beta}_k$，$\tilde{\gamma}_k$ 和 $\tilde{\delta}_k$）的最优值不变，基于此，给出下面的模型求解 $\tilde{\alpha}_{kh}$，$\tilde{\beta}_{kh}$，$\tilde{\gamma}_{kh}$，$\tilde{\delta}_{kh}$ 的值。

$$\tilde{\alpha}_{kh} = \min_{\tilde{v}\in\tilde{V},\tilde{w}\in\tilde{W}} \boldsymbol{w}^{\mathrm{T}}\left(x^h\left(\tilde{\boldsymbol{v}}\right)-x^k\left(\tilde{\boldsymbol{v}}\right)\right), h\in M\backslash k \quad \text{(MOD 3-8)}$$

$$\text{s.t. } \boldsymbol{A}\tilde{\boldsymbol{w}} \leqslant \boldsymbol{a}, \boldsymbol{B}_T\boldsymbol{v}_T \leqslant \boldsymbol{b}_T, T\subseteq N$$

$$\tilde{\gamma}_{kh} = \max_{\tilde{v}\in\tilde{V},\tilde{w}\in\tilde{W}} \boldsymbol{w}^{t}\left(x^h\left(\tilde{\boldsymbol{v}}\right)-x^k\left(\tilde{\boldsymbol{v}}\right)\right), h\in M\backslash k \quad \text{(MOD 3-9)}$$

$$\text{s.t. } \boldsymbol{A}\tilde{\boldsymbol{w}} \leqslant \boldsymbol{a}, \boldsymbol{B}_T\boldsymbol{v}_T \leqslant \boldsymbol{b}_T, T\subseteq N$$

$$\tilde{\delta}_{kh} = \min_{\lambda} \boldsymbol{a}^{\mathrm{T}}\boldsymbol{\lambda}, h\in M\backslash k \quad \text{(MOD 3-10)}$$

$$\text{s.t. } \boldsymbol{A}^T\boldsymbol{\lambda} \geqslant x^h\left(\tilde{\boldsymbol{v}}\right)-x^k\left(\tilde{\boldsymbol{v}}\right), \boldsymbol{B}_T\boldsymbol{v}_T \leqslant \boldsymbol{b}_T, T\subseteq N$$

$$\tilde{\beta}_{kh} = \max_{\lambda} -\boldsymbol{a}^{\mathrm{T}}\boldsymbol{\lambda}, h\in M\backslash k \quad \text{(MOD 3-11)}$$

$$\text{s.t. } \boldsymbol{A}^T\boldsymbol{\lambda} \geqslant x^h\left(\tilde{\boldsymbol{v}}\right)-x^k\left(\tilde{\boldsymbol{v}}\right), \boldsymbol{B}_T\boldsymbol{v}_T \leqslant \boldsymbol{b}_T, T\subseteq N$$

其中$\boldsymbol{\lambda}=\left(\lambda_1,\lambda_2,\cdots,\lambda_p\right)^{\mathrm{T}}$为之前定义的。

下面我们用本节的方法计算例 3.1，表 3-14 给出$\tilde{\alpha}_k$，$\tilde{\beta}_k$，$\tilde{\delta}_k$，$\tilde{\gamma}_k$的值。

表 3-14　$\tilde{\alpha}_k$，$\tilde{\beta}_k$，$\tilde{\delta}_k$，$\tilde{\gamma}_k$ 的值

方案	$\tilde{\alpha}_k$		$\tilde{\beta}_k$		$\tilde{\delta}_k$		$\tilde{\gamma}_k$	
	$\varepsilon=0$	$\varepsilon=0.1$	$\varepsilon=0$	$\varepsilon=0.1$	$\varepsilon=0$	$\varepsilon=0.1$	$\varepsilon=0$	$\varepsilon=0.1$
x_1	-1	-0.8	-0.25	-0.25	0.25	0.25	0.5	0.5
x_2	-0.2	-0.2	-0.2	-0.2	0.75	0.75	1	1
x_3	-0.5	-0.3	0.05	0.05	0.6	0.6	1	0.9
x_4	-0.25	-0.25	0.0	0.0	1.0	1.0	1	1
x_5	-0.5	-0.5	0.0	-0.2	1.0	1.0	1	1

通过表 3-14，可以看到方案x_1,x_2,x_4,x_5是 CWPO 和 CSPO；当$\varepsilon=0$和$\varepsilon=0.1$时，x_3是 CWPO，不存在 CSRO 或 CWRO 方案，但是存在五个 CWPO 方案（x_1，x_2，x_3，x_4，x_5）和四个 CSPO 方案（x_1，x_2，x_4，x_5）。当$\varepsilon=0$和$\varepsilon=0.1$时，x_1为 CAWPO，CASPO，CAWRO，CAWRO，但不是 CWRO，CSRO，所得结果与定理 3.5 的描述一致，更多的细节可见表 3-17。$\bar{\alpha}_k$，$\bar{\beta}_k$，$\bar{\delta}_k$，$\bar{\gamma}_k$，$\hat{\alpha}_k$，$\hat{\beta}_k$，$\hat{\delta}_k$，$\hat{\gamma}_k$的值见表 3-15 和表 3-16。

表 3－15　$\bar{\alpha}_k$, $\bar{\beta}_k$, $\bar{\delta}_k$, $\bar{\gamma}_k$ 的值

方案	$\bar{\alpha}_k$		$\bar{\beta}_k$		$\bar{\delta}_k$		$\bar{\gamma}_k$	
	$\varepsilon=0$	$\varepsilon=0.1$	$\varepsilon=0$	$\varepsilon=0.1$	$\varepsilon=0$	$\varepsilon=0.1$	$\varepsilon=0$	$\varepsilon=0.1$
x_1	－0.47	－0.39	－0.037 5	－0.012 5	－0.2	－0.133 3	0.133 3	0.1
x_2	－0.133 3	－0.1	0.2	0.133	0.012 5	0.037 5	0.47	0.39
x_3	0.025	0.075	0.425	0.4	0.4	0.433	0.8	0.7
x_4	0.287 5	0.287 5	0.412 5	0.412 5	0.7	0.7	0.8	0.75
x_5	0.22	0.22	0.27	0.27	0.533	0.533	0.667	0.633

表 3－16　$\hat{\alpha}_k$，$\hat{\beta}_k$，$\hat{\delta}_k$，$\hat{\gamma}_k$ 的值

方案	$\hat{\alpha}_k$		$\hat{\beta}_k$		$\hat{\delta}_k$		$\hat{\gamma}_k$	
	$\varepsilon=0$	$\varepsilon=0.1$	$\varepsilon=0$	$\varepsilon=0.1$	$\varepsilon=0$	$\varepsilon=0.1$	$\varepsilon=0$	$\varepsilon=0.1$
x_1	0	0	0	0	0	0	0.133 3	0.1
x_2	0	0	0.2	0.133	0.012 5	0.037 5	0.47	0.39
x_3	0.025	0.075	0.425	0.4	0.4	0.433	0.8	0.7
x_4	0.287 5	0.287 5	0.412 5	0.412 5	0.7	0.7	0.8	0.75
x_5	0.22	0.22	0.27	0.27	0.533	0.533	0.667	0.633

表 3－17　基于 Choquet 积分的潜在和鲁棒最优方案

方案相对值	ε	x_1		x_2		x_3		x_4		x_5	
		0.0	0.1	0.0	0.1	0.0	0.1	0.0	0.1	0.0	0.1
$\bar{\alpha}_k$	0－WPO	√	√	√	√						
	0－AWPO	√	√								
$\bar{\beta}_k$	0－SPO	√	√								
	0－ASPO	√	√								
$\bar{\delta}_k$	0－WRO	√	√								
	0－AWRO	√	√								
$\bar{\gamma}_k$	0－SRO										
	0－ASRO	√	√								

续表

方案相对值	ε	x_1		x_2		x_3		x_4		x_5	
		0.0	0.1	0.0	0.1	0.0	0.1	0.0	0.1	0.0	0.1
$\hat{\alpha}_k$	CWPO	√	√	√	√	√	√	√	√	√	√
	CAWPO	√	√								
$\hat{\beta}_k$	CSPO	√	√	√	√			√	√	√	√
	CASPO	√	√								
$\hat{\delta}_k$	CWRO										
	CAWRO	√	√								
$\hat{\gamma}_k$	CSRO										
	CASRO	√	√								

通过比较表 3－15 和表 3－16，可以发现$\bar{\gamma}_k \leqslant \hat{\gamma}_k$，$\bar{\delta}_k \leqslant \hat{\delta}_k, \bar{\beta}_k \leqslant \hat{\beta}_k, \bar{\alpha}_k \leqslant \hat{\alpha}_k$，$\tilde{\alpha}_k \leqslant \bar{\alpha}_k$，$\tilde{\gamma}_k \geqslant \bar{\gamma}_k$，$\tilde{\delta}_k \geqslant \bar{\delta}_k$，$\tilde{\beta}_k \leqslant \bar{\beta}_k$，$\tilde{\alpha}_k \leqslant \left\{\beta_k, \tilde{\delta}_k\right\} \leqslant \gamma_k$，$\bar{\alpha}_k \leqslant \left\{\bar{\beta}_k, \bar{\delta}_k\right\} \leqslant \bar{\gamma}_k$，这与定理 3.8 的结论是一致的。同时可以发现$\bar{\alpha}_k, \bar{\beta}_k, \bar{\delta}_k, \bar{\gamma}_k$比$\hat{\alpha}_k, \hat{\beta}_k, \hat{\delta}_k, \hat{\gamma}_k$具有较好的区分度。以$\bar{\alpha}_k$和$\hat{\alpha}_k$为例，当$\varepsilon = 0$时，$\hat{\alpha}_1 = \hat{\alpha}_2 = 0$，这意味着方案$x_1$和方案$x_2$为 0－WPO，但不能进一步区分两个方案的优劣，而当$\varepsilon = 0$时，$\bar{\alpha}_1 = -0.47$和$\bar{\alpha}_2 = -0.1333$不仅能识别方案x_1和方案x_2为 0－WPO，同时可以说明方案x_1优于方案x_2。最优方案可见表 3－17，结果与定理 3.1 和推论 3.1 的表述一致。

如果公司打算对表现最差的员工进行处罚，首先需要识别此类员工。[56]这意味着决策者不是寻找最优的选择，而是确定最差的选择。设$c_{kh}\left(\tilde{\boldsymbol{w}}, \tilde{\boldsymbol{v}}\right) = \tilde{\boldsymbol{w}}^{\mathrm{T}}\left(x^h\left(\tilde{\boldsymbol{v}}\right) - x^k\left(\tilde{\boldsymbol{v}}\right)\right)$，则$c_{kh}\left(\tilde{\boldsymbol{w}}, \tilde{\boldsymbol{v}}\right)$可以被看作选择方案$x_h$而不是方案$x_k$的收益，则$\min\limits_{h \in M \backslash k} c_{kh}\left(\tilde{\boldsymbol{w}}, \tilde{\boldsymbol{v}}\right)$为选择$x_k$的最小收益。$\min\limits_{h \in M \backslash k} c_{kh}\left(\tilde{\boldsymbol{w}}, \tilde{\boldsymbol{v}}\right)$的值越大，方案$x_k$越差，基于此，我们可以识别最差方案。

随着属性权重和属性评价值的不断变化，$\min\limits_{h \in M \backslash k} c_{kh}\left(\tilde{\boldsymbol{w}}, \tilde{\boldsymbol{v}}\right)$的值也不断变化，为方便起见，设$\hat{\alpha}'_k = \min\limits_{\tilde{\boldsymbol{v}} \in \tilde{V}} \min\limits_{\tilde{\boldsymbol{w}} \in \tilde{W}} \min\limits_{h \in M \backslash k} c_{kh}\left(\tilde{\boldsymbol{w}}, \tilde{\boldsymbol{v}}\right), \tilde{\beta}'_k = \max\limits_{\tilde{\boldsymbol{v}} \in \tilde{V}} \min\limits_{\tilde{\boldsymbol{w}} \in \tilde{W}} \min\limits_{h \in M \backslash k} c_{kh}\left(\tilde{\boldsymbol{w}}, \tilde{\boldsymbol{v}}\right)$，$\tilde{\delta}'_k = \min\limits_{\tilde{\boldsymbol{v}} \in \tilde{V}} \max\limits_{\tilde{\boldsymbol{w}} \in \tilde{W}} \min\limits_{h \in M \backslash k} c_{kh}\left(\tilde{\boldsymbol{w}}, \tilde{\boldsymbol{v}}\right), \tilde{\gamma}'_k = \max\limits_{\tilde{\boldsymbol{v}} \in \tilde{V}} \max\limits_{\tilde{\boldsymbol{w}} \in \tilde{W}} \min\limits_{h \in M \backslash k} c_{kh}\left(\tilde{\boldsymbol{w}}, \tilde{\boldsymbol{v}}\right)$，则给出下面的定义。

定义 3.15 如果$\tilde{\alpha}'_k \geqslant 0$，则方案$x_k$为基于 Choquet 积分的强潜在最差（CSPW）方案；如果$\tilde{\beta}'_k \geqslant 0$，则$x_k$为基于 Choquet 积分的弱潜在最差（CWPW）方案；如

果 $\tilde{\delta}'_k \geqslant 0$，则称 x_k 为基于 Choquet 积分的强鲁棒最差（CSRW）方案；如果 $\tilde{\gamma}'_k \geqslant 0$，则称 x_k 为基于 Choquet 积分的弱鲁棒最差（CWRW）方案。$\tilde{\alpha}'_k$，$\tilde{\beta}'_k$，$\tilde{\delta}'_k$，$\tilde{\gamma}'_k$ 的值越大，则 x_k 越差。

定义 3.15 可以进一步地解释为：如果对任意 $\tilde{\boldsymbol{w}} \in \tilde{W}$ 和 $\tilde{\boldsymbol{v}} \in \tilde{V}$，$x_k$ 的相对收益都不小于 0，则称 x_k 为 CSPW；如果存在 $\tilde{\boldsymbol{v}} \in \tilde{V}$，对任意 $\tilde{\boldsymbol{w}} \in \tilde{W}$，使得 x_k 的相对收益都不小于 0，则称 x_k 为 CWPW；如果存在 $\tilde{\boldsymbol{w}} \in \tilde{W}$，对任意 $\tilde{\boldsymbol{v}} \in \tilde{V}$，使得 x_k 的相对收益都不小于 0，则称 x_k 为 CSRW；如果存在 $\tilde{\boldsymbol{w}} \in \tilde{W}$ 和 $\tilde{\boldsymbol{v}} \in \tilde{V}$，使得 x_k 的相对收益都不小于 0，则称 x_k 为 CWRW。

对于具有不精确信息的多属性决策问题，可能不存在 CSPW 方案，也可能没有方案是 CWPW 或 CSRW，但至少有一个方案是 CWRW。特别地，如果 $w_T = 0$，$t \geqslant 2$，则 $\tilde{\alpha}'_k$，$\tilde{\beta}'_k$，$\tilde{\delta}'_k$，$\tilde{\gamma}'_k$ 分别退化为 $\overline{\alpha}'_k$，$\overline{\beta}'_k$，$\overline{\delta}'_k$，$\overline{\gamma}'_k$。

定理 3.9 参数 $\tilde{\alpha}'_k$，$\tilde{\beta}'_k$，$\tilde{\delta}'_k$，$\tilde{\gamma}'_k$，$\overline{\alpha}'_k$，$\overline{\beta}'_k$，$\overline{\delta}'_k$，$\overline{\gamma}'_k$ 的关系可以表示为 $\tilde{\alpha}'_k \leqslant \overline{\alpha}'_k, \tilde{\gamma}'_k \geqslant \overline{\gamma}'_k, \tilde{\delta}'_k \geqslant \overline{\delta}_k{}', \tilde{\beta}'_k \leqslant \overline{\beta}'_k, \tilde{\alpha}'_k \leqslant \tilde{\beta}'_k, \tilde{\delta}'_k \leqslant \tilde{\gamma}'_k, \overline{\alpha}'_k \leqslant \overline{\beta}'_k, \overline{\delta}'_k \leqslant \overline{\gamma}'_k$。

基于 $\overline{\alpha}'_k$，$\overline{\beta}'_k$，$\overline{\delta}'_k$，$\overline{\gamma}'_k$，我们给出下面的定义。

定义 3.16 如果 $\overline{\alpha}'_k \geqslant 0$，则方案 x_k 为强潜在最差（SPW）；如果 $\overline{\beta}'_k \geqslant 0$，则方案 x_k 为弱潜在最差（WPW）；如果 $\overline{\delta}'_k \geqslant 0$，则方案 x_k 为强鲁棒最差（SRW）；如果 $\overline{\gamma}'_k \geqslant 0$，则方案 x_k 为弱鲁棒最差（WRW）。

通过比较定义 3.15，定义 3.16 和定理 3.9，可得以下定理。

定理 3.10 如果 x_k 为 CSPW，则它也是 $0-$SPW；如果 x_k 为 CWPW，则它也是 $0-$WPW；如果 x_k 为 $0-$SRW，则它也是 CSRW；如果 x_k 为 $0-$WRW，则它也是 CWRW。

与定理 3.8 类似，$\tilde{\alpha}'_k$，$\tilde{\beta}'_k$，$\tilde{\delta}'_k$，$\tilde{\gamma}'_k$ 的值可以由下面的定理得出。

定理 3.11 设 $\tilde{\alpha}_{kh} = \min\limits_{\tilde{\boldsymbol{v}} \in \tilde{V}} \min\limits_{\tilde{\boldsymbol{w}} \in \tilde{W}} c_{kh}(\tilde{\boldsymbol{w}}, \tilde{\boldsymbol{v}})$，$\tilde{\beta}_{kh} = \max\limits_{\tilde{\boldsymbol{v}} \in \tilde{V}} \min\limits_{\tilde{\boldsymbol{w}} \in \tilde{W}} c_{kh}(\tilde{\boldsymbol{w}}, \tilde{\boldsymbol{v}})$，$\tilde{\delta}_{kh} = \min\limits_{\tilde{\boldsymbol{v}} \in \tilde{V}} \max\limits_{\tilde{\boldsymbol{w}} \in \tilde{W}} c_{kh}(\tilde{\boldsymbol{w}}, \tilde{\boldsymbol{v}})$，$\tilde{\gamma}_{kh} = \max\limits_{\tilde{\boldsymbol{v}} \in \tilde{V}} \max\limits_{\tilde{\boldsymbol{w}} \in \tilde{W}} c_{kh}(\tilde{\boldsymbol{w}}, \tilde{\boldsymbol{v}})$，则 $\tilde{\alpha}'_k = \min\limits_{h \in M \setminus k} \tilde{\alpha}_{kh}$，$\tilde{\beta}'_k = \min\limits_{h \in M \setminus k} \tilde{\beta}_{kh}$，$\tilde{\delta}'_k = \min\limits_{h \in M \setminus k} \tilde{\delta}_{kh}$，$\tilde{\gamma}'_k = \min\limits_{h \in M \setminus k} \tilde{\gamma}_{kh}$，其中 $\tilde{\alpha}_{kh}$，$\tilde{\beta}_{kh}$，$\tilde{\delta}_{kh}$，$\tilde{\gamma}_{kh}$ 可以由模型（MOD 3－8）～（MOD 3－11）求得。

针对没有 CSRW，CWRW，CSPW 方案的情况，以及有几个 CWRW，CSPW，CWPW 方案的情况，给出以下定义。

定义 3.17 如果 $\tilde{\alpha}'_k = \max\limits_{h \in M} \tilde{\alpha}'_h$，则 x_k 为 CASPW；如果 $\tilde{\beta}'_k = \max\limits_{h \in M} \tilde{\beta}'_h$，则 x_k 为

CAWPW；如果 $\tilde{\delta}'_k = \max_{h \in M} \tilde{\delta}'_h$，则 x_k 为绝对 CSRW；如果 $\tilde{\gamma}'_k = \max_{h \in M} \tilde{\gamma}'_h$，则 x_k 为 CAWRW。

需要注意的是，CASRW，CAWRW，CASPW 方案并不总是 CSRW，CWRW，CSPW 方案，但 CAWRW 方案总是 CWRW 方案；CWRW，CSPW，CWPW 方案并不总是 CAWRW，CASRW，CAWRW 方案，但 CSRW 方案总是 CASRW 方案。

如果用本节给出的方法识别例 3.1 中的最差方案，若不考虑属性之间的相互作用，计算 $\overline{\alpha}'_k$，$\overline{\beta}'_k$，$\overline{\delta}'_k$，$\overline{\gamma}'_k$ 的值，结果见表 3－18。若考虑属性之间的相互作用，计算 $\tilde{\alpha}'_k$，$\tilde{\beta}'_k$，$\tilde{\delta}'_k$，$\tilde{\gamma}'_k$ 的值，结果见表 3－19。

表 3－18 $\overline{\alpha}'_k$，$\overline{\beta}'_k$，$\overline{\delta}'_k$，$\overline{\gamma}'_k$ 的值

方案	$\overline{\alpha}'_k$		$\overline{\beta}'_k$		$\overline{\delta}'_k$		$\overline{\gamma}'_k$	
	$\varepsilon=0$	$\varepsilon=0.1$	$\varepsilon=0$	$\varepsilon=0.1$	$\varepsilon=0$	$\varepsilon=0.1$	$\varepsilon=0$	$\varepsilon=0.1$
x_1	－0.7	－0.7	－0.7	－0.7	－0.425	－0.412 5	－0.025	－0.287 5
x_2	－0.8	－0.75	－0.4	－0.466 7	－0.35	－0.312 5	0.037 5	－0.012 5
x_3	－0.5	－0.42	0.0	－0.05	－0.325	－0.266 7	0.075	0.05
x_4	－0.075	－0.05	0.025	0.025	0.000	0.05	0.34	0.34
x_5	－0.34	－0.34	－0.3	－0.3	0.037 5	－0.025	0.037 5	0.037 5

表 3－19 $\tilde{\alpha}'_k$，$\tilde{\beta}'_k$，$\tilde{\delta}'_k$，$\tilde{\gamma}'_k$ 的值

方案	$\tilde{\alpha}'_k$		$\tilde{\beta}'_k$		$\tilde{\delta}'_k$		$\tilde{\gamma}'_k$	
	$\varepsilon=0.1$	$\varepsilon=0$	$\varepsilon=0.1$	$\varepsilon=0$	$\varepsilon=0.1$	$\varepsilon=0$	$\varepsilon=0.1$	$\varepsilon=0$
x_1	－1	－1	－1	－1	－0.05	－0.05	0.2	0.3
x_2	－1	－1	－1.0	－1.0	0.25	0.25	0.75	0.75
x_3	－1	－0.8	－0.7	－0.7	0.0	0.0	0.25	0.25
x_4	－0.75	－0.75	－0.5	－0.5	0.0	0.1	1	0.8
x_5	－1	－1	－1	－1	0.5	0.5	0.75	0.75

通过表 3－18 和表 3－19 可以发现 $\tilde{\alpha}'_k \leqslant \overline{\alpha}'_k, \tilde{\gamma}'_k \geqslant \overline{\gamma}'_k, \tilde{\delta}'_k \geqslant \overline{\delta}'_k, \tilde{\beta}'_k \leqslant \overline{\beta}'_k$，$\tilde{\alpha}'_k \leqslant \left\{\tilde{\beta}'_k, \tilde{\delta}'_k\right\} \leqslant \tilde{\gamma}'_k, \overline{\alpha}'_k \leqslant \left\{\overline{\beta}'_k, \overline{\delta}'_k\right\} \leqslant \overline{\gamma}'_k$。这与定理 3.9 的表述一致。表 3－20 中可以找到

潜在和鲁棒最差方案，这一结果与定理 3.11 的表述一致。

表 3－20　潜在和鲁棒最差方案

方案相对值	最优方案	x_1		x_2		x_3		x_4		x_5	
		$\varepsilon=0.0$	$\varepsilon=0.1$	$\varepsilon=0.0$	$\varepsilon=0.1$	$\varepsilon=0.0$	$\varepsilon=0.1$	$\varepsilon=0.0$	$\varepsilon=0.1$	$\varepsilon=0.0$	$\varepsilon=0.1$
$\overline{\alpha}'_k$	0－SPW										
	ASPW							√	√		
$\overline{\beta}'_k$	0－WPW					√		√	√		
	ASPW							√	√		
$\overline{\delta}'_k$	0－SRW							√	√	√	
	AWRW								√	√	
$\overline{\gamma}'_k$	0－WRW			√		√	√	√	√	√	√
	AWRW							√	√		
$\tilde{\alpha}'_k$	CSPW										
	CAAPW							√	√		
$\tilde{\beta}'_k$	CWPW										
	CAWPW							√	√		
$\tilde{\delta}'_k$	CSRW			√	√	√	√	√	√	√	√
	CASRW									√	√
$\tilde{\gamma}'_k$	CWRW	√	√	√	√	√	√	√	√	√	√
	CAWRW							√	√		

本章小结

本章研究了基于后悔理论的多属性决策问题。由于决策者可能更关注备选方案的相对值，而不是绝对值，因此基于有序阿贝尔群定义了相对值的度量，它可以从不同角度衡量备选方案的相对值。接着给出两种获取方案相对值的方法，并被证明可以得出相同的结果。在属性权重向量和属性评价信息不精确的多属性决策中，为了确定方案的排序，根据决策者不同的偏好给出不同的模型，以确定不同的最优方案。为了反映属性之间的相互作用，基于 Choquet 积分对具有不精确的属性评价值和属性权重信息的多属性决策问题进行了分析。通过计算方案之间的差异，定义了四种类型的最优方案；分析和比较了给出的方法与现有方法之间的关系和区别。研究结果表明，考虑属性之间相互作用的方法可以扩大信息空间，从而获得更好的决策结果。[57]

第 4 章　基于目标理论的多属性决策方法

多属性决策是通过评估一组备选方案在多个属性下的表现，挑选出最优方案。经典的多属性决策方法通常假定决策者是理性的，目的是找到在不同属性下具有最优综合表现的备选方案。事实上，理性决策是基于最优化原则的[58]，这在很多情况下是不现实的。Simon[59]提出有限理性，意味着决策者可能会试图找到第一个符合属性预定目标的满意方案，而不一定是最优方案。在实际决策过程中，找到一个“满意”的方案往往比追求一个“最优”的方案更为现实和可行，这是因为人们往往能更直观地设定和识别各个属性的目标。[60-61] 目标理论与 Simon 的有限理性的观念是相辅相成的。进一步说，多属性决策中的一个属性的目标可以被视为前景理论中的一个参考点。[62]

Castagnoli 等[63]研究了基于目标的多属性决策方法，并表明任何效用函数都有一个相应的随机目标，其累积分布可以等同于效用。Bordley 等[61]给出基于目标的多属性偏好分析，证明其等同于多属性的效用函数。然而，传统的以目标为导向的多属性决策模型通常假设决策者有一个单调增长的目标偏好。Yan 等[64]提出基于三种属性目标的目标导向的多属性模型：越多越好（收益属性），越少越好（成本属性），太多或太少都不能接受（中立属性）。Huynh 等[65]考虑了决策者在多属性决策中评估属性目标的不同态度。Fan 等[66]结合目标理论和前景理论研究多属性决策问题。Feng 等[67]以中国南方航空公司的战略货运代理选择为背景，提出一种考虑决策者愿望（目标）的综合多属性决策方法。因此，属性的目标是多属性决策中的一个重要问题，但现有的以目标为导向的多属性决策方法主要使用加权平均算子对备选方案的属性评价值进行集成，加权平均算子的权重向量只与属性的目标值有关。

不同于基于加权平均算子的多属性决策方法，基于有序加权平均（OWA）算子的多属性决策[68]中先对属性的评价值进行重新排序，然后使用与位置相关的权重向量对属性评价值进行集成。OWA 算子是一类通用的集成算子，涵盖了最小、最大和平均算子。基于 OWA 算子的多属性决策的优势在于，决策者能够通过态度特征明确表达他们的集成偏好，从而更直观地实施这些偏好。基于 OWA 算子的多属性决策的两个核心问题是如何对属性的评价值进行重新排序以及如何确定相关的权重向量。对于第一个问题，传统的 OWA 算子通常以升序或降序的方式对属性的评价值进行重新排序。然而 OWA 算子中的重新排序是基于属性的原始评价值的，而不是基于属性的评价值与属性目标（或决策者愿望）的匹配程度。因此，在基于 OWA 算子的多属性决策中，有必要考虑属性评价值的目标。对于第二个问题，属性权重向量的态度特征通常被用来反映属性之间的权重分布。而属性权重向量的态度特征可以通过考虑属性评价值的目标来对基于 OWA 算子的多属性决策进行分析。

基于 OWA 算子的多属性决策，Ahn[69]提出了一种反向辅助决策方法，即首先确定潜在的最优方案，然后为每个潜在的最优方案确定关于属性权重向量的态度特征的范围。Ma 等[70]扩展了 Ahn 的方法，考虑了所有备选方案的排序，但 Ahn[69]的模型和 Ma 等[70]的模型均没有考虑属性评价值的目标，此外，模型中使用的关于属性权重向量的态度特征只能产生线性和单调的权重向量，即只能反映决策者对属性权重的线性偏好，却忽略了决策者想强调某些属性并期望产生相应属性权重向量的情况。Yager[71]引入压力函数，允许决策者强调他们想在集成中给予更多权重的属性。Liu 等[72]提出了一个优化模型来确定基于压力函数的 OWA 权重向量，可以使 OWA 算子的权重以决策者期望的形状分布。基于以上分析，本章考虑了属性评价值的目标，并基于 OWA 算子对多属性决策问题进行分析。

4.1 面向目标的基于 OWA 算子的多属性决策方法

在多属性决策问题中，设 $X=\{x_1,x_2,\cdots,x_m\}$ 表示方案集，$C=\{c_1,c_2,\cdots,c_n\}$ 表示属性集，$\boldsymbol{w}=(w_1,w_2,\cdots,w_n)^{\mathrm{T}}$ 为权重向量且满足 $\sum_{j=1}^{n}w_j=1$，$w_j\geqslant 0$，$j=1,2,\cdots,n$。v_{ij} 表示方案 x_i 在属性 c_j 下的表现值，且该值在区间 $[c_{\min},c_{\max}]$ 内，我们通常使用加权平均算子[8]集成方案 x_i 的评价值

$$z_i=EV(x_i)=\sum_{j=1}^{n}v_{ij}w_j \tag{4-1}$$

但是在很多情况下，方案的效用值并非仅仅依赖方案在属性下的绝对评价值，而是依赖评价值满足目标的程度。[60-61,73-74]例如，在南航战略货运代理选择问题

中，决策者更倾向于选择与航空公司目标相匹配的战略货运代理，而非规模最大的货运代理，因为大型货运代理具有更强的议价能力，可能不太愿意与航空公司进行合作。[67]

基于上面的分析，方案 x_i 的面向目标的评价值定义为[60]

$$z_i = P\left(x_i \succeq T\right) = \sum_{j=1}^{n} P\left(v_{ij} \succeq T\right) w_j \tag{4-2}$$

其中 $P\left(x_i \succeq T\right)$ 为不确定目标 T 的累积分布函数，T 关于 x_i 是随机独立的。

目前已有学者给出用来衡量属性评价值与目标的匹配程度的公式。Yager[75]将 T 转化为相关的概率分布并用 P_T 表示，则 $P\left(x_i \succeq T\right)$ 可以表示为

$$P\left(v_{ij} \succeq T\right) = P\left(v_{ij} \geqslant T\right) = \int_{c_{\min}}^{v_{ij}} P_T\left(t\right) \mathrm{d}t \tag{4-3}$$

其中 $P_T\left(t\right)$ 是 t 的概率分布，对应于 $P\left(v_{ij} \succeq T\right)$ 的边际效用。

Yan 等[64]指出式（4－1）只适用于效益型属性，大多数关于目标导向的决策分析的研究[60–61,73–74]都集中在这类属性上。事实上，根据对属性的偏好，属性类型可以分为以下三种。[64]

（1）效益型属性。该属性的评价值越大越好，相应的面向目标的函数由式（4－3）定义。

（2）成本型属性。该属性的评价值越小越好，相应的面向目标的函数可以定义为

$$P\left(v_{ij} \succeq T\right) = P\left(v_{ij} \leqslant T\right) = \int_{v_{ij}}^{c_{\min}} P_T\left(t\right) \mathrm{d}t \tag{4-4}$$

（3）平等型属性。该属性的最优评价值相当于固定在 c_m，过大或过小都不好，相应的面向目标的函数可以定义为

$$P\left(v_{ij} \succeq T\right) = \begin{cases} P\left(v_{ij} \geqslant T\right), c_{\min} \leqslant v_{ij} \leqslant c_m \\ P\left(v_{ij} \leqslant T\right), c_m \leqslant v_{ij} \leqslant c_{\max} \end{cases} \tag{4-5}$$

同时根据决策者对目标的风险偏好，属性评价值的目标可分为以下四类。

（1）中立目标 T_{neu}，表示决策者对目标的中立行为。对于 $c_{\min}$ 和 $c_{\max}$ 之间的任意值，T_{neu} 的概率分布 $P_{T_{\text{neu}}}\left(t\right)$ 是一个常数。即当 $c_{\min} \leqslant t \leqslant c_{\max}$ 时，$P_{T_{\text{neu}}}\left(t\right) = 1$，

在其他情况下，$P_{T_{\text{neu}}}(t)=0$。

对于效益型属性，可得

$$P(x \succeq T_{\text{neu}}) = P(x \geqslant T_{\text{neu}}) = \frac{x - c_{\min}}{c_{\max} - c_{\min}} \tag{4-6}$$

特别地，如果$c_{\max}=1$和$c_{\min}=0$，则$P(v \succeq T_{\text{neu}})=v$，目标导向的模型简化为期望值函数。在这种情况下，当$0 \leqslant x \leqslant 1$时，设目标表示为$T_{\text{ori}}(v)=1$，否则设目标表示为$T_{\text{ori}}(x)=0$。

对于成本型属性，可得

$$P(x \succeq T_{\text{neu}}) = P(x \leqslant T_{\text{neu}}) = \frac{c_{\max} - x}{c_{\max} - c_{\min}} \tag{4-7}$$

（2）乐观目标T_{opt}，它一般由对最大值有渴望的决策者给出。随着值从$c_{\min}$增加到$c_{\max}$，越来越容易达到目标。因此，T_{opt}的概率分布$P_{T_{\text{opt}}}(t)$是单调递增的，定义为

$$P_{T_{\text{opt}}}(t) = \begin{cases} \left(\dfrac{t - c_{\min}}{c_{\max} - c_{\min}}\right)^{\beta}, & c_{\min} \leqslant t \leqslant c_{\max} \\ 0, & \text{其他} \end{cases} \tag{4-8}$$

其中$\beta > 0$为风险参数，β越大，决策者越乐观。

对于效益型属性，可得

$$P(x \succeq T_{\text{opt}}) = P(x \geqslant T_{\text{opt}}) = \left(\frac{x - c_{\min}}{c_{\max} - c_{\min}}\right)^{\beta+1}, \beta > 0 \tag{4-9}$$

对于成本型属性，可得

$$P(x \succeq T_{\text{opt}}) = P(x \leqslant T_{\text{opt}}) = 1 - \left(\frac{x - c_{\min}}{c_{\max} - c_{\min}}\right)^{\beta+1}, \beta > 0 \tag{4-10}$$

（3）悲观目标T_{pes}，它表明决策者对目标的评价是保守的。随着值从$c_{\min}$增加到$c_{\max}$，实现目标的难度越来越大。因此，T_{pes}的概率分布$P_{T_{\text{pes}}}(t)$是单调递减的，定义为

$$P_{T_{\text{pes}}}(t) = \begin{cases} \left(\dfrac{c_{\max} - t}{c_{\max} - c_{\min}}\right)^{\beta}, & c_{\min} \leqslant t \leqslant c_{\max} \\ 0, & \text{其他} \end{cases} \tag{4-11}$$

其中 $\beta>0$ 为风险参数。β 越大，决策者越悲观。

对于效益型属性，可得

$$P\left(x \succeq T_{\text{pes}}\right)=P\left(x \geqslant T_{\text{pes}}\right)=\left(\frac{c_{\max}-t}{c_{\max}-c_{\min}}\right)^{\beta+1}, \beta>0 \tag{4-12}$$

对于成本型属性，可得

$$P\left(x \succeq T_{\text{pes}}\right)=P\left(x \leqslant T_{\text{pes}}\right)=1-\left(\frac{c_{\max}-t}{c_{\max}-c_{\min}}\right)^{\beta+1}, \beta>0 \tag{4-13}$$

（4）单峰目标 T_{uni}，假设 c_0 为参考点，当值从 $c_{\min}$ 增加到 c_0 时，更容易达到目标；当值从 c_0 增加到 $c_{\max}$ 时，为相反的情况。T_{uni} 在区间 $\left[c_{\min}, c_{\max}\right]$ 上的概率分布 $P_{T_{\text{uni}}}(t)$ 是非单调的，定义为

$$P_{T_{\text{uni}}}(t)=\begin{cases}\left(\dfrac{t-c_{\min}}{c_0-c_{\min}}\right)^{\beta}, c_{\min} \leqslant t \leqslant c_0 \\ \left(\dfrac{c_{\max}-t}{c_{\max}-c_0}\right)^{\beta}, c_0 \leqslant t \leqslant c_{\max} \\ 0, \quad\quad\quad 其他\end{cases} \tag{4-14}$$

其中 $\beta>0$。在这里设 $c_0=\dfrac{c_{\min}+c_{\max}}{2}$。

对于效益型属性，可得

$$P\left(x \succeq T_{\text{uni}}\right)=P\left(x \geqslant T_{\text{uni}}\right)=$$

$$\begin{cases}\dfrac{\left(x-c_{\min}\right)^{\beta+1}}{\left(c_0-c_{\min}\right)\left[\left(c_0-c_{\min}\right)^{\beta}+\left(c_{\max}-v_0\right)^{\beta}\right]}, & c_{\min} \leqslant x \leqslant c_0 \\ \dfrac{\left(c_0-c_{\min}\right)^{\beta}}{\left(c_0-c_{\min}\right)^{\beta}+\left(c_{\max}-c_0\right)^{\beta}}-\dfrac{\left(c_{\max}-x\right)^{\beta+1}-\left(c_{\max}-c_0\right)^{\beta+1}}{\left(c_{\max}-c_0\right)\left[\left(c_0-c_{\min}\right)^{\beta}+\left(c_{\max}-c_0\right)^{\beta}\right]}, & c_0 \leqslant x \leqslant c_{\max}\end{cases} \tag{4-15}$$

对于成本型属性，可得

$$P\left(x \succeq T_{\text{uni}}\right)=P\left(x \leqslant T_{\text{uni}}\right)=$$

$$\begin{cases} 1-\dfrac{(x-c_{\min})^{\beta+1}}{(c_0-c_{\min})\left[(c_0-c_{\min})^{\beta}+(c_{\max}-c_0)^{\beta}\right]}, & c_{\min}\leqslant x\leqslant c_0 \\ 1-\dfrac{(c_0-c_{\min})^{\beta}}{(c_0-c_{\min})^{\beta}+(c_{\max}-c_0)^{\beta}}+\dfrac{(c_{\max}-x)^{\beta+1}-(c_{\max}-c_0)^{\beta+1}}{(c_{\max}-c_0)\left[(c_0-c_{\min})^{\beta}+(c_{\max}-c_0)^{\beta}\right]}, & c_0\leqslant x\leqslant c_{\max} \end{cases} \tag{4-16}$$

这四种目标可以被描述为如图 4－1 所示的图形。

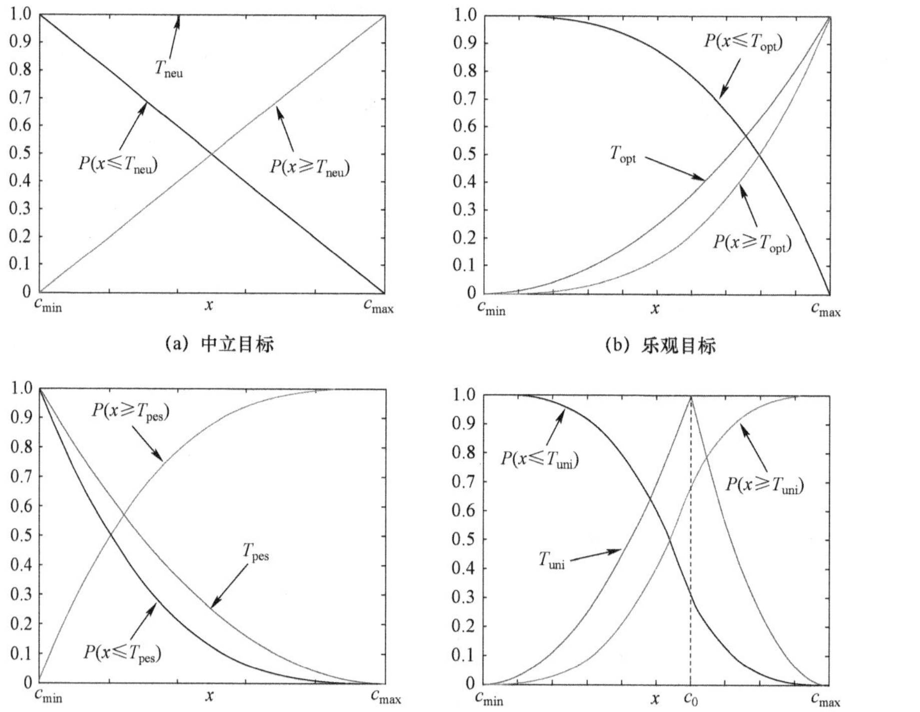

图 4－1　四种目标

从图 4－1 可以发现，当 x 从 $c_{\min}$ 增加到 $c_{\max}$ 时，T_{neu} 不变，T_{opt} 增加，T_{pes} 减少，这表明决策者对 $T=T_{neu}$ 条件下的任何结果都持中立态度，在 $T=T_{opt}$ 条件下采取追求风险的行为，在 $T=T_{pes}$ 条件下采取规避风险的行为。需要注意的是，$T=T_{uni}$ 先增加后减少，说明决策者在 c_0 点之前具有风险追求的行为，而在 c_0 点之后具有风险规避的行为，这与前景理论的 S 型效用函数一致。[62]

对于平等型属性，目标值在参考点 c_m 是相对固定的，不会有太大的变化，即

不能太大或太小，可以表示为

$$P(x \succeq T)=P(x \cong T)=\begin{cases}P(x \geqslant T_r), c_{\min} \leqslant x \leqslant c_{\mathrm{m}} \\ P(x \leqslant T_l), c_{\mathrm{m}} \leqslant x \leqslant c_{\max}\end{cases} \tag{4-17}$$

其中 T_r 和 T_l 可以表示为 T_{neu}，T_{opt}，T_{pes}，T_{uni}，$P(x \cong T)$ 的图形表示如图 4－2 所示。

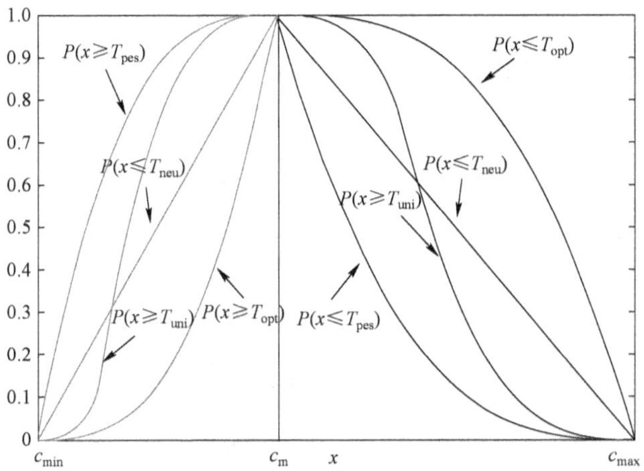

图 4－2　$P(x \cong T)$ 的图形表示

本节给出的目标是 Huynh 等[65]和 Yan 等[64]定义的目标的一般形式，特别地，如果 $\beta=1$，则目标 T_{neu}，T_{opt}，T_{pes}，T_{uni} 退化为 Huynh 等[65]和 Yan 等[64]定义的目标。Huynh 等[65]和 Yan 等[64]假设目标函数的边际效用为常数或线性增加或线性减少，这在实际问题中并不常见。本节定义的目标函数的边际效用可以是常数，如 T_{neu}，可以是非线性递增，如 T_{opt}，可以是非线性递减，如 T_{pes}，也可以是先非线性递增后非线性递减，如 T_{uni}。实际上，Bordley 等[60]也给出了两种目标，与乐观目标和悲观目标一致，但他们只是简要地绘制了示意图，并没有深入展开研究。

Bordley 等[61]指出目标函数等价于期望值函数（也可以视为加权平均算子）。设 $d_{ij}=P(v_{ij} \succeq T)$，则式（4－2）可以写为 $z_i=\sum_{j=1}^{n} d_{ij} v_j$。值得注意的是，面向目标的模型中使用的权重向量只与具体的属性评价值相关，而与属性评价值的顺序位置无关。

Yager[68]给出一种集成算子，称为有序加权平均（OWA）算子。

定义 4.1 设 $\boldsymbol{w}=(w_1,w_2,\cdots,w_n)^{\mathrm{T}}$ 为权重向量且满足 $\sum_{j=1}^{n}w_j=1$，$w_j\geqslant 0$，$j=1,2,\cdots,n$，则 OWA 算子定义为

$$F(x_i)=F(v_{i1},v_{i2},\cdots,v_{in})=\sum_{j=1}^{n}b_{ij}w_j \tag{4-18}$$

其中 b_{ij} 为 $v_{i1},v_{i2},\cdots,v_{in}$ 中第 j 大的元素。

OWA 算子的一个重要特性是对集成的数据进行重新排序，OWA 算子中的权重向量与排序中的特定位置相关，而不与集成数据相关。若在 OWA 算子中考虑目标，则给出下面的定义。

定义 4.2 设 $\boldsymbol{w}=(w_1,w_2,\cdots,w_n)^{\mathrm{T}}$ 为权重向量且满足 $\sum_{j=1}^{n}w_j=1$，$w_j\geqslant 0$，$j=1,2,\cdots,n$，则面向目标的 OWA 算子定义为

$$F_T(x_i)=P(x_i\succeq T)=\sum_{j=1}^{n}p_{ij}w_j \tag{4-19}$$

其中 p_{ij} 为 $P(v_{i1}\succeq T),P(v_{i2}\succeq T),\cdots,P\left(v_{i(n-1)}\succeq T\right)$ 和 $P(v_{in}\succeq T)$ 中的第 j 大的元素。特别地，如果 $T=T_{\mathrm{ori}}$，则面向目标的 OWA 算子可简化为 OWA 算子。

例 4.1 设 $x_1=(0.9,0.6)$, $x_2=(0.7,0.8)$ 为具有两个属性的两个方案，$\boldsymbol{w}=(0.6,0.4)^{\mathrm{T}}$ 为相关的权重向量。如果用 OWA 算子集成 A_1 和 A_2 的属性值，则可以得到 A_1 和 A_2 的综合评价值分别为 $F(x_1)=0.78, F(x_2)=0.76$，这意味着方案 x_1 优于方案 x_2。

设 $T=T_{\mathrm{uni}}$ 和 $c_0=0.6$，$c_{\min}=0$ 和 $c_{\max}=1$，如果使用面向目标的 OWA 集成算子来计算方案的综合评价值，则可以得到

$$F_T(x_1)=0.825,\quad F_T(x_2)=0.85$$

可以发现 x_2 优于 x_1，这与使用 OWA 算子得到的结果相反，说明使用目标可能会得到相反的决策结果，也说明在基于 OWA 算子的多属性决策中需要考虑目标。

4.2 面向目标的针对最优方案的多属性决策分析

在基于 OWA 算子的多属性决策中，我们使用 orness 来表示决策者对属性权重向量的偏好，orness 也被称为“态度特征”[76]，它可以根据决策者的偏好[69]来控

制属性权重向量的概率分布。本节将基于面向目标的 OWA 算子分析目标对属性评价值的影响以及属性权重向量的态度特征对最优方案的影响。

为了反映 OWA 算子的权重的分布特征，Yager[76]引入了一种称为态度特征的度量：

$$\sum_{j=1}^{n}\frac{n-j}{n-1}w_j=\alpha \tag{4-20}$$

它在集成中对较大或较小的属性评价值较偏爱，态度特征可以反映决策者对 OWA 算子权重选择的偏好。

值得注意的是，式（4-20）中的约束只能产生线性 OWA 权重向量 $\boldsymbol{w}$，使得 $w_1\geqslant w_2\geqslant\cdots\geqslant w_n$ 或 $w_1\leqslant w_2\leqslant\cdots\leqslant w_n$ 成立。然而，其他非单调 OWA 算子在理论和实践中也很有用，例如对称 OWA 算子，其权重向量满足 $w_i=w_{n+1-i}$。Yager[77]给出压力函数的概念，允许决策者强调他们想要给予更多权重的属性，在此基础上，Liu 等[72]给出广义的态度特征：

$$\sum_{j=1}^{n}h\left(\frac{n-j}{n-1}\right)w_j=\alpha \tag{4-21}$$

其中 $h(x)$ 在 $[0,1]$ 上非负且连续，$\alpha\in\left[\alpha^L,\alpha^U\right]$，$\alpha^L=\min\limits_{1\leqslant i\leqslant n}h\left(\frac{n-i}{n-1}\right)=h\left(\frac{n-i_1}{n-1}\right)$，$\alpha^U=\min\limits_{1\leqslant i\leqslant n}h\left(\frac{n-i}{n-1}\right)=h\left(\frac{n-i_2}{n-1}\right)$ 为 α 的上下界，且 $\boldsymbol{w}_{\alpha^L}=\left(0,\cdots 0,1^{i_1 th},0\cdots,0\right)^{\mathrm{T}}$ 和 $\boldsymbol{w}_{\alpha^U}=\left(0,\cdots 0,1^{i_2 th},0\cdots,0\right)^{\mathrm{T}}$。如果 $h(x)=x$，则式（4-21）退化为式（4-20）。根据决策者对压力函数的偏好，$h(x)$ 可以表现为不同的形式[72]：

$$h_1=h(x)=x，\quad h_2=h(x)=\frac{1}{2}(2x-1)^3+\frac{1}{2}$$

$$h_3=h(x)=\frac{2.5\sqrt{2}x^{-12.5(x-0.5)^2}}{\sqrt{\pi}}，\quad h_4=h(x)=1+x\sin x$$

以上四种情况可以用图 4-3 描述，而权重向量的态度特征分别表示为 α_1，α_2，α_3，α_4。基于压力函数的态度特征的具体形式，决策者可以进一步选择他们偏好的 OWA 算子的权重向量。

在基于目标导向的 OWA 算子的多属性决策中，最优方案会随着属性权重向量和属性评价目标的变化而变化。由于 OWA 的权重向量的变化可以通过态度特征来反映，因此我们可以进一步探究属性权重向量的态度特征（或属性目标）与最优

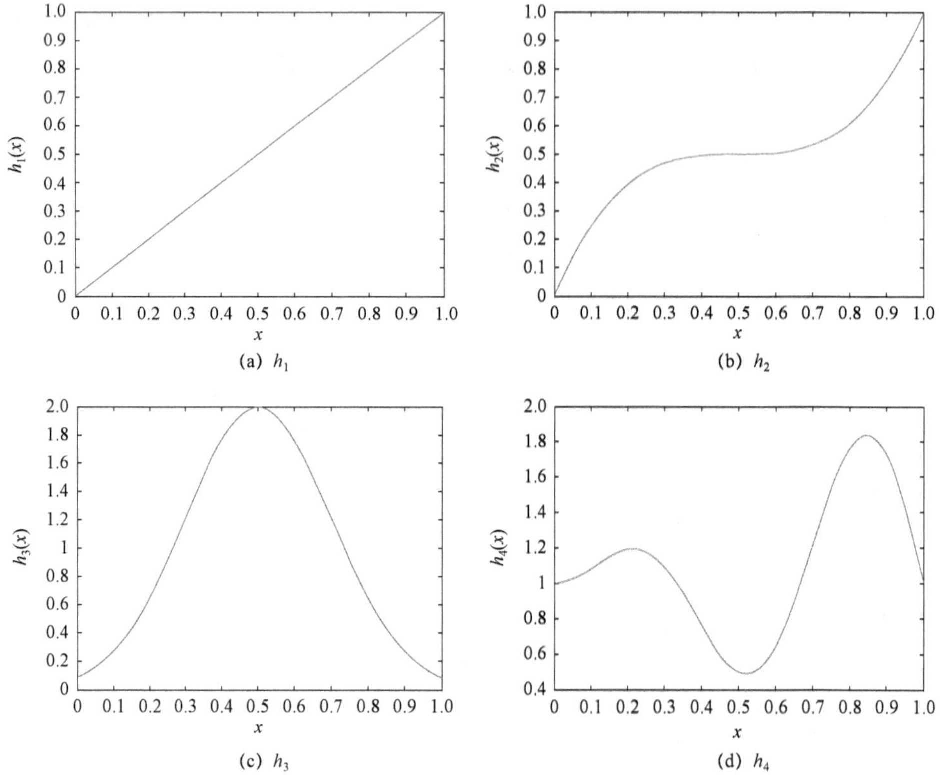

图 4－3　函数 h_1， h_2， h_3， h_4 的形状

方案之间的关系。在这之前，我们给出下面的模型来判别一个方案是否为最优的。

$$\max \quad \varphi_i \qquad \text{（MOD 4-1）}$$

$$\text{s.t.} \quad \sum_{j=1}^{n} w_j \left(p_{ij} - p_{kj} \right) + \varphi_i \geqslant 0, i \neq k, k = 1, 2, \cdots, m, \varphi_i \geqslant 0$$

$$\sum_{j=1}^{n} w_j = 1, w_j \geqslant 0, j = 1, 2, \cdots, n$$

其中 p_{ij} 为方案 x_i 属性评价值 $P\left(v_{i1} \succeq T\right), P\left(v_{i2} \succeq T\right), \cdots, P\left(v_{in} \succeq T\right)$ 中第 j 大的数。

设 φ_i^* 为模型（MOD 4－1）的最优值，如果 $\varphi_i^* = 0$，则满足 $\sum_{j=1}^{n} \left(p_{ij} - p_{kj} \right) w_j \geqslant 0$ $\left(i \neq k, k = 1, 2, \cdots, m \right)$ 中的所有约束，说明 x_i 是一个最优方案。如果 $\varphi_i^* > 0$，则至少

违反了 $\sum_{j=1}^{n}\left(p_{ij}-p_{kj}\right)w_j \geqslant 0\ \left(i \neq k, k=1,2,\cdots,m\right)$ 中的一个约束，则 x_i 不是最优方案。特别地，如果 $T=T_{\text{ori}}$，则模型（MOD 4－1）简化为 Ahn[69]给出的模型。

值得注意的是，通过求解（MOD 4－1）可以获得多个最优方案，其中任何一个最优方案对应的属性权重向量都不是唯一的，因此，相应的属性权重向量的态度特征也不是唯一的。一个潜在最优方案对应的属性权重向量的态度特征的范围越广，其成为最优方案的可能性越大。通过模型可以计算出每个潜在最优方案的属性权重向量的态度特征的范围，从而可以确定哪个潜在最优方案对应的属性权重向量的态度特征的范围更广，哪个则相对狭窄。从另一个视角，给定一个属性权重向量的态度特征的区间，我们能够确定相应的潜在最优方案，进一步可以识别出哪个区间包含了最多的潜在最优方案，同时可以分析属性评价值的目标对潜在最优方案的影响。

对于任意给定的潜在最优方案 x_i，通过求解以下模型可以确定属性权重向量的态度特征的极值：

$$
\begin{aligned}
&\max/\min \quad \alpha \qquad\qquad (\text{MOD } 4-2)\\
&\text{s.t.}\quad \sum_{j=1}^{n} w_j p_{ij} \geqslant \sum_{j=1}^{n} w_j p_{kj},\ i \neq k,\ k=1,2,\cdots,m\\
&\qquad \sum_{j=1}^{n} h\left(\frac{n-j}{n-1}\right) w_j = \alpha\\
&\qquad \sum_{j=1}^{n} w_j = 1,\ w_j \geqslant 0,\ j=1,2,\cdots,n
\end{aligned}
$$

其中 p_{ij} 和 p_{kj} 是前面定义的。特别地，如果 $T=T_{\text{ori}}$ 和 $h(x)=x$，则模型（MOD 4－2）退化为 Ahn[69]给出的模型。

通过求解模型（MOD 4－2），我们可以推导出每个可能潜在最优方案对应的属性权重向量的态度特征的范围，利用这些信息我们可以进行反向分析。也就是说，给定属性权重向量的态度特征区间，就能够确定对应的潜在最优方案。值得注意的是，每个潜在最优方案都与一个属性权重向量的态度特征范围相关，因此这些范围可能会有重叠。因此，对于一个特定的权重向量的态度特征，可能存在多个潜在的最优方案。那些对应属性权重向量的态度特征范围越广的方案成为最优方案的可能性越大。由于对不同的属性评价有不同的目标，则属性权重向量的态度特征也会有所不同，这样导致得出的结果有所差异。下面，我们将通过一个具体的例子来进一步说明本节给出的模型。

例 4.2[78] 在伊朗西北部的 Sefidrud 流域，正在建设 13 个水资源项目，主要用于水库及其配水网络。表 4-1 显示了这些项目在 7 个属性下的评价值。

表 4-1 13 个水资源项目在 7 个属性下的评价值

方案	c_1	c_2	c_3	c_4	c_5	c_6	c_7
x_1	0.64	0.10	0.59	0.49	0.85	0.78	0.78
x_2	0.48	0.70	0.59	0.59	0.85	0.65	0.78
x_3	0.95	0.30	0.24	0.50	0.42	0.13	0.44
x_4	0.48	0.20	0.47	0.55	0.42	0.65	0.44
x_5	0.95	0.40	0.71	0.47	0.42	0.52	0.67
x_6	0.48	0.10	0.12	0.49	0.85	0.78	0.67
x_7	0.80	0.70	0.82	0.46	0.28	0.39	0.56
x_8	0.80	0.70	0.12	0.55	0.85	0.13	0.56
x_9	0.80	0.40	0.12	0.65	0.85	0.13	0.78
x_{10}	0.48	0.20	0.59	0.46	0.85	0.13	0.78
x_{11}	0.48	0.20	0.47	0.46	0.85	0.13	0.78
x_{12}	0.48	0.70	0.71	0.46	0.85	0.13	0.78
x_{13}	0.95	0.70	0.82	0.37	0.42	0.13	0.78

设 $\beta=1$，我们首先使用模型（MOD 4-1）来识别潜在的最优方案。当目标为 T_{ori}，T_{opt}，T_{uni} 时，$x_1,x_2,x_3,x_5,x_8,x_9,x_{12},x_{13}$ 为潜在最优方案，这与 Ahn[69]）给出的结果相同；若设目标为 T_{pes}，则 x_7 为潜在最优方案。

接下来，我们使用模型（MOD 4-2）计算每个潜在最优方案的属性权重向量的态度特征的范围。通过为属性权重向量赋予不同的态度特征，并为属性设定不同的目标，我们可以得到不同的计算结果，详细的数据见表 4-2。当 $T=T_{\text{ori}}$ 和

$\alpha=\alpha_1$ 时，本节给出的模型与 Ahn[69]给出的模型相符，其计算结果也与 Ahn[69]得到的结果一致。

表 4－2　最优方案对应的态度特征的变化区间

目标	态度特征	x_1	x_2	x_3	x_5	x_7	x_8	x_9	x_{12}	x_{13}
T_{ori}	α_1	[0.25, 0.67]	[0.24, 1.00]	[0.00, 0.00]	[0.00, 0.56]	—	[0.23, 0.33]	[0.33, 0.33]	[0.43, 0.59]	[0.00, 0.56]
	α_2	[0.23, 0.57]	[0.23, 1.00]	[0.00, 0.00]	[0.00, 0.56]	—	[0.31, 0.41]	[0.48, 0.48]	[0.43, 0.56]	[0.00, 0.58]
	α_3	[0.60, 1.78]	[0.09, 1.82]	[0.09, 0.09]	[0.09, 0.77]	—	[0.60, 0.80]	[1.41, 1.41]	[1.16, 2.00]	[0.09, 1.91]
	α_4	[0.69, 1.37]	[0.56, 1.83]	[1.00, 1.00]	[0.86, 1.31]	—	[1.08, 1.15]	[1.00, 1.00]	[0.50, 0.98]	[0.50, 1.27]
T_{ops}	α_1	[0.31, 0.67]	[0.32, 1.00]	[0.00, 0.00]	[0.00, 0.75]	—	[0.28, 0.38]	[0.33, 0.33]	[0.48, 0.64]	[0.00, 0.64]
	α_2	[0.30, 0.70]	[0.30, 1.00]	[0.00, 0.00]	[0.00, 0.75]	—	[0.36, 0.44]	[0.48, 0.48]	[0.46, 0.64]	[0.00, 0.68]
	α_3	[0.74, 1.75]	[0.09, 1.78]	[0.09, 0.09]	[0.09, 0.94]	—	[0.65, 0.88]	[1.41, 1.41]	[1.23, 2.00]	[0.09, 2.00]
	α_4	[0.71, 1.45]	[0.64, 1.83]	[1.00, 1.00]	[0.89, 1.45]	—	[1.07, 1.16]	[1.00, 1.00]	[0.50, 1.01]	[0.5, 1.40]
T_{pes}	α_1	[0.05, 0.67]	[0.05, 1.00]	[0.00, 0.00]	[0.00, 0.12]	[0.18, 0.19]	[0.10, 0.25]	[0.33, 0.33]	[0.19, 0.57]	[0.00, 0.53]
	α_2	[0.05, 0.53]	[0.04, 1.00]	[0.00, 0.00]	[0.00, 0.16]	[0.36, 0.37]	[0.14, 0.38]	[0.48, 0.48]	[0.18, 0.53]	[0.00, 0.53]
	α_3	[0.20, 1.80]	[0.09, 1.89]	[0.09, 0.09]	[0.09, 0.43]	[0.47, 0.51]	[0.30, 0.66]	[1.41, 1.41]	[0.64, 2.00]	[0.09, 2.00]
	α_4	[0.66, 1.24]	[0.53, 1.83]	[1.00, 1.00]	[0.96, 1.05]	[1.16, 1.17]	[1.05, 1.16]	[1.00, 1.00]	[0.50, 1.01]	[0.50, 1.20]
T_{uni}	α_1	[0.06, 0.67]	[0.06, 1.00]	[0.00, 0.00]	[0.00, 0.16]	—	[0.11, 0.25]	[0.33, 0.33]	[0.26, 0.58]	[0.00, 0.58]
	α_2	[0.05, 0.58]	[0.05, 1.00]	[0.00, 0.00]	[0.00, 0.17]	—	[0.17, 0.39]	[0.48, 0.48]	[0.24, 0.58]	[0.00, 0.58]
	α_3	[0.21, 1.80]	[0.09, 1.85]	[0.09, 0.09]	[0.09, 0.30]	—	[0.34, 0.66]	[1.41, 1.41]	[0.81, 2.00]	[0.09, 2.00]
	α_4	[0.67, 1.25]	[0.58, 1.83]	[1.00, 1.00]	[0.97, 1.06]	—	[1.06, 1.17]	[1.00, 1.00]	[0.50, 0.98]	[0.50, 1.21]

既然属性权重向量的态度特征区间的宽度可以用来衡量每个潜在最优方案成为最优方案的可能性，那么我们可以利用它来对潜在的最优方案进行排序。结果见表 4－3，其中 x_3 和 x_9 对应的属性权重向量的态度特征范围较其他方案窄，表明这两个方案成为最优方案的可能性较小。而态度特征和目标的 10 个组合支持 x_2 为

最优方案，其对应的属性权重向量的态度特征区间也是最宽的，因此 x_2 成为最优方案的可能性较大。

表 4－3　潜在最优方案对应的态度特征区间的宽度和方案排序

目标	态度特征	x_1	x_2	x_3	x_5	x_7	x_8	x_9	x_{12}	x_{13}	排序
T_{ori}	α_1	0.42	0.76	0	0.56	—	0.1	0	0.16	0.56	$x_2 \succeq x_5 \succeq x_{13} \succeq x_1 \succeq x_{12} \succeq x_8 \succeq x_3 \sim x_9$
	α_2	0.34	0.77	0	0.56	—	0.1	0	0.13	0.58	$x_2 \succeq x_{13} \succeq x_5 \succeq x_1 \succeq x_{12} \succeq x_8 \succeq x_3 \sim x_9$
	α_3	1.18	1.73	0	0.68	—	0.2	0	0.84	1.82	$x_{13} \succeq x_2 \succeq x_1 \succeq x_{12} \succeq x_5 \succeq x_8 \succeq x_3 \sim x_9$
	α_4	0.68	1.27	0	0.45	—	0.07	0	0.48	0.77	$x_2 \succeq x_{13} \succeq x_1 \succeq x_{12} \succeq x_5 \succeq x_8 \succeq x_3 \sim x_9$
T_{ops}	α_1	0.36	0.68	0	0.75	—	0.1	0	0.16	0.64	$x_5 \succeq x_2 \succeq x_{13} \succeq x_1 \succeq x_{12} \succeq x_8 \succeq x_3 \sim x_9$
	α_2	0.4	0.7	0	0.75	—	0.08	0	0.18	0.68	$x_5 \succeq x_2 \succeq x_{13} \succeq x_1 \succeq x_{12} \succeq x_8 \succeq x_3 \sim x_9$
	α_3	1.01	1.69	0	0.85	—	0.23	0	0.77	1.91	$x_{13} \succeq x_2 \succeq x_1 \succeq x_5 \succeq x_{12} \succeq x_8 \succeq x_3 \sim x_9$
	α_4	0.74	1.19	0	0.56	—	0.09	0	0.51	0.90	$x_2 \succeq x_{13} \succeq x_1 \succeq x_5 \succeq x_{12} \succeq x_8 \succeq x_3 \sim x_9$
T_{pes}	α_1	0.62	0.95	0	0.12	0.01	0.15	0	0.38	0.53	$x_2 \succeq x_1 \succeq x_{13} \succeq x_{12} \succeq x_5 \succeq x_8 \succeq x_7 \succeq x_3 \sim x_9$
	α_2	0.48	0.96	0	0.16	0.01	0.24	0	0.35	0.53	$x_2 \succeq x_{13} \succeq x_1 \succeq x_{12} \succeq x_8 \succeq x_5 \succeq x_7 \succeq x_3 \sim x_9$
	α_3	1.6	1.8	0	0.34	0.04	0.36	0	1.36	1.91	$x_{13} \succeq x_2 \succeq x_1 \succeq x_{12} \succeq x_8 \succeq x_5 \succeq x_7 \succeq x_3 \sim x_9$
	α_4	0.58	1.3	0	0.09	0.01	0.11	0	0.51	0.70	$x_2 \succeq x_{13} \succeq x_1 \succeq x_{12} \succeq x_8 \succeq x_5 \succeq x_7 \succeq x_3 \sim x_9$
T_{uni}	α_1	0.61	0.94	0	0.16	—	0.14	0	0.32	0.58	$x_2 \succeq x_1 \succeq x_{13} \succeq x_{12} \succeq x_5 \succeq x_8 \succeq x_3 \sim x_9$
	α_2	0.53	0.95	0	0.17	—	0.22	0	0.34	0.58	$x_2 \succeq x_{13} \succeq x_1 \succeq x_{12} \succeq x_8 \succeq x_5 \succeq x_3 \sim x_9$
	α_3	1.59	1.76	0	0.21	—	0.32	0	1.19	1.91	$x_{13} \succeq x_2 \succeq x_1 \succeq x_{12} \succeq x_8 \succeq x_5 \succeq x_3 \sim x_9$
	α_4	0.58	1.25	0	0.09	—	0.11	0	0.48	0.71	$x_2 \succeq x_{13} \succeq x_1 \succeq x_{12} \succeq x_8 \succeq x_5 \succeq x_3 \sim x_9$

根据表 4－2，图 4－4～图 4－11 给出了详细的比较。图 4－4～图 4－7 比较了不同属性目标对属性权重向量态度特征的影响。在这些图中，设 T_1 表示 T_{neu}，T_2 表示 T_{opt}，T_3 表示 T_{pes}，T_4 表示 T_{uni}。不同的属性目标对属性权重向量的态度特征产生了不同的影响。例如，当目标为 T_{opt} 时，x_5 和 x_{13} 对应的属性权重向量的态度特征的范围比其他方案更宽，这意味着当目标为 T_{opt} 时，x_5 和 x_{13} 最有可能成为最优方案。当目标为 T_{pes} 时，x_7 成为潜在最优方案，而当目标为其他形式时就不会

发生这种情况。

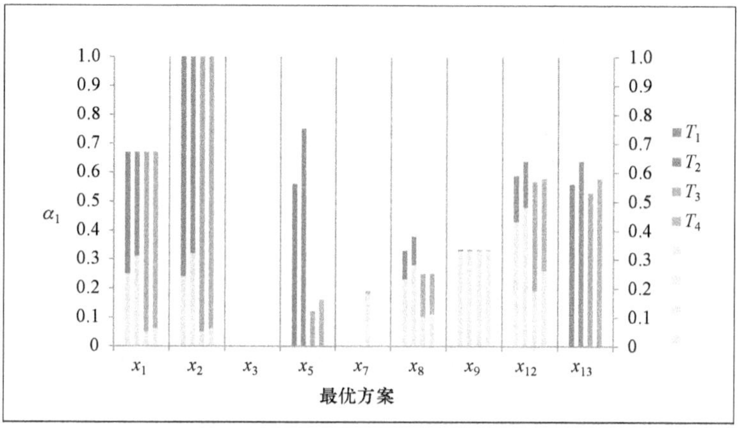

图 4-4　不同目标下每一方案排在第一位时对应的态度特征 α_1 的变化对比

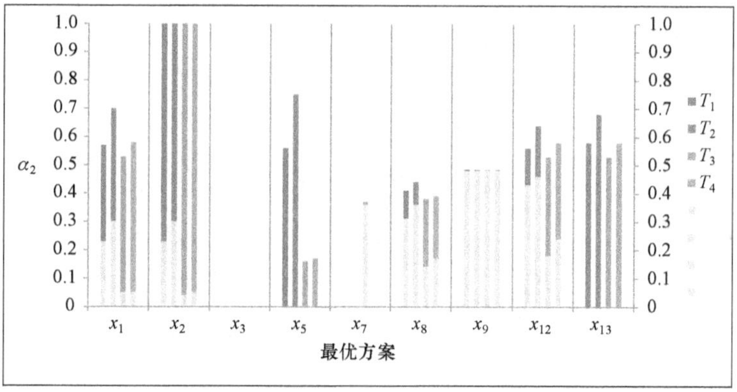

图 4-5　不同目标下每一方案排在第一位时对应的态度特征 α_2 的变化对比

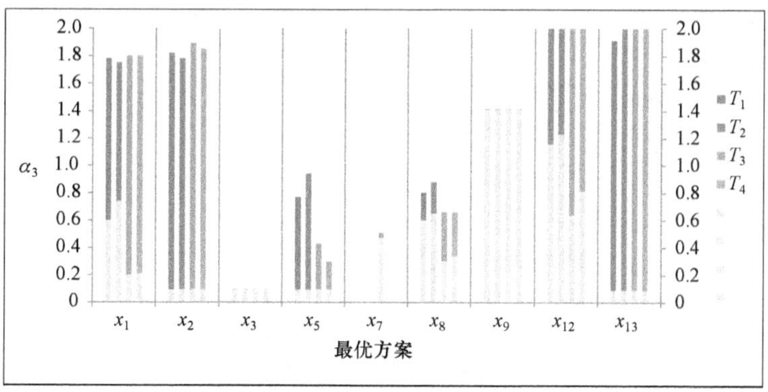

图 4-6　不同目标下每一方案排在第一位时对应的态度特征 α_3 的变化对比

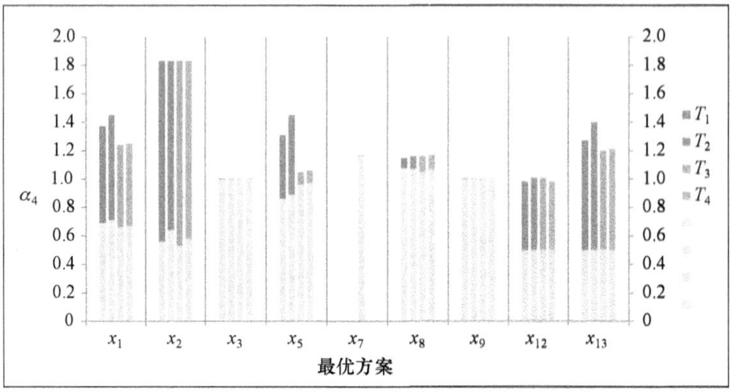

图 4-7 不同目标下每一方案排在第一位时对应的态度特征 α_4 的变化对比

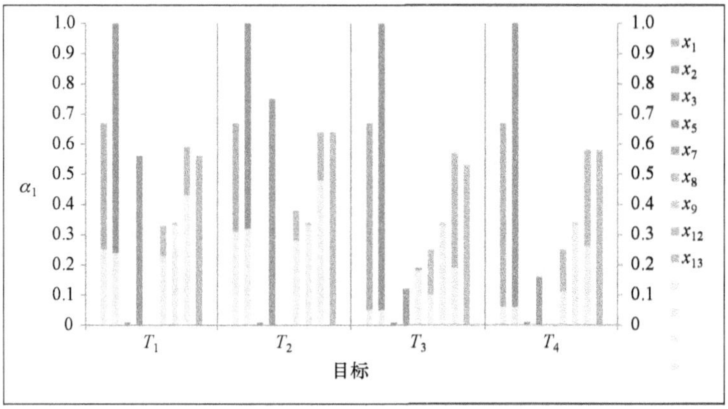

图 4-8 同一目标下方案排在第一位的态度特征 α_1 的变化对比

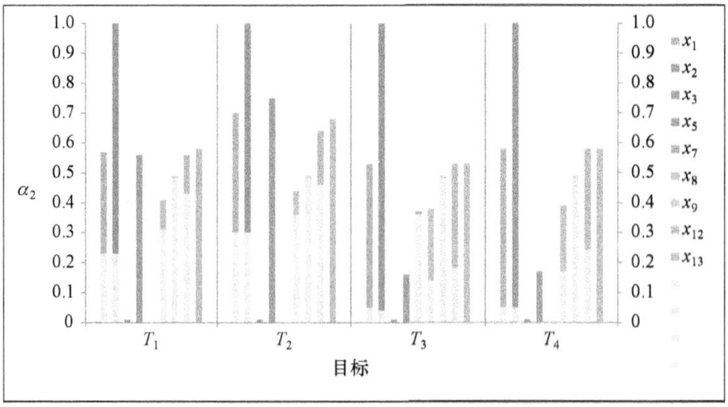

图 4-9 同一目标下方案排在第一位的态度特征 α_2 的变化对比

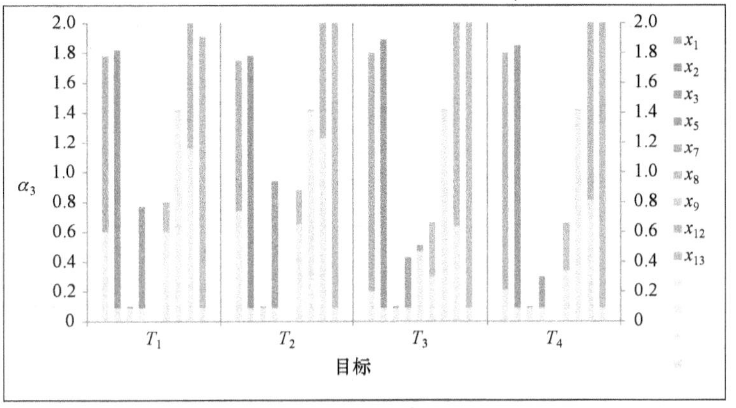

图 4－10　同一目标下方案排在第一位的态度特征 α_3 的变化对比

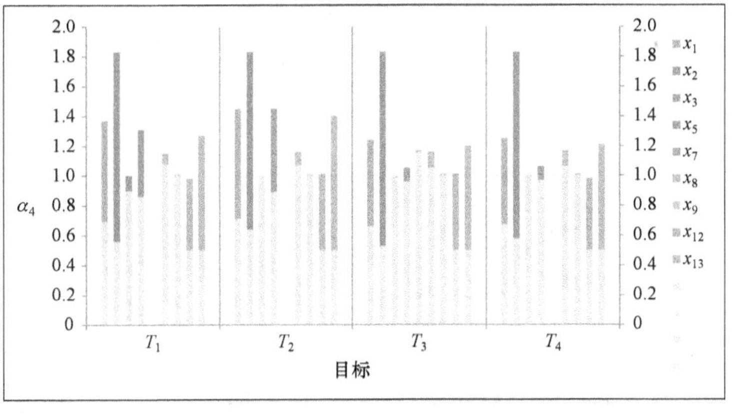

图 4－11　同一目标下方案排在第一位的态度特征 α_4 的变化对比

如图 4－8～图 4－11 所示，不同方案在属性权重向量的态度特征上表现出明显的差异。从图中可以观察到，x_5 和 x_{13} 对应属性权重向量态度特征的低值，而 x_2 对应属性权重向量态度特征的高值。通过赋予属性权重向量态度特定的值，我们可以确定潜在的最优方案。以 T_{pes} 为例，随着属性权重向量态度特征的变化，相应的潜在最优方案也发生变化，具体结果见表 4－4。特别地，当 α 被设为最大值且 h 为 h_1，h_2，h_4 时，则 x_2 是唯一的潜在最优方案，当 α 被指定为最大值且 h 为 h_3 时，x_{12} 和 x_{13} 是潜在最优方案。

表 4-4 当 $T=T_{pes}$ 时，随着态度特征的变化最优方案的变化情况

α_1	最优方案	α_2	最优方案	α_3	最优方案	α_4	最优方案
[0.00, 0.05)	x_3, x_5, x_{13}	[0.00, 0.04)	x_3, x_5, x_{13}	[0.09, 0.20)	x_2, x_3, x_5, x_{13}	[0.50, 0.53)	x_{12}, x_{13}
[0.05, 0.10]	x_1, x_2, x_5, x_{13}	[0.04, 0.05)	x_2, x_5, x_{13}	[0.20, 0.30)	x_1, x_2, x_5, x_{13}	[0.53, 0.66)	x_2, x_{12}, x_{13}
(0.10, 0.12]	x_1, x_2, x_5, x_8, x_{13}	[0.05, 0.14)	x_1, x_2, x_5, x_{13}	[0.30, 0.43]	x_1, x_2, x_5, x_8, x_{13}	[0.66, 0.96)	x_1, x_2, x_{12}, x_{13}
(0.12, 0.18)	x_1, x_2, x_8, x_{13}	[0.14, 0.16]	x_1, x_2, x_5, x_8, x_{13}	(0.43, 0.47)	x_1, x_2, x_8, x_{13}	[0.96, 1.00]	x_1, x_2, x_3, x_9, x_{12}, x_{13}
[0.18, 0.19]	x_1, x_2, x_7, x_8, x_{12}, x_{13}	(0.16, 0.18)	x_1, x_2, x_8, x_{13}	[0.47, 0.51]	x_1, x_2, x_7, x_8, x_{13}	(1.00, 1.01]	x_1, x_2, x_{12}, x_{13}
(0.19, 0.25]	x_1, x_2, x_8, x_{12}, x_{13}	[0.18, 0.36)	x_1, x_2, x_8, x_{12}, x_{13}	(0.51, 0.64)	x_1, x_2, x_8, x_{13}	(1.01, 1.05]	x_1, x_2, x_5, x_{12}, x_{13}
(0.25, 0.33]	x_1, x_2, x_9, x_{12}, x_{13}	[0.36, 0.37]	x_1, x_2, x_7, x_8, x_{12}, x_{13}	[0.64, 0.66]	x_1, x_2, x_8, x_{12}, x_{13}	(1.05, 1.16]	x_1, x_2, x_5, x_7, x_8, x_{12}, x_{13}
(0.33, 0.53]	x_1, x_2, x_{12}, x_{13}	(0.37, 0.38]	x_1, x_2, x_8, x_{12}, x_{13}	(0.66, 1.41]	x_1, x_2, x_9, x_{12}, x_{13}	(1.16, 1.17]	x_1, x_2, x_7, x_8, x_{12}, x_{13}
(0.53, 0.57]	x_1, x_2, x_{12}	(0.38, 0.48]	x_1, x_2, x_9, x_{12}, x_{13}	(1.41, 1.80]	x_1, x_2, x_{12}, x_{13}	(1.17, 1.20]	x_1, x_2, x_{12}, x_{13}
(0.57, 0.67]	x_1, x_2	(0.48, 0.53]	x_1, x_2, x_{12}, x_{13}	(1.80, 1.89]	x_2, x_{12}, x_{13}	(1.20, 1.24]	x_1, x_2, x_{12}
(0.67, 1.00]	x_2	(0.53, 1.00]	x_2	(1.89, 2.00]	x_{12}, x_{13}	(1.24, 1.83]	x_2

4.3 面向目标的对方案排序有限制的多属性决策分析

Ahn[69]分析了在确定某一方案为最优方案时，属性权重向量的态度特征对多属性决策的影响。但在特定场合，例如评定奖学金或惩罚员工时，我们往往关心的不仅是寻找最优或最劣的方案，而是要确定排名前列的学生或是排名末尾的员工。[56]因此，本节将重点研究在方案排序有特殊要求的背景下面向目标的多属性决策方法。

设 r 表示方案 x_k 的排序位置，假设需要识别排序满足 $r^L \leqslant r \leqslant r^U$

$(k=1,2,\cdots,m)$ 的方案。当 $r^L=1$ 和 $r^U<m$ 时，我们关注的是排名靠前的方案；当 $r^L>1$ 和 $r^U=m$ 时，我们关注的是排序靠后的方案。

考虑到属性的目标和属性权重向量的广义态度特征，首先给出 x_k 在 $r^L\leqslant r\leqslant r^U$ 约束下，求解方案 x_k 的属性权重向量态度特征 α 的取值范围的模型：

$$\max/\min \quad \alpha \qquad \text{(MOD 4-3)}$$

$$\text{s.t.} \quad \sum_{j=1}^{n} w_j\left(p_{ij}-p_{kj}\right)+g_i=0, i\neq k, k=1,2,\cdots,m$$

$$\sum_{j=1}^{n} h\left(\frac{n-j}{n-1}\right)w_j=\alpha$$

$$0\leqslant g_i+Me_i\leqslant M-\varepsilon, i\neq k, k=1,2,\cdots,m$$

$$e_i\in\{0,1\}, i\neq k, k=1,2,\cdots,m$$

$$r^L\leqslant \sum_{i=1,i\neq k}^{m} e_i+1\leqslant r^U$$

$$\sum_{j=1}^{n} w_j=1, w_j\geqslant 0, j=1,2,\cdots,n$$

$$g_i \text{为自由变量}, i\neq k, k=1,2,\cdots,m$$

其中 p_{ij} 和 p_{kj} 是前面定义的，M 是一个足够大的正数，ε 是一个大于 0 的极小值。

基于以上分析，下面的模型可以确定方案 x_k 的最好和最差排序：

$$\max/\min \quad R=\sum_{i=1,i\neq k}^{m} e_i+1 \qquad \text{(MOD 4-4)}$$

$$\text{s.t.} \quad \sum_{j=1}^{n} w_j\left(p_{ij}-p_{kj}\right)+g_i=0, i\neq k, k=1,2,\cdots,m$$

$$\sum_{j=1}^{n} h\left(\frac{n-j}{n-1}\right)w_j=\alpha$$

$$0\leqslant g_i+Me_i\leqslant M-\varepsilon, i\neq k, k=1,2,\cdots,m$$

$$e_i\in\{0,1\}, i\neq k, k=1,2,\cdots,m$$

$$\sum_{j=1}^{n} w_j=1, w_j\geqslant 0, j=1,2,\cdots,n$$

$$g_i \text{为自由变量}, i\neq k, k=1,2,\cdots,m$$

其中 p_{ij}，p_{kj}，M 和 ε 为之前定义的。

设模型（MOD 4－4）中的$R^L=\min R$和$R^U=\max R$，则方案x_k的排序次序R属于区间$\left[R^L,R^U\right]$。如果$\left[r^L,r^U\right]\cap\left[R^L,R^U\right]\neq\varnothing$，则模型（MOD 4－3）有全局最优解，否则模型（MOD 4－3）无解。特别地，如果目标为T_{ori}，$h(x)=x$，则本节给出的模型简化为Ma等[56]给出的模型。

虽然本节给出的模型与Ma等[56]给出的模型相似，但考虑了属性的目标和权重向量的态度特征，模型更加灵活，可以为决策者提供更多的选择。

在例4－2中，通过求解模型（MOD 4－4），可以得到各备选方案的最优和最差排序，具体可参见图4－12。从表4－5中，我们可以发现当目标为T_{ori}，T_{opt}，T_{uni}时，x_7的最优排序位置为第2位，而当目标为T_{pes}时，x_7的最优排序位置为第1位；当目标为T_{ori}，T_{pes}，T_{uni}时，x_{10}的最差排序位置为第11位，当目标为T_{opt}时，x_{10}的最差排序位置是第12位。

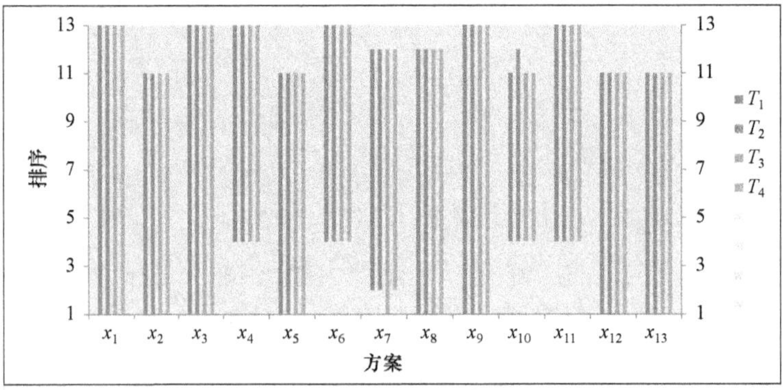

图4－12　方案的排序区间

表4－5　每个方案的最好和最差排序

方案	T_{ori}		T_{opt}		T_{pes}		T_{uni}	
	R^L	R^U	R^L	R^U	R^L	R^U	R^L	R^U
x_1	1	13	1	13	1	13	1	13
x_2	1	11	1	11	1	11	1	11
x_3	1	13	1	13	1	13	1	13
x_4	4	13	4	13	4	13	4	13
x_5	1	11	1	11	1	11	1	11

续表

方案	T_{ori}		T_{opt}		T_{pes}		T_{uni}	
	R^L	R^U	R^L	R^U	R^L	R^U	R^L	R^U
x_6	4	13	4	13	4	13	4	13
x_7	2	12	2	12	1	12	2	12
x_8	1	12	1	12	1	12	1	12
x_9	1	13	1	13	1	13	1	13
x_{10}	4	11	4	12	4	11	4	11
x_{11}	4	13	4	13	4	13	4	13
x_{12}	1	11	1	11	1	11	1	11
x_{13}	1	11	1	11	1	11	1	11

当我们将每个方案的排序限定在最后两位（第 12～13 位）时，可以通过模型（MOD 4－3）计算出关于属性权重向量态度特征的区间，如表 4－6 所示。为了判断各方案排在最后两位的可能性，我们可以计算属性权重向量的态度特征区间的宽度，结果见表 4－7，进而可以给出方案排序。可以发现，有 9 种目标和权重向量的态度特征的组合使 x_3 和 x_{11} 排在最后两位。

表 4－6　每个方案排在最后两位时对应的态度特征的区间

目标	态度特征	x_1	x_3	x_4	x_6	x_7	x_8	x_9	x_{10}	x_{11}
T_{ori}	α_1	[0.00, 0.87]	[0.03, 0.95]	[0.24, 1.00]	[0.00, 0.92]	[0.70, 1.00]	[0.01, 0.66]	[0.01, 0.91]	—	[0.05, 0.96]
	α_2	[0.14, 1.00]	[0.30, 0.94]	[0.00, 0.75]	[0.26, 1.00]	[0.21, 0.42]	[0.00, 0.44]	[0.27, 0.87]	—	[0.33, 0.95]
	α_3	[0.09, 0.33]	[0.13, 2.00]	[0.09, 1.72]	[0.09, 1.44]	[0.33, 0.70]	[0.09, 1.04]	[0.28, 0.98]	—	[0.15, 2.00]
	α_4	[0.94, 1.05]	[0.50, 1.63]	[0.57, 1.41]	[0.79, 1.83]	[1.10, 1.23]	[1.00, 1.19]	[0.98, 1.74]	—	[0.50, 1.63]
T_{opt}	α_1	[0.41, 1.00]	[0.00, 0.15]	[0.00, 0.97]	[0.00, 0.57]	[0.10, 0.33]	[0.00, 0.38]	[0.60, 1.00]	[0.56, 0.96]	[0.33, 1.00]
	α_2	[0.45, 1.00]	[0.32, 1.00]	[0.00, 0.97]	[0.47, 1.00]	[0.22, 0.48]	[0.00, 0.46]	[0.47, 1.00]	[0.49, 0.97]	[0.48, 1.00]
	α_3	[0.09, 0.18]	[0.09, 2.00]	[0.09, 1.85]	[0.09, 1.18]	[0.34, 0.73]	[0.09, 1.05]	[0.10, 0.97]	[0.10, 1.23]	[0.09, 2.00]
	α_4	[1.00, 1.04]	[0.50, 1.80]	[0.54, 1.63]	[0.95, 1.83]	[1.10, 1.27]	[1.00, 1.24]	[0.99, 1.83]	[0.95, 1.60]	[0.50, 1.80]

续表

目标	态度特征	x_1	x_3	x_4	x_6	x_7	x_8	x_9	x_{10}	x_{11}
T_{pes}	α_1	[0.03, 1.00]	[0.11, 0.93]	[0.00, 0.42]	[0.17, 1.00]	[0.09, 0.23]	[0.00, 0.29]	[0.16, 0.89]	[0.20, 0.89]	[0.03, 1.00]
	α_2	[0.04, 1.00]	[0.18, 0.90]	[0.00, 0.43]	[0.11, 1.00]	[0.18, 0.39]	[0.00, 0.42]	[0.12, 0.82]	[0.19, 0.89]	[0.04, 1.00]
	α_3	[0.09, 0.33]	[0.13, 2.00]	[0.09, 1.31]	[0.09, 1.59]	[0.30, 0.74]	[0.09, 0.98]	[0.20, 1.09]	[0.17, 2.00]	[0.09, 0.33]
	α_4	[0.03, 1.00]	[0.11, 0.93]	[0.00, 0.42]	[0.17, 1.00]	[0.09, 0.23]	[0.00, 0.29]	[0.16, 0.89]	[0.20, 0.89]	[0.03, 1.00]
T_{uni}	α_1	[0.17, 1.00]	[0.11, 1.00]	[0.00, 0.90]	[0.37, 1.00]	[0.09, 0.22]	[0.00, 0.28]	[0.37, 1.00]	[0.33, 1.00]	[0.17, 1.00]
	α_2	[0.18, 1.00]	[0.24, 1.00]	[0.00, 0.90]	[0.28, 1.00]	[0.18, 0.39]	[0.00, 0.42]	[0.29, 1.00]	[0.31, 1.00]	[0.18, 1.00]
	α_3	[0.09, 0.11]	[0.09, 2.00]	[0.09, 1.47]	[0.09, 0.92]	[0.30, 0.61]	[0.09, 0.93]	[0.10, 0.75]	[0.09, 2.00]	[0.09, 0.11]
	α_4	[1.00, 1.01]	[0.50, 1.77]	[0.64, 1.4]	[0.98, 1.83]	[1.09, 1.19]	[1.00, 1.18]	[1.00, 1.82]	[0.50, 1.83]	[1.00, 1.01]

表 4-7　每个方案排在最后两位时对应的态度特征区间的宽度

目标	态度特征	x_1	x_3	x_4	x_6	x_7	x_8	x_9	x_{10}	x_{11}	排序
T_{ori}	α_1	0.87	0.92	0.76	0.92	0.30	0.65	0.90	—	0.91	$x_3 \sim x_6 \succeq x_{11} \succeq x_9 \succeq x_1 \succeq x_4 \succeq x_8 \succeq x_7$
	α_2	0.86	0.64	0.75	0.74	0.21	0.44	0.60	—	0.62	$x_1 \succeq x_4 \succeq x_6 \succeq x_3 \succeq x_{11} \succeq x_9 \succeq x_8 \succeq x_7$
	α_3	0.24	1.87	1.63	1.35	0.37	0.95	0.70	—	1.85	$x_3 \succeq x_{11} \succeq x_4 \succeq x_6 \succeq x_8 \succeq x_9 \succeq x_7 \succeq x_1$
	α_4	0.11	1.13	0.84	1.04	0.13	0.19	0.76	—	1.13	$x_3 \succeq x_{11} \succeq x_6 \succeq x_4 \succeq x_9 \succeq x_8 \succeq x_1 \succeq x_7$
T_{opt}	α_1	0.59	0.15	0.97	0.57	0.23	0.38	0.40	0.40	0.67	$x_4 \succeq x_{11} \succeq x_1 \succeq x_6 \succeq x_9 \succeq x_{10} \succeq x_8 \succeq x_7 \succeq x_3$
	α_2	0.55	0.68	0.97	0.53	0.26	0.46	0.53	0.48	0.52	$x_4 \succeq x_3 \succeq x_1 \succeq x_6 \succeq x_9 \succeq x_{11} \succeq x_{10} \succeq x_8 \succeq_7$
	α_3	0.09	1.91	1.76	1.09	0.39	0.96	0.87	1.13	1.91	$x_3 \sim x_{11} \succeq x_4 \succeq x_{10} \succeq x_6 \succeq x_9 \succeq x_8 \succeq x_1 \succeq x_7$
	α_4	0.04	1.30	1.09	0.88	0.17	0.24	0.84	0.65	1.30	$x_3 \sim x_{11} \succeq x_4 \succeq x_6 \succeq x_9 \succeq x_{10} \succeq x_8 \succeq x_7 \succeq x_1$
T_{pes}	α_1	0.97	0.82	0.42	0.83	0.14	0.29	0.73	0.69	0.97	$x_1 \sim x_{11} \succeq x_6 \succeq x_3 \succeq x_9 \succeq x_{10} \succeq x_4 \succeq x_8 \succeq x_7$
	α_2	0.96	0.72	0.43	0.89	0.21	0.42	0.70	0.70	0.96	$x_1 \sim x_{11} \succeq x_6 \succeq x_3 \succeq x_9 \succeq x_{10} \succeq x_4 \succeq x_8 \succeq x_7$
	α_3	0.24	1.87	1.22	1.50	0.44	0.89	0.89	1.83	0.24	$x_3 \succeq x_{10} \succeq x_6 \succeq x_4 \succeq x_8 \sim x_9 \succeq x_7 \succeq x_1 \succeq x_{11}$
	α_4	0.97	0.82	0.42	0.83	0.14	0.29	0.73	0.69	0.97	$x_1 \succeq x_{11} \succeq x_6 \succeq x_3 \succeq x_9 \succeq x_{10} \succeq x_4 \succeq x_8 \succeq x_7$
T_{uni}	α_1	0.83	0.89	0.90	0.63	0.13	0.28	0.63	0.67	0.83	$x_4 \succeq x_3 \succeq x_1 \sim x_{11} \succeq x_{10} \succeq x_6 \succeq x_9 \succeq x_8 \succeq x_7$
	α_2	0.82	0.76	0.90	0.72	0.21	0.42	0.71	0.69	0.82	$x_4 \succeq x_1 \sim x_{11} \succeq x_3 \succeq x_6 \succeq x_9 \succeq x_{10} \succeq x_8 \succeq x_7$
	α_3	0.02	1.91	1.38	0.83	0.31	0.84	0.65	1.91	0.02	$x_3 \succeq x_{10} \succeq x_4 \succeq x_8 \succeq x_6 \succeq x_9 \succeq x_7 \succeq x_1 \succeq x_{11}$
	α_4	0.01	1.27	0.76	0.85	0.10	0.18	0.82	1.33	0.01	$x_{10} \succeq x_3 \succeq x_6 \succeq x_9 \succeq x_4 \succeq x_8 \succeq x_7 \succeq x_1 \succeq x_{11}$

图 4－13～图 4－16 揭示了属性目标对决策结果的影响。当目标为 T_{opt} 时，x_4 最有可能排在最后两位，当目标为 T_{uni} 时，x_7 最不可能排在最后两位。图 4－13～图 4－20 展示了属性权重向量的态度特征对方案排序的影响，我们可以进一步分析排在最后两位的方案在属性权值向量的态度特征值由最小值增大到最大值时的变化情况。以目标为 T_{opt} 为例，每个关于属性权重向量的态度特征区间都包含了其对应的排在最后两位的方案，结果见表 4－8，因此，给定属性权重向量的态度特征，可以识别出潜在的排在最后两位的方案。

表 4－8　当目标为 T_{opt} 时，随着态度特征的变化，排在最后两位的方案的变化

α_1		α_2		α_3		α_4	
区间	方案	区间	方案	区间	方案	区间	方案
[0.00, 0.10)	x_3, x_4, x_6, x_8	[0.00, 0.22)	x_4, x_8	[0.09, 0.10)	$x_1, x_3, x_4, x_6, x_8, x_{11}$	[0.50, 0.54)	x_3, x_{11}
[0.10, 0.15]	x_3, x_4, x_6, x_8	[0.22, 0.32)	x_4, x_7, x_8	[0.10, 0.18]	$x_1, x_3, x_4, x_6, x_8, x_9, x_{10}, x_{11}$	[0.54, 0.95)	x_3, x_4, x_{11}
(0.15, 0.33]	x_4, x_6, x_7, x_8	[0.32, 0.45)	x_3, x_4, x_7, x_8	(0.18, 0.34)	$x_3, x_4, x_6, x_8, x_9, x_{10}, x_{11}$	[0.95, 0.99)	$x_3, x_4, x_6, x_{10}, x_{11}$
(0.33, 0.38]	x_4, x_6, x_8	[0.45, 0.46]	x_1, x_3, x_4, x_7, x_8	[0.34, 0.73]	$x_3, x_4, x_6, x_7, x_8, x_9, x_{10}, x_{11}$	[0.99, 1.00)	$x_3, x_4, x_6, x_9, x_{10}, x_{11}$
(0.38, 0.41)	x_4, x_6	(0.46, 0.47]	x_1, x_3, x_4, x_7	(0.73, 0.97]	$x_3, x_4, x_6, x_8, x_9, x_{10}, x_{11}$	[1.00, 1.04]	$x_1, x_3, x_4, x_6, x_8, x_9, x_{10}, x_{11}$
[0.41, 0.56)	x_1, x_4, x_6	[0.47, 0.48]	$x_1, x_3, x_4, x_6, x_7, x_9$	(0.97, 1.05]	$x_3, x_4, x_6, x_8, x_{10}, x_{11}$	(1.04, 1.10)	$x_3, x_4, x_6, x_8, x_9, x_{10}, x_{11}$
[0.56, 0.57]	x_1, x_4, x_6, x_{10}	(0.48, 0.49)	x_1, x_3, x_4, x_6, x_9	(1.05, 1.18]	$x_3, x_4, x_6, x_{10}, x_{11}$	[1.10, 1.24]	$x_3, x_4, x_6, x_7, x_8, x_9, x_{10}, x_{11}$
(0.57, 0.60)	x_1, x_4, x_{10}	[0.49, 0.97]	$x_1, x_3, x_4, x_6, x_9, x_{10}, x_{11}$	(1.18, 1.23]	x_3, x_4, x_{10}, x_{11}	(1.24, 1.27]	$x_3, x_4, x_6, x_7, x_9, x_{10}, x_{11}$
[0.60, 0.96]	x_1, x_4, x_9, x_{10}	(0.97, 1.00]	$x_1, x_3, x_4, x_6, x_9, x_{11}$	(1.23, 1.85]	x_3, x_4, x_{11}	(1.27, 1.60]	$x_3, x_4, x_6, x_9, x_{10}, x_{11}$
(0.96, 0.97]	x_1, x_4, x_9			(1.85, 2.00]	x_3, x_{11}	(1.60, 1.63]	$x_3, x_4, x_6, x_9, x_{11}$
(0.97, 1.00]	x_1, x_9					(1.63, 1.80]	x_3, x_6, x_9, x_{11}

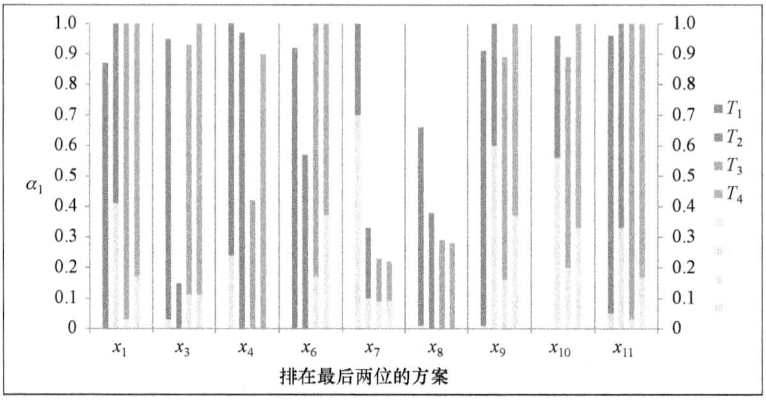

图 4-13　不同目标下每一方案排在最后两位时对应的态度特征 α_1 的变化对比

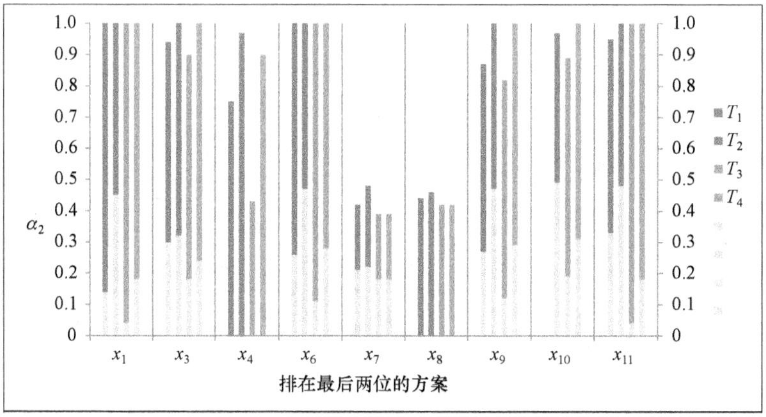

图 4-14　不同目标下每一方案排在最后两位时对应的态度特征 α_2 的变化对比

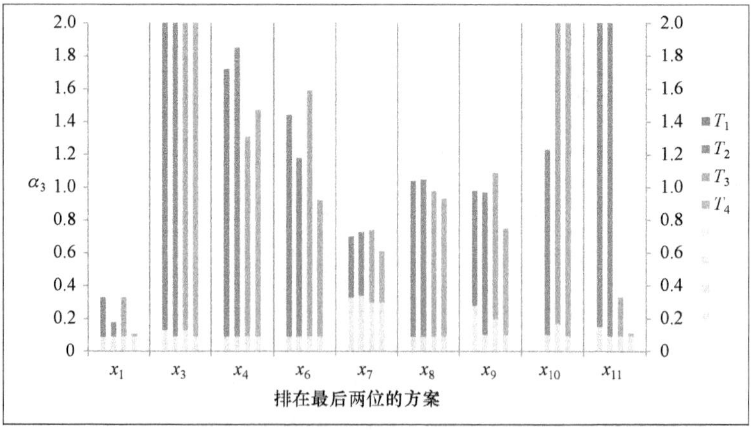

图 4-15　不同目标下每一方案排在最后两位时对应的态度特征 α_3 的变化对比

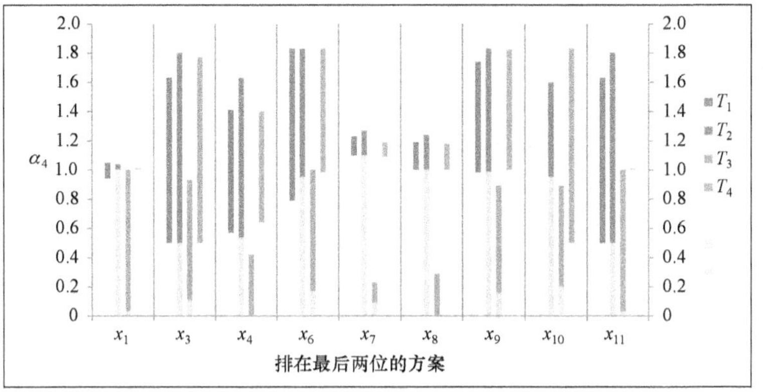

图 4-16　不同目标下每一方案排在最后两位时对应的态度特征 α_4 的变化对比

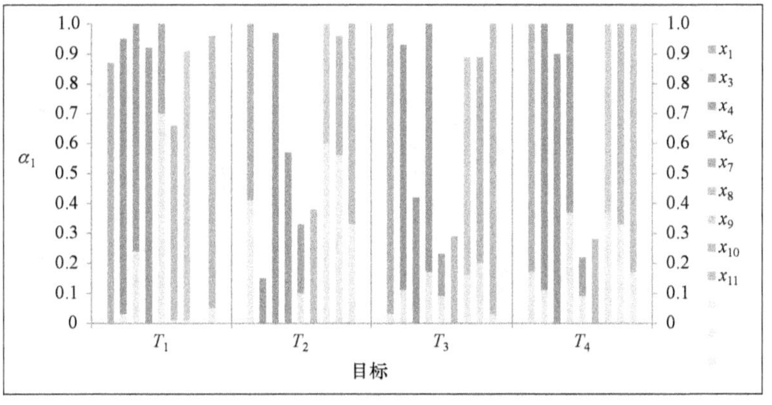

图 4-17　同一目标下方案排在最后两位的态度特征 α_1 的变化对比

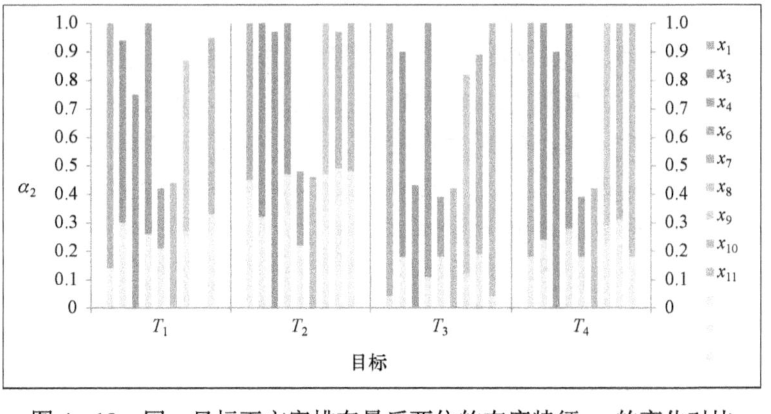

图 4-18　同一目标下方案排在最后两位的态度特征 α_2 的变化对比

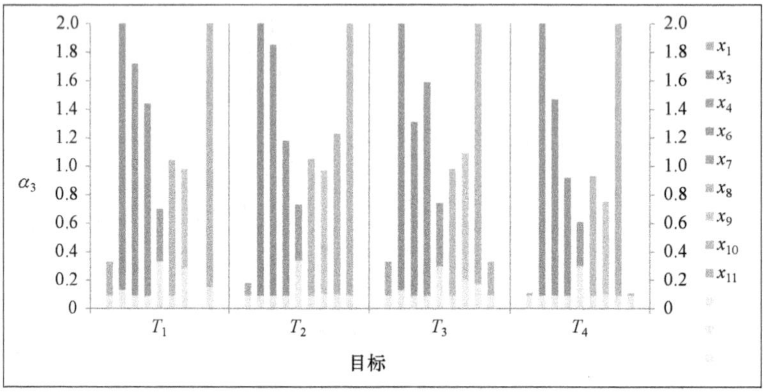

图 4-19　同一目标下方案排在最后两位的态度特征 α_3 的变化对比

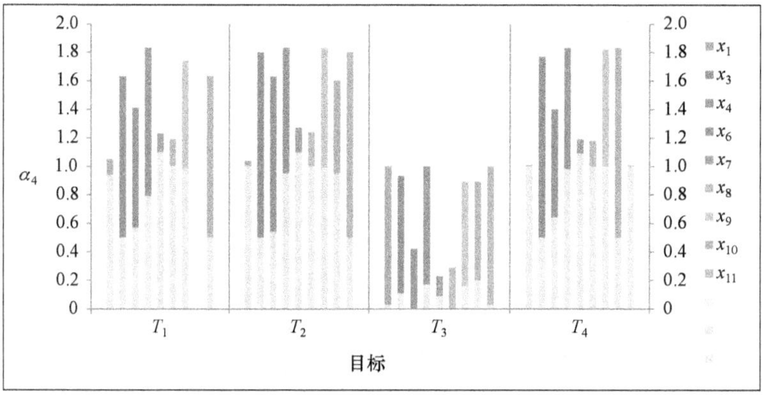

图 4-20　同一目标下方案排在最后两位的态度特征 α_4 的变化对比

基于上述分析，我们可以发现本章给出的方法是现有方法[69-70]的扩展形式。当模型中的参数为特定值时，则本章给出的方法与现有模型一致。表 4-9 进一步详细对比了它们的区别。值得注意的是，Ahn[69]和 Ma 等[70]的方法都没有考虑属性的目标和属性权重向量的态度特征的压力函数，Ahn[69]的方法没有考虑方案的排序限制，本章给出的方法综合考虑了上述所有因素。因此，本章给出的方法可以为决策者提供更多的选择，同时可以对多属性决策进行更加全面的分析。[79]

表 4-9　本章给出的方法与其他方法的比较

方法	是否考虑方案排序的限制	是否考虑目标	是否考虑压力函数
本章方法	是	是	是
Anh 的方法[69]	否	否	否
Ma 等的方法[70]	是	否	否

本 章 小 结

基于目标理论和 OWA 算子，本章分析了目标对属性评价值的影响及属性权重向量的态度特征对多属性决策的影响。首先给出几种面向目标的属性函数形式，引入了面向目标的 OWA 算子，进而建立了识别潜在最优方案的模型。在给出潜在最优方案的前提下，给出确定属性权重向量的态度特征范围的模型。当决策者对方案的排序有特定要求时，建立模型以确定各方案的排序范围和属性权重向量的态度特征的范围。数值算例表明，当给出不同的属性目标和权重向量的态度特征时，会得到不同的决策结果，说明属性目标和权重向量的态度特征对决策结果有一定的影响。本章给出的模型可以被视为现有模型的扩展，为决策者提供了更灵活的选择。[79]

第 5 章　基于集组理论的数据包络分析

数据包络分析（DEA）是由 Charnes 等[80]提出的一种非参数方法，旨在通过特定的投入和产出组合来衡量决策单元（DMU）的效率。这一方法的优点在于，它不预设投入和产出之间的函数关系，而是允许每个 DMU 通过为自己选择最有利的投入和产出权重来评估其效率。DEA 已被广泛应用于多个领域，如资源再分配、医院效率评估、公共财政评估等。然而，传统的 DEA 方法存在一些局限性，例如可能有多个 DMU 被评为是有效的，这使得它们之间难以区分。再者，由于权重的设置较为灵活，有可能产生不切实际的权重。为了解决这些问题，一些学者提出交叉效率评估的方法，使交叉效率与所有 DMU 的最优权重相关联。

由于 DEA 的最优解不是唯一的，因此从基础的 DEA 模型中得到的交叉效率评估通常也是不唯一的。为了解决这一问题，Sexton 等[81]和 Doyle 等[82]提出一种添加次要目标的方法，如基于激进和保守的目标。Liang 等[83]对 Doyle 等[82]的方法进一步扩展，加入了多种次级目标，包括最小化距离理想点的总偏差、最小化最大效率和最小化平均绝对偏差。Wang 等[84]给出一种中立的 DEA 模型来进行交叉效率评估，该模型从每个 DMU 自身的角度确定一组投入和产出权重，而不会对其他 DMU 采取激进或保守的态度。Liang 等[85]将原始 DEA 交叉效率推广到博弈交叉效率，即在不降低其他 DMU 的交叉效率前提下，各 DMU 尝试最大化其自身效率。Song 等[86]给出一种基于 Shannon 熵的 DEA 交叉效率集成方法。

由于投入和产出之间可能存在大量的零权，Simar 等[87]使用 bootstrap 或子抽样技术估计效率置信区间，他们根据投入—产出组合的随机样本估计 DMU 的投入和产出的权重。Salo 等[88]提出基于比率的效率评估，包括排序区间、优势关系和效率界限，以便于比较所有可行的投入和产出权重下的 DMU 的相对效率。Yang 等[89]在计算交叉效率时考虑了权重空间中所有可能的权重集合，并为每个 DMU 产生一个区间交叉效率。Alcaraz 等[90]提出一种方法来进行交叉效率评估，无须对 DEA 权重进行任何特定的选择，考虑了所有DMU可能的权重选择，并为每个DMU 产生一个可能的排序范围，而不仅仅是单一的排序。

许多经典的决策分析方法，包括 DEA，都是建立在有限理性的基础上的。然而，众多的研究表明，这些传统方法并不总能解释实际应用中的某些现象，例如阿莱悖论和埃尔斯伯格悖论。为此，学者们探索了基于行为的决策理论，如前景理论[62]、后悔理论[48-49]和公平理论[91]等。Colman[92]指出，传统决策和博弈论往往都是建立在参与者寻求个人利益最大化的假设上，但在某些情景中，决策者显然更倾向于合作，以实现整体利益最大化，这一现象被称为集组理论。Colman 等[93-94]的实验结果表明，在某些博弈场景中，集组理论比传统博弈论更能预测战略选择。Colman 等[94]强调，有时决策者的决策是为了使集体的利益最大化，而这种决策并不符合传统的社会价值观。因此，集组理论被视为一种独特而有意义的决策模式，值得其在认知心理学中获得更多关注。此外，Bardsley 等[95]在一次协调博弈实验中，探讨玩家如何利用焦点达到选择均衡，检验了认知层次理论和集组理论的解释，发现了集组理论的强大支持。

通过以上文献回顾，可以发现目前的 DEA 方法大多仅聚焦于个体利益，未充分考虑团队利益的重要性。本章旨在基于集组理论研究 DEA 模型，将团队利益作为核心。在 DEA 中，我们可以将所有 DMU 视为一个整体团队，该团队的利益可以通过多个关键指标来反映，例如所有 DMU 的整体效率、DMU 的偏差、DMU 的效率边界以及 DMU 之间的关系。前三个指标可以视为团队的外部指标，用区间值表示，第四个可以视为团队的内部指标，其中 DMU 之间的关系用区间判断矩阵表示。在此基础上，我们首先构建团队指标的估计模型，根据得到的指标值，决策者可以给出对指标的偏好。在满足 DMU 团队指标的前提下，建立模型来估计个体 DMU 的效率区间。

5.1　数据包络分析

对于一个决策问题，n 个决策单元需要基于 m 个投入指标和 s 个产出指标来进行评估。设 $x_{li}\left(l=1,2,\cdots,m\right)$ 和 $y_{ri}\left(r=1,2,\cdots,s\right)$ 分别表示 DMU　i 的投入指标值和产出指标值，那么 DMU　i 的效率可表示为

$$E_i=\frac{\sum_{r=1}^{s}u_r y_{ri}}{\sum_{l=1}^{m}v_l x_{li}},i=1,2,\cdots,n \tag{5-1}$$

其中 u_r 和 v_l 分别为产出指标和投入指标的权重。

根据 Charnes 等[80]给出的方法，DMU d 的最优效率 E_{dd} 可以用 CCR 模型来衡量：

$$\max \quad E_{dd}=\sum_{r=1}^{s}u_{rd}y_{rd} \qquad \text{（MOD 5-1）}$$

$$\text{s.t.} \quad \sum_{l=1}^{m}v_{ld}x_{ld}=1$$

$$\sum_{r=1}^{s}u_{rd}y_{ri}-\sum_{l=1}^{m}v_{ld}x_{li}\leqslant 0, i=1,2,\cdots,n$$

$$u_{rd}\geqslant 0, r=1,2,\cdots,s$$

$$v_{ld}\geqslant 0, l=1,2,\cdots,m$$

对于 DMU $d\left(d=1,2,\cdots,n\right)$，通过求解模型（MOD 5-1）可以得到最优权重 $u_{1d}^{*},u_{2d}^{*},\cdots,u_{sd}^{*}$ 和 $v_{1d}^{*},v_{2d}^{*},\cdots,v_{md}^{*}$，其中 DMU i 的交叉效率为 E_{di}，用 DMU d 的最优权重计算如下：

$$E_{di}=\frac{\sum_{r=1}^{s}u_{rd}^{*}y_{rl}}{\sum_{l=1}^{m}v_{ld}^{*}x_{li}}, d,i=1,2,\cdots,n \qquad \text{（5-2）}$$

所有 $E_{di}(d,i=1,2,\cdots,n)$ 的平均值，即 $\overline{E_i}=\frac{1}{n}\sum_{d=1}^{n}E_{di}\left(i=1,2,\cdots,n\right)$ 可以作为一个新的效率度量，称为 DMU i 的交叉效率。

模型（MOD 5-1）可能存在多个最优解，这将降低交叉效率评估的有效性，为了解决这个问题，Sexton 等[81]和 Doyle 等[82]引入了几个次级目标，最常用的次级目标如下：

$$\max/\min \quad \sum_{r=1}^{s}u_{rd}\sum_{i=1,i\neq d}^{n}y_{ri} \qquad \text{（MOD 5-2）}$$

$$\text{s.t.} \quad \sum_{l=1}^{m}v_{ld}\sum_{i=1,i\neq d}^{n}x_{li}=1$$

$$\sum_{r=1}^{s}u_{rd}y_{ri}-\sum_{l=1}^{m}v_{ld}x_{li}\leqslant 0, i=1,2,\cdots,n$$

$$\sum_{r=1}^{s} u_{rd} y_{rd} - E_{dd} \sum_{l=1}^{m} v_{ld} x_{ld} = 0$$

$$u_{rd} \geqslant 0, r = 1, 2, \cdots, s$$

$$v_{ld} \geqslant 0, l = 1, 2, \cdots, m$$

模型（MOD 5－2）包括两种情况：最大化和最小化其他 DMU 的交叉效率，分别称为激进策略和保守策略。当采用不同的策略计算权重时，可能会得到不同的结果。

许多学者已对上述模型提出了各种改进策略。例如，Liang 等[83]扩展了 Doyle 等[82]的模型，引入了三个次级目标，分别是最小化与理想点的总偏差、最小化最大效率和最小化平均绝对偏差。Wang 等[84]给出了一种中立的 DEA 模型来进行交叉效率评估，该模型从每个 DMU 自身的角度确定一组投入和产出权重，而不会对其他 DMU 采取激进或保守的态度。

虽然已有众多的改进的 DEA 模型，但大部分主要集中于单个 DMU 的效率，而忽略了整体 DMU 的效率。但决策者往往不仅试图最大化他们的个体效率，而且也试图最大化整体效率[96]，基于这种集体偏好的决策模式被称为集组理论[92]，它与单纯追求个体效用最大化的思维模式有显著差异。集组理论通常假设决策者的动机是根据具体情境最大化整体效率。[97] 以下章节，我们将详细探讨基于集组理论的 DEA 模型。

5.2　基于整体效率的数据包络分析

如果我们将所有的 DMU 视为一个团队，那么团队的整体效率可以表示为 $E_i = \dfrac{\sum_{i=1}^{n}\sum_{r=1}^{s} u_r y_{ri}}{\sum_{i=1}^{n}\sum_{l=1}^{m} v_l x_{li}}$。因此可以建立以下模型计算 E_i 的区间：

$$\max / \min \quad \frac{\sum_{i=1}^{n}\sum_{r=1}^{s} u_r y_{ri}}{\sum_{i=1}^{n}\sum_{l=1}^{m} v_l x_{li}} \qquad \text{（MOD 5－3）}$$

$$\text{s.t.} \quad \sum_{i=1}^{n}\sum_{r=1}^{s} u_r y_{ri} + \sum_{i=1}^{n}\sum_{l=1}^{m} v_l x_{li} = n$$

$$\sum_{r=1}^{s} u_r y_{ri} - \sum_{l=1}^{m} v_l x_{li} \leqslant 0, i = 1,2,\cdots,n$$

$$u_r \geqslant \frac{1}{(m+s)\max_i y_{ri}}, r = 1,2,\cdots,s$$

$$v_l \geqslant \frac{1}{(m+s)\max_i y_{li}}, l = 1,2,\cdots,m$$

在模型（MOD 5－3）中，所有 DMU 的整体效率被最小化或最大化，这里引入规范化约束 $\sum_{i=1}^{n}\sum_{r=1}^{s} u_r y_{ri} + \sum_{i=1}^{n}\sum_{l=1}^{m} v_l x_{li} = n$ 以避免权重的无界解[98]，约束条件 $u_r \geqslant \frac{1}{(m+s)\max_i y_{ri}}$ 和 $v_l \geqslant \frac{1}{(m+s)\max_i y_{li}}$ 可以确保 u_r 和 v_l 总是正的[99]。

由于 $\sum_{i=1}^{n}\sum_{r=1}^{s} u_r y_{ri} + \sum_{i=1}^{n}\sum_{l=1}^{m} v_l x_{li} = n$，则

$$\frac{\sum_{i=1}^{n}\sum_{r=1}^{s} u_r y_{ri}}{\sum_{i=1}^{n}\sum_{l=1}^{m} v_l x_{li}} = \frac{n - \sum_{i=1}^{n}\sum_{l=1}^{m} v_l x_{li}}{\sum_{i=1}^{n}\sum_{l=1}^{m} v_l x_{li}} = \frac{n}{\sum_{i=1}^{n}\sum_{l=1}^{m} v_l x_{li}} - 1 \tag{5-3}$$

因此模型（MOD 5－3）中给出的模型可以写为下面的等价模型：

$$\max / \min \quad \sum_{i=1}^{n}\sum_{l=1}^{m} v_l x_{li} \qquad \text{(MOD 5-4)}$$

$$\text{s.t.} \quad \sum_{i=1}^{n}\sum_{r=1}^{s} u_r y_{ri} + \sum_{i=1}^{n}\sum_{l=1}^{m} v_l x_{li} = n$$

$$\sum_{r=1}^{s} u_r y_{ri} - \sum_{l=1}^{m} v_l x_{li} \leqslant 0, i = 1,2,\cdots,n$$

$$u_r \geqslant \frac{1}{(m+s)\max_i y_{ri}}, r = 1,2,\cdots,s$$

$$v_l \geqslant \frac{1}{(m+s)\max_i y_{li}}, l = 1,2,\cdots,m$$

上面的模型可以用 LINGO 软件求解，设得到的 DMU 整体效率最大值和最小值分别为 E^* 和 E_*。

基于整体效率的范围$\left[E_*,E^*\right]$，可以建立综合考虑 DMU 整体效率和个体效率的 DEA 模型。具体方法如下：首先，决策者可以选择区间$[E^-,E^+]\subset[E_*,E^*]$来表达其对 DMU 整体效率的偏好。然后，在保证整体效率在$[E^-,E^+]$的范围内的条件下，再对各个 DMU 的效率进行评估，可以通过以下模型来实现：

$$\max/\min \quad \frac{\sum_{r=1}^{s}u_r y_{ri}}{\sum_{l=1}^{m}v_l x_{li}} \tag{MOD 5-5}$$

$$\begin{aligned}
\text{s.t.}\quad & \sum_{i=1}^{n}\sum_{r=1}^{s}u_r y_{ri}+\sum_{i=1}^{n}\sum_{l=1}^{m}v_l x_{li}=n\\
& \sum_{r=1}^{s}u_r y_{ri}-\sum_{l=1}^{m}v_l x_{li}\leqslant 0,\ i=1,2,\cdots,n\\
& E_*\leqslant E^-\leqslant\frac{\sum_{i=1}^{n}\sum_{r=1}^{s}u_r y_{ri}}{\sum_{i=1}^{n}\sum_{l=1}^{m}v_l x_{li}}\leqslant E^+\leqslant E^*\\
& u_r\geqslant\frac{1}{(m+s)\max\limits_{i} y_{ri}},\ r=1,2,\cdots,s\\
& v_l\geqslant\frac{1}{(m+s)\max\limits_{i} y_{li}},\ l=1,2,\cdots,m
\end{aligned}$$

在模型（MOD 5-5）中，当整体效率位于区间$\left[E^-,E^+\right]$时，我们可以确定单个 DMU 的效率区间。特别地，如果$[E^-,E^+]=[E_*,E^*]$，则说明对整体效率没有要求；如果$[E^-,E^+]=[E^*,E^*]$，则 DMU 的整体效率应达到最大值；如果$[E^-,E^+]=[E_*,E_*]$，则 DMU 的整体效率应达到其最小值。为方便起见，设$E^-=E^+=\alpha E_*+(1-\alpha)E^*$，那么$\alpha(0\leqslant\alpha\leqslant1)$可以视为决策者选择的系数。

为了比较单个 DMU 的效率区间，这里引入区间比较的公式[100]。设$a=\left[a^-,a^+\right]$和$b=\left[b^-,b^+\right]$为任意两个区间值，其中$0\leqslant a^-<a^+\leqslant1$，$0\leqslant b^-<b^+\leqslant1$。定义$a$优于$b$的可能度为$p_{a\succ b}$，即

$$p_{a\succ b}=\frac{\max\left\{0,a^+-b^-\right\}-\max\left\{0,a^--b^+\right\}}{a^+-a^-+b^+-b^-} \tag{5-4}$$

可以用 $a \overset{p_{a\succeq b}}{\succeq} b$ 表示，并且应该满足以下条件：

（1）$0 \leqslant p_{a\succeq b} \leqslant 1$；

（2）$p_{a\succeq b} \geqslant 0.5$ 当且仅当 $\frac{a^+ - a^-}{2} \geqslant \frac{b^+ - b^-}{2}$，$p_{a\succeq b} = 0.5$ 当且仅当 $\frac{a^+ - a^-}{2} = \frac{b^+ - b^-}{2}$。

由可能度公式的性质可知，区间值的中值越大，则区间值越大。因此，为了方便，可以用区间值的中值来比较区间值。

下面我们用 Wong 等[101]给出的某大学 7 个学术部门的效率评价例子来说明本节给出的方法。

例 5.1　某大学 7 个学术部门（DMUs）的评价依据为 3 个投入和 3 个产出数据，具体见表 5－1。

投入 1：教学人员总数。

投入 2：学术人员的工资，以千英镑为单位。

投入 3：行政人员的工资，以千英镑位单位。

产出 1：本科生总人数。

产出 2：研究生总人数。

产出 3：研究论文总数。

表 5－1　某大学 7 个学术部门的相关数据

DMUs	数据					
	投入 1	投入 2	投入 3	产出 1	产出 2	产出 3
1	12	400	20	60	35	17
2	19	750	70	139	41	40
3	42	1500	70	225	68	75
4	15	600	100	90	12	17
5	45	2000	250	253	145	130
6	19	730	50	132	45	45
7	41	2350	600	305	159	97

通过求解模型（MOD 5－4）得 $E_* = 0.327\,5$ 和 $E^* = 0.906\,6$，即如果将所有 DMU 视为一个团队，则团队的最小效率为 2.207 8，可能被完全悲观的决策者所

选择，而团队的最大效率为 6.184 5，可能被完全乐观的决策者所选择。假设决策者要求团队的整体效率大于 0.9，即$\left[E^{-},E^{+}\right]=\left[0.9,0.906\,6\right]$。在此条件下求解模型（MOD 5－5），可得单个 DMU 的效率区间和排序如表 5－2 所示。

表 5－2　在条件$\left[E^{-},E^{+}\right]=\left[0.9,0.906\,6\right]$下由模型（MOD 5－5）获得的 DMU 的效率区间

DMUs	1	2	3	4	5	6	7
效率区间	[0.886 1, 0.949 9]	[0.939 3, 0.959 3]	[0.747 0, 0.762 3]	[0.550 7, 0.589 2]	[0.981 9, 1.000 0]	[0.987 7, 1.000 0]	[0.953 3, 0.985 1]
排序	$DMU6 \succeq DMU5 \succeq DMU7 \succeq DMU2 \succeq DMU1 \succeq DMU3 \succeq DMU4$						

设$E^{-}=E^{+}=\alpha E_{*}+\left(1-\alpha\right)E^{*}$，$0\leqslant\alpha\leqslant1$，当$\alpha$被赋不同的值时，可以由模型（MOD 5－5）求解各个 DMU 的效率区间，详见表 5－3。

表 5－3　当α被赋不同的值时，由模型（MOD 5－5）获得的 DMU 的效率区间

DMUs	α					
	0	0.2	0.3	0.5	0.8	1
1	0.915 3	[0.669 1,1.000 0]	[0.621 9,1.000 0]	[0.528 5,1.000 0]	[0.390 8,0.879 6]	0.438 9
2	0.954 3	[0.766 2,0.957 8]	[0.712 3,0.928 5]	[0.605 0,0.860 0]	[0.445 3,0.643 3]	0.398 3
3	0.758 4	[0.612 5,0.817 7]	[0.568 9,0.838 6]	[0.482 5,0.898 1]	[0.354 9,0.756 8]	0.381 6
4	0.571 5	[0.375 5,0.639 3]	[0.350 3,0.586 6]	[0.301 2,0.481 0]	[0.232 7,0.321 8]	0.204 1
5	1.000 0	[0.803 3,0.976 9]	[0.748 3,0.909 9]	[0.638 4,0.772 2]	[0.474 0,0.546 6]	0.375 5
6	1.000 0	[0.830 5,1.000 0]	[0.770 5,1.000 0]	[0.651 5,1.000 0]	[0.474 9,0.799 2]	0.454 2
7	0.985 1	[0.644 3,0.908 1]	[0.541 8,0.842 0]	[0.386 3,0.708 1]	[0.261 0,0.502 1]	0.246 0

用可能度公式比较各个DMU的效率区间和效率区间的中值，得到的DMU的排序，详见表5－4。

表 5-4　表 5-3 中各 DMU 效率区间的中值

α	DMUs							排序
	1	2	3	4	5	6	7	
0	0.915 3	0.954 3	0.758 4	0.571 5	1.000	1.000	0.985 1	DMU6 $\succeq$ DMU5 $\succeq$ DMU7 $\succeq$ DMU2 $\succeq$ DMU1 $\succeq$ DMU3 $\succeq$ DMU4
0.2	0.834 6	0.862 1	0.715 2	0.507 5	0.890 2	0.915 3	0.776 2	DMU6 $\succeq$ DMU5 $\succeq$ DMU2 $\succeq$ DMU1 $\succeq$ DMU7 $\succeq$ DMU3 $\succeq$ DMU4
0.3	0.811 0	0.820 4	0.703 8	0.468 5	0.829 1	0.885 3	0.691 9	DMU6 $\succeq$ DMU5 $\succeq$ DMU2 $\succeq$ DMU1 $\succeq$ DMU3 $\succeq$ DMU7 $\succeq$ DMU4
0.5	0.764 3	0.732 5	0.690 3	0.391 1	0.705 3	0.825 8	0.547 2	DMU6 $\succeq$ DMU1 $\succeq$ DMU2 $\succeq$ DMU5 $\succeq$ DMU3 $\succeq$ DMU7 $\succeq$ DMU4
0.8	0.635 2	0.544 3	0.555 9	0.277 3	0.510 3	0.637 1	0.381 6	DMU6 $\succeq$ DMU1 $\succeq$ DMU3 $\succeq$ DMU2 $\succeq$ DMU5 $\succeq$ DMU7 $\succeq$ DMU4
1.0	0.438 9	0.398 3	0.381 6	0.204 1	0.375 5	0.454 2	0.246 0	DMU6 $\succeq$ DMU1 $\succeq$ DMU2 $\succeq$ DMU3 $\succeq$ DMU5 $\succeq$ DMU7 $\succeq$ DMU4

从表 5–4 可以看出，随着参数 α 值的变化，DMU 的排序也会发生变化，这反映了决策者不同偏好的影响，大部分效率区间的中值随着 α 值的增加而降低。

设 $\left[E^{-},E^{+}\right]=\left[E_{*},E^{*}\right]$ 和 $\left[E^{-},E^{+}\right]=\left[E^{*},E^{*}\right]$，由模型（MOD 5–5）计算每个 DMU 的最优效率和所有 DMU 对应的整体效率，结果如表 5–5 所示。

表 5–5　由模型（MOD 5–5）获得的个体 DMU 的最优效率

$[E^{-},E^{+}]$	DMUs						
	1	2	3	4	5	6	7
$[E_{*},E^{*}]$	1 (0.876 9)	0.985 3 (0.860 9)	0.940 2 (0.730 3)	0.679 9 (0.860 9)	1 (0.883 5)	1 (0.883 5)	0.985 1 (0.883 5)
E^{*}	0.915 3 (0.906 6)	0.954 3 (0.906 6)	0.758 4 (0.906 6)	0.571 5 (0.906 6)	1.000 0 (0.906 6)	1.000 0 (0.906 6)	0.985 1 (0.906 6)

注：括号中的值表示相应的所有 DMU 的效率。

在表 5–5 中，可以发现如果 $\left[E^{-},E^{+}\right]=\left[E_{*},E^{*}\right]$，则 DMU 1，DMU 2，DMU 3，DMU 4 可以达到最优效率，但所有 DMU 的整体效率都不能达到最优。如果 $\left[E^{-},E^{+}\right]=\left[E^{*},E^{*}\right]$，则 DMU 1，DMU 2，DMU 3，DMU 4 都不能达到最优效率，但所有 DMU 的整体效率可以达到最优。因此这个例子说明了模型（MOD 5–5）在平衡整体效率和个别效率方面的必要性和实用性。

5.3　基于总体偏差的数据包络分析

5.2 节给出的模型是基于所有 DMU 的整体效率，也可以解释为团队的平均效率。本节我们将引入另一个衡量团队的指标——方差。换句话说，将建立基于团队方差的 DEA 模型。

设 $\lambda_i=\sum_{l=1}^{m}v_l x_{li}-\sum_{r=1}^{s}u_r y_{ri}$，则 $\left|\lambda_i-\lambda_j\right|$ 可用于测量 DMU i 和 DMU j 之间的方差，$\sum_{j=1}^{n}\sum_{i=1}^{n}\left|\lambda_i-\lambda_j\right|$ 用于测量所有 DMU 的方差，则可以给出以下模型来估计所有 DMU 的方差（即团队的方差）的区间值：

$$\max / \min \quad \sum_{j=1}^{n}\sum_{i=1}^{n}\left|\lambda_i-\lambda_j\right| \qquad \text{（MOD 5-6）}$$

$$\text{s.t.} \quad \sum_{i=1}^{n}\sum_{r=1}^{s}u_r y_{ri}+\sum_{i=1}^{n}\sum_{l=1}^{m}v_l x_{li}=n$$

$$\sum_{r=1}^{s}u_r y_{ri}-\sum_{l=1}^{m}v_l x_{li}\leqslant 0, i=1,2,\cdots,n$$

$$\lambda_i=\sum_{l=1}^{m}v_l x_{li}-\sum_{r=1}^{s}u_r y_{ri}$$

$$u_r\geqslant\frac{1}{(m+s)\max\limits_{i} y_{ri}}, r=1,2,\cdots,s$$

$$v_l\geqslant\frac{1}{(m+s)\max\limits_{i} y_{li}}, l=1,2,\cdots,m$$

设$\phi_{ij}=\frac{1}{2}\left(\left|\lambda_i-\lambda_j\right|+\lambda_i-\lambda_j\right)$和$\varphi_{ij}=\frac{1}{2}\left(\left|\lambda_i-\lambda_j\right|-\left(\lambda_i-\lambda_j\right)\right)$，则$\phi_{ij}+\varphi_{ij}\leqslant\lambda_i+\lambda_j$，$\phi_{ij}+\varphi_{ij}\leqslant\max\{\lambda_i,\lambda_j\}$，$\phi_{ij}-\varphi_{ij}=\lambda_i-\lambda_j$。模型（MOD 5-6）可以转化为如下模型：

$$\max/\min \quad \sum_{j=1}^{n}\sum_{i=1}^{n}\left(\phi_{ij}+\varphi_{ij}\right) \qquad \text{（MOD 5-7）}$$

$$\text{s.t.} \quad \sum_{i=1}^{n}\sum_{r=1}^{s}u_r y_{ri}+\sum_{i=1}^{n}\sum_{l=1}^{m}v_l x_{li}=n$$

$$\sum_{r=1}^{s}u_r y_{ri}-\sum_{l=1}^{m}v_l x_{li}\leqslant 0, i=1,2,\cdots,n$$

$$\lambda_i=\sum_{l=1}^{m}v_l x_{li}-\sum_{r=1}^{s}u_r y_{ri}$$

$$\phi_{ij}-\varphi_{ij}=\lambda_i-\lambda_j$$

$$\phi_{ij}\geqslant 0,\varphi_{ij}\geqslant 0,\lambda_i\geqslant 0,\lambda_j\geqslant 0$$

$$u_r\geqslant\frac{1}{(m+s)\max\limits_{i} y_{ri}}, r=1,2,\cdots,s$$

$$v_l \geqslant \frac{1}{(m+s)\max_i y_{li}}, l=1,2,\cdots,m$$

通过求解模型（MOD 5－6）和模型（MOD 5－7），我们可以得到所有 DMU（即团队）之间的最小和最大方差，分别用 δ_* 和 δ^* 表示。决策者可以选择 $\left[\delta_*, \delta^*\right]$ 的任意子区间来表达他们对所有 DMU 之间总体方差的偏好。当然，所有 DMU 之间的差异应该大于 δ^- 而小于 δ^+，其中 $\delta_* \leqslant \delta^- \leqslant \delta^+ \leqslant \delta^*$。一旦确定了总体方差的区间，就可以由下面的模型在给定总体方差约束下求解各 DMU 效率区间：

$$\max / \min \quad \frac{\sum_{r=1}^{s} u_r y_{ri}}{\sum_{l=1}^{m} v_l x_{li}} \qquad \text{(MOD 5-8)}$$

$$\text{s.t.} \quad \sum_{i=1}^{n}\sum_{r=1}^{s} u_r y_{ri} + \sum_{i=1}^{n}\sum_{l=1}^{m} v_l x_{li} = n$$

$$\sum_{r=1}^{s} u_r y_{ri} - \sum_{l=1}^{m} v_l x_{li} \leqslant 0, i=1,2,\cdots,n$$

$$\lambda_i = \sum_{l=1}^{m} v_l x_{li} - \sum_{r=1}^{s} u_r y_{ri}$$

$$\delta^- \leqslant \sum_{j=1}^{n}\sum_{i=1}^{n}\left(\phi_{ij} + \varphi_{ij}\right) \leqslant \delta^+$$

$$\phi_{ij} - \varphi_{ij} = \lambda_i - \lambda_j$$

$$\phi_{ij} \geqslant 0, \varphi_{ij} \geqslant 0, \lambda_i \geqslant 0, \lambda_j \geqslant 0$$

$$u_r \geqslant \frac{1}{(m+s)\max_i y_{ri}}, r=1,2,\cdots,s$$

$$v_l \geqslant \frac{1}{(m+s)\max_i y_{li}}, l=1,2,\cdots,m$$

在模型（MOD 5－8）中，我们计算单个 DMU 的效率区间时，都是基于团队的整体方差位于区间 $\left[\delta^-, \delta^+\right]$ 的条件下。特别地，如果 $\left[\delta^-, \delta^+\right] = \left[\delta_*, \delta^*\right]$，则团

队的方差不受约束；如果$\left[\delta^-,\delta^+\right]=\left[\delta_*,\delta_*\right]$，则团队的方差限制在其最小值；如果$\left[\delta^-,\delta^+\right]=\left[\delta^*,\delta^*\right]$，则允许团队的方差达到其最大值。为方便起见，设$\delta^-=\delta^+=\beta\delta_*+\left(1-\beta\right)\delta^*$，则决策者对方差的偏好可以通过$\beta$来反映。

假设决策者关注团队的方差，则我们可以用本节给出的模型计算例 5.1。通过求解模型（MOD 5－7），可以得到团队的最小方差和最大方差分别为$\delta_*=2.9114$和$\delta^*=27.3703$。如果决策者不介意较大的方差，那么可以选择$\delta^*=27.3703$。相比之下，如果认为方差越小越好，则可以选择$\delta_*=2.9114$。假设决策者要求团队的方差小于 3，即$\left[\delta^-,\delta^+\right]=\left[2.9114,3\right]$，通过求解模型（MOD 5－8）计算在方差约束下各 DMU 的效率区间，结果见表 5－6。

表 5－6　在条件$\left[\delta^-,\delta^+\right]=\left[2.9114,3\right]$下，由模型（MOD 5－8）获得的个体 DMU 的效率区间

DMUs	1	2	3	4	5	6	7
效率区间	[0.782 0, 0.921 2]	[0.944 8, 0.985 3]	[0.750 1, 0.778 6]	[0.574 0, 0.679 9]	[0.885 3, 0.990 8]	[0.984 0, 1.000]	[0.884 5, 0.977 5]
排名	DMU6 $\succeq$ DMU2 $\succeq$ DMU5 $\succeq$ DMU7 $\succeq$ DMU1 $\succeq$ DMU3 $\succeq$ DMU4						

为了使决策更加灵活，这里定义一个参数β用于两种极端情况的权衡，即$\delta^-=\delta^+=\beta\delta_*+\left(1-\beta\right)\delta^*$。决策者可以通过给$\beta$分配不同的值与决策过程进行交互，一旦给出$\beta$的值，就可以通过模型（MOD 5－8）计算出各个DMU的效率区间，如表5－7所示，DMU的效率区间的中值见表5－8。

从表 5－8 可以发现，大部分 DMU 效率区间的中值随着β的增加而增加。

如果在（MOD 5－8）中考虑两种情况：$\left[\delta^-,\delta^+\right]=\left[\delta_*,\delta^*\right]$和$\left[\delta^-,\delta^+\right]=\left[\delta_*,\delta_*\right]$，则可得到各 DMU 的最大效率，并计算相应的 DMU 方差，结果详见表 5－9。

表 5-7　当 β 赋予不同的值时由模型（MOD 5-8）获得的个体 DMU 的效率区间

DMUs	β					
	0	0.1	0.4	0.7	0.9	1
1	0.632 1	[0.543 7,0.750 3]	[0.368 3,1.000 0]	[0.371 9,1.000 0]	[0.562 1,1.000 0]	0.807 0
2	0.465 0	[0.440 2,0.559 4]	[0.371 7,0.838 2]	[0.442 4,0.916 2]	[0.647 6,0.966 8]	0.983 5
3	0.565 2	[0.486 6,0.667 6]	[0.328 4,0.921 0]	[0.336 7,0.848 1]	[0.516 8,0.811 7]	0.776 3
4	0.190 5	[0.192 4,0.240 9]	[0.199 4,0.408 1]	[0.239 5,0.540 2]	[0.400 0,0.655 5]	0.673 3
5	0.391 8	[0.386 2,0.468 9]	[0.367 8,0.728 2]	[0.463 6,0.876 1]	[0.709 6,1.000 0]	0.895 9
6	0.594 4	[0.538 6,0.703 2]	[0.406 3,1.000 0]	[0.449 6,1.000 0]	[0.698 8,1.000 0]	1.000 0
7	0.195 1	[0.209 3,0.233 6]	[0.278 3,0.366 2]	[0.448 9,0.537 0]	[0.668 1,0.761 9]	0.889 5

表 5-8　表 5-7 中个体 DMU 效率区间的中值

β	DMUs							排序
	1	2	3	4	5	6	7	
0.0	0.632 1	0.465 0	0.565 2	0.190 5	0.391 8	0.594 4	0.195 1	DMU1 ⪰ DMU6 ⪰ DMU3 ⪰ DMU2 ⪰ DMU5 ⪰ DMU7 ⪰ DMU4
0.1	0.647 0	0.499 8	0.577 1	0.216 7	0.427 6	0.620 9	0.221 5	DMU1 ⪰ DMU6 ⪰ DMU3 ⪰ DMU2 ⪰ DMU5 ⪰ DMU7 ⪰ DMU4
0.4	0.684 2	0.605 0	0.624 7	0.303 8	0.548 0	0.703 2	0.322 3	DMU6 ⪰ DMU1 ⪰ DMU3 ⪰ DMU2 ⪰ DMU5 ⪰ DMU7 ⪰ DMU4
0.7	0.686 0	0.679 3	0.592 4	0.389 9	0.669 9	0.724 8	0.493 0	DMU6 ⪰ DMU1 ⪰ DMU2 ⪰ DMU5 ⪰ DMU3 ⪰ DMU7 ⪰ DMU4
0.9	0.781 1	0.807 2	0.664 3	0.527 8	0.854 8	0.849 4	0.715 0	DMU5 ⪰ DMU6 ⪰ DMU2 ⪰ DMU1 ⪰ DMU7 ⪰ DMU4 ⪰ DMU4
1.0	0.807 0	0.983 5	0.776 3	0.673 3	0.895 9	1.000 0	0.889 5	DMU6 ⪰ DMU2 ⪰ DMU5 ⪰ DMU7 ⪰ DMU1 ⪰ DMU3 ⪰ DMU4

表 5-9 由模型（MOD 5-8）获得的个体 DMU 的最大效率

$\left[\delta^-,\delta^+\right]$	DMUs						
	1	2	3	4	5	6	7
$\left[\delta_*,\delta^*\right]$	1 (14.601 3)	0.985 3 (2.954 1)	0.940 2 (19.132 7)	0.679 9 (2.954 1)	1 (4.110 0)	1 (14.601 3)	0.985 1 (3.081 6)
$\left[\delta_*,\delta_*\right]$	0.300 7 (2.911 4)	0.339 8 (2.911 4)	0.271 2 (2.911 4)	0.204 5 (2.911 4)	0.371 9 (2.911 4)	0.358 5 (2.911 4)	0.361 3 (2.911 4)

注：括号内的数值表示对应的整体偏差。

从表 5-9 中可以发现，如果$\left[\delta^-,\delta^+\right]=\left[\delta_*,\delta^*\right]$，则所有 DMU 都达到了最优效率，但 DMU 的方差非常大；如果$\left[\delta^-,\delta^+\right]=\left[\delta_*,\delta_*\right]$，则 DMU 虽然不能达到其最优效率，但所有 DMU 的方差都限制在最小值。

5.4 基于总体边界的数据包络分析

除了在 5.2 节中讨论的平均值和 5.3 节中的方差之外，另一个衡量团队的指标是所有 DMU 的边界。例如，决策者可能要求每个 DMU 的效率不小于（或大于）某个值。我们给出下面的模型来计算 DMU 的最大下边界：

$$\min \quad \lambda \qquad \text{(MOD 5-9)}$$

$$\text{s.t.} \quad \sum_{i=1}^{n}\sum_{r=1}^{s}u_r y_{ri}+\sum_{i=1}^{n}\sum_{l=1}^{m}v_l x_{li}=n$$

$$\sum_{r=1}^{s}u_r y_{ri}-\sum_{l=1}^{m}v_l x_{li}\leqslant 0, i=1,2,\cdots,n$$

$$\frac{\sum_{r=1}^{s}u_r y_{ri}}{\sum_{l=1}^{m}v_l x_{li}}\geqslant \lambda$$

$$u_r\geqslant \frac{1}{(m+s)\max\limits_{i} y_{ri}}, r=1,2,\cdots,s$$

$$v_l\geqslant \frac{1}{(m+s)\max\limits_{i} y_{li}}, l=1,2,\cdots,m$$

模型（MOD 5-9）旨在最大化所有单个 DMU 的最小效率，这与博弈论中的收益矩阵非常相似，也就是说，每个 DMU 的效率越大越好。假设模型（MOD 5-9）的最优值为λ_*，决策者可以选择一个不大于λ_*的值作为所有单个 DMU 的最小效率边界，即$\dot{\lambda}\left(0\leqslant\dot{\lambda}\leqslant\lambda_*\right)$，进而可以构建以下模型来计算单个 DMU 的效率区间：

$$\max/\min \quad \frac{\sum_{r=1}^{s}u_r y_{ri}}{\sum_{l=1}^{m}v_l x_{li}} \tag{MOD 5-10}$$

$$\begin{aligned}\text{s.t.}\quad & \sum_{i=1}^{n}\sum_{r=1}^{s}u_r y_{ri}+\sum_{i=1}^{n}\sum_{l=1}^{m}v_l x_{li}=n\\ & \sum_{r=1}^{s}u_r y_{ri}-\sum_{l=1}^{m}v_l x_{li}\leqslant 0, i=1,2,\cdots,n\\ & \sum_{r=1}^{s}u_r y_{ri}\geqslant \dot{\lambda}\sum_{l=1}^{m}v_l x_{li}\\ & u_r\geqslant\frac{1}{(m+s)\max\limits_{i} y_{ri}}, r=1,2,\cdots,s\\ & v_l\geqslant\frac{1}{(m+s)\max\limits_{i} y_{li}}, l=1,2,\cdots,m\end{aligned}$$

也就是说，在所有 DMU 都满足要求的最小效率水平的约束下，可以利用模型（MOD 5-10）计算每个 DMU 的效率区间。

与模型（MOD 5-9）相反，如果决策者从损失的角度考虑 DMU，那么他们的目标可能是使单个 DMU 的效率最大值最小化，即单个 DMU 的效率越小越好。为了从团队的角度解决这种情况，可以构建以下模型：

$$\min \quad \lambda \tag{MOD 5-11}$$

$$\begin{aligned}\text{s.t.}\quad & \sum_{i=1}^{n}\sum_{r=1}^{s}u_r y_{ri}+\sum_{i=1}^{n}\sum_{l=1}^{m}v_l x_{li}=n\\ & \sum_{r=1}^{s}u_r y_{ri}-\sum_{l=1}^{m}v_l x_{li}\leqslant 0, i=1,2,\cdots,n\\ & \frac{\sum_{r=1}^{s}u_r y_{ri}}{\sum_{l=1}^{m}v_l x_{li}}\leqslant\lambda\end{aligned}$$

$$u_r \geqslant \frac{1}{(m+s)\max\limits_i y_{ri}}, r=1,2,\cdots,s$$

$$v_l \geqslant \frac{1}{(m+s)\max\limits_i y_{li}}, l=1,2,\cdots,m$$

通过求解模型（MOD 5－11），可以得到所有 DMU 的最小上边界。假设模型（MOD 5－11）的最优值是λ^*，决策者可以提供一个不小于λ^*的值作为 DMU 不能超过的最大效率边界，即$\ddot{\lambda}\left(\lambda^* \leqslant \ddot{\lambda} \leqslant 1\right)$，进而可以构建以下模型来计算 DMU 的效率区间。

$$\max/\min \quad \frac{\sum_{r=1}^{s} u_r y_{ri}}{\sum_{l=1}^{m} v_l x_{li}} \qquad \text{（MOD 5－12）}$$

$$\text{s.t.} \quad \sum_{i=1}^{n}\sum_{r=1}^{s} u_r y_{ri} + \sum_{i=1}^{n}\sum_{l=1}^{m} v_l x_{li} = n$$

$$\sum_{r=1}^{s} u_r y_{ri} - \sum_{l=1}^{m} v_l x_{li} \leqslant 0, i=1,2,\cdots,n$$

$$\sum_{r=1}^{s} u_r y_{ri} \leqslant \ddot{\lambda} \sum_{l=1}^{m} v_l x_{li}$$

$$u_r \geqslant \frac{1}{(m+s)\max\limits_i y_{ri}}, r=1,2,\cdots,s$$

$$v_l \geqslant \frac{1}{(m+s)\max\limits_i y_{li}}, l=1,2,\cdots,m$$

如果决策者对团队中的所有 DMU 的边界有一定的要求，例如，每个 DMU 的最小（或最大）效率应该在某个值，那么可以使用模型（MOD 5－9）或模型（MOD 5－11）来求得 DMU 的边界。模型（MOD 5－9）可以最大化所有 DMU 的最小效率，从中可以得到所有 DMU 效率下边界的最大值，用λ_*表示；（MOD 5－11）可以最小化所有 DMU 的最大效率值，由此可得所有 DMU 效率上边界的最小值，用λ^*表示。

现在，我们用给出的模型进一步分析例 5.1，首先，通过（MOD 5－9）和（MOD 5－11）得到$\lambda_* = 0.6799$和$\lambda^* = 0.3691$。假设决策者给定$\alpha\lambda_*$，其中$0 \leqslant \alpha \leqslant 1$，$\lambda^*(1+\beta)$，$0 \leqslant \beta \leqslant \frac{1}{\lambda^*} - 1$，来描述他们对 DMU 效率边界的偏好，则可进一步利用模型（MOD 5－10）和模型（MOD 5－12）来计算单个 DMU 的效率区间，结果见表 5－10 和表 5－12，DMU 效率区间的中值和排序见表 5－11 和表 5－13。

表 5-10　由模型（MOD 5-10）获得的个体 DMU 的效率区间

DMUs	α					
	1	0.95	0.9	0.85	0.8	0.75
1	0.800 1	[0.763 3,0.886 5]	[0.726 7,0.926 3]	[0.690 3,0.966 2]	[0.654 0,1.000 0]	[0.617 9,1.000 0]
2	0.985 3	[0.938 5,0.985 3]	[0.891 9,0.985 3]	[0.845 4,0.985 3]	[0.798 9,0.985 3]	[0.752 5,0.985 3]
3	0.777 4	[0.740 3,0.814 2]	[0.703 3,0.823 6]	[0.666 4,0.834 3]	[0.629 7,0.845 0]	[0.593 1,0.854 4]
4	0.679 9	[0.645 9,0.679 9]	[0.611 9,0.679 9]	[0.577 9,0.679 9]	[0.543 9,0.679 9]	[0.509 9,0.679 9]
5	0.889 2	[0.810 1,0.925 2]	[0.774 6,0.961 2]	[0.739 1,0.997 2]	[0.703 7,1.000 0]	[0.668 4,1.000 0]
6	1.000 0	[0.953 3,1.000 0]	[0.906 7,1.000 0]	[0.860 2,1.000 0]	[0.813 9,1.000 0]	[0.767 7,1.000 0]
7	0.894 0	[0.705 6,0.922 6]	[0.645 1,0.951 2]	[0.589 2,0.979 7]	[0.543 9,0.985 1]	[0.509 9,0.985 1]

表 5-11　表 5-10 中个体 DMU 效率区间的中值

α	DMUs							排序
	1	2	3	4	5	6	7	
1	0.800 2	0.985 2	0.777 4	0.679 8	0.889 2	1.000 0	0.894 0	DMU6 $\succeq$ DMU2 $\succeq$ DMU7 $\succeq$ DMU5 $\succeq$ DMU1 $\succeq$ DMU3 $\succeq$ DMU4
0.95	0.824 9	0.961 9	0.777 3	0.662 9	0.867 7	0.976 7	0.814 1	DMU6 $\succeq$ DMU2 $\succeq$ DMU5 $\succeq$ DMU7 $\succeq$ DMU1 $\succeq$ DMU3 $\succeq$ DMU4
0.90	0.826 5	0.938 6	0.763 4	0.645 9	0.867 9	0.953 3	0.798 2	DMU6 $\succeq$ DMU2 $\succeq$ DMU5 $\succeq$ DMU7 $\succeq$ DMU1 $\succeq$ DMU3 $\succeq$ DMU4
0.85	0.828 2	0.915 4	0.750 4	0.628 9	0.868 1	0.930 1	0.784 4	DMU6 $\succeq$ DMU2 $\succeq$ DMU5 $\succeq$ DMU7 $\succeq$ DMU1 $\succeq$ DMU3 $\succeq$ DMU4
0.80	0.827 0	0.892 1	0.737 3	0.611 9	0.851 9	0.906 9	0.764 5	DMU6 $\succeq$ DMU2 $\succeq$ DMU5 $\succeq$ DMU7 $\succeq$ DMU1 $\succeq$ DMU3 $\succeq$ DMU4
0.75	0.809 0	0.868 9	0.723 8	0.594 9	0.834 2	0.883 9	0.747 5	DMU6 $\succeq$ DMU2 $\succeq$ DMU5 $\succeq$ DMU7 $\succeq$ DMU1 $\succeq$ DMU3 $\succeq$ DMU4

表 5-12　由模型（MOD 5-12）获得的个体 DMU 的效率区间

DMUs	β					
	0	0.05	0.1	0.15	0.2	0.25
1	0.320 4	[0.300 7,0.358 0]	[0.300 7,0.382 2]	[0.300 7,0.405 6]	[0.300 7,0.428 9]	[0.300 7,0.452 2]
2	0.347 5	[0.339 8,0.367 1]	[0.339 8,0.386 6]	[0.339 8,0.406 2]	[0.339 8,0.425 3]	[0.339 8,0.443 9]
3	0.284 4	[0.271 2,0.308 3]	[0.271 2,0.328 1]	[0.271 2,0.348 1]	[0.271 2,0.368 8]	[0.271 2,0.390 1]
4	0.208 3	[0.190 5,0.223 5]	[0.201 1,0.238 7]	[0.198 8,0.253 7]	[0.197 5,0.368 2]	[0.196 4,0.282 1]
5	0.369 1	[0.364 6,0.387 6]	[0.364 6,0.406 1]	[0.364 6,0.424 5]	[0.364 6,0.443 0]	[0.364 6,0.461 4]
6	0.369 1	[0.358 5,0.387 6]	[0.358 5,0.406 1]	[0.358 3,0.424 5]	[0.358 3,0.443 0]	[0.358 3,0.461 4]
7	0.336 8	[0.303 9,0.378 2]	[0.283 1,0.398 0]	[0.266 6,0.417 8]	[0.253 0,0.437 1]	[0.241 8,0.456 1]

表 5-13　表 5-12 中个体 DMU 效率区间的中值

β	DMUs							排序
	1	2	3	4	5	6	7	
0	0.320 4	0.347 4	0.284 4	0.208 4	0.369 0	0.369 0	0.336 8	DMU6 ⪰ DMU5 ⪰ DMU2 ⪰ DMU7 ⪰ DMU1 ⪰ DMU3 ⪰ DMU4
0.05	0.329 4	0.353 4	0.289 8	0.207 0	0.376 1	0.373 0	0.341 0	DMU5 ⪰ DMU6 ⪰ DMU2 ⪰ DMU7 ⪰ DMU1 ⪰ DMU3 ⪰ DMU4
0.10	0.341 5	0.363 2	0.299 6	0.219 9	0.385 3	0.382 3	0.340 6	DMU5 ⪰ DMU6 ⪰ DMU2 ⪰ DMU7 ⪰ DMU1 ⪰ DMU3 ⪰ DMU4
0.15	0.353 2	0.373 0	0.309 6	0.226 3	0.394 5	0.391 4	0.342 2	DMU5 ⪰ DMU6 ⪰ DMU2 ⪰ DMU7 ⪰ DMU1 ⪰ DMU3 ⪰ DMU4
0.20	0.364 8	0.382 6	0.320 0	0.282 9	0.403 8	0.400 7	0.345 0	DMU5 ⪰ DMU6 ⪰ DMU2 ⪰ DMU7 ⪰ DMU1 ⪰ DMU3 ⪰ DMU4
0.25	0.376 5	0.391 9	0.330 7	0.239 3	0.413 0	0.409 8	0.348 9	DMU5 ⪰ DMU6 ⪰ DMU2 ⪰ DMU7 ⪰ DMU1 ⪰ DMU3 ⪰ DMU4

从表 5－11 中我们可以观察到，当α增加时，大多数效率区间的中值也相应上升。同样地，表 5－13 显示随着β的增加，大部分效率区间的中值也呈上升趋势。

5.5　基于团队中 DMU 之间关系的数据包络分析

在 5.2～5.4 节中，我们可把 DMU 的整体效率、方差和边界视为团队中 DMU 的外部指标。而团队内 DMU 间的相互联系，则可以看作衡量团队中 DMU 的内部指标。在本节，我们将利用区间判断矩阵来建立团队中 DMU 之间的关联关系。

设用E_i表示 DMU i的效率，那么对于每一对 DMU i和 DMU j，它们之间的相对效率可以写为

$$\frac{E_i}{E_j}=\frac{\sum_{r=1}^{s}u_r y_{ri}}{\sum_{l=1}^{m}v_l x_{li}}\frac{\sum_{l=1}^{m}v_l x_{li}}{\sum_{r=1}^{s}u_r y_{ri}} \tag{5-5}$$

随着$x_{li}\left(l=1,2,\cdots,m\right)$和$y_{ri}\left(r=1,2,\cdots,s\right)$的变化，我们可以得到$\frac{E_i}{E_j}$的变化区间，记为$\tilde{r}_{ij}=\left[r_{ij}^-,\ r_{ij}^+\right]$，其中$r_{ij}^+$和$r_{ij}^-$的值由以下模型计算求得

$$\max/\min \quad \frac{E_i}{E_j}=\frac{\sum_{r=1}^{s}u_r y_{ri}}{\sum_{l=1}^{m}v_l x_{li}}\frac{\sum_{l=1}^{m}v_l x_{li}}{\sum_{r=1}^{s}u_r y_{ri}} \tag{MOD 5-13}$$

$$\text{s.t.} \quad \sum_{i=1}^{n}\sum_{r=1}^{s}u_r y_{ri}+\sum_{i=1}^{n}\sum_{l=1}^{m}v_l x_{li}=n$$

$$\sum_{r=1}^{s}u_r y_{ri}-\sum_{l=1}^{m}v_l x_{li}\leqslant 0, i=1,2,\cdots,n$$

$$u_r\geqslant\frac{1}{\left(m+s\right)\max\limits_i y_{ri}}, r=1,2,\cdots,s$$

$$v_l\geqslant\frac{1}{\left(m+s\right)\max\limits_i y_{li}}, l=1,2,\cdots,m$$

考虑所有 $\tilde{r}_{ij}$，我们构造一个矩阵 $\tilde{\boldsymbol{R}}=(\tilde{r}_{ij})_{n\times n}=\left(\left[r_{ij}^{-},r_{ij}^{+}\right]\right)_{n\times n}$ 用于表示 DMU i 对 DMU j 的偏好程度。很容易发现 $r_{ij}^{-}r_{ji}^{+}=1$ 且 $r_{ii}^{-}=r_{ii}^{+}=1$，$i,j=1,2,\cdots,n$。因此，$\tilde{\boldsymbol{R}}$ 是一个区间判断矩阵，可用于反映 DMU 之间的关系。在 5.2 节给出的例 5.1 中，我们可以根据模型（MOD 5－13）计算 $\tilde{\boldsymbol{R}}$：

$$\tilde{\boldsymbol{R}}=\begin{pmatrix} [1,1] & [0.8120,1.4951] & [0.9677,1.4459] & [1.1769,3.9305] & [0.6919,1.6347] & [0.7432,1.1709] & [0.8285,3.2402] \\ [0.6689,1.2315] & [1,1] & [0.8223,1.2689] & [1.4493,2.6289] & [0.8187,1.3128] & [0.7768,0.983] & [0.8426,2.4249] \\ [0.6916,1.0334] & [0.7882,1.2161] & [1,1] & [1.1435,3.0759] & [0.6552,1.5025] & [0.7370,0.9509] & [0.6743,2.8981] \\ [0.2544,0.8497] & [0.3803,0.6900] & [0.3251,0.8745] & [1,1] & [0.3972,0.7999] & [0.2979,0.6799] & [0.4168,1.1337] \\ [0.6117,1.4453] & [0.7618,1.2161] & [0.6656,1.5262] & [1.2501,2.5175] & [1,1] & [0.6257,1.1249] & [0.9928,2.1327] \\ [0.8540,1.3456] & [1.0149,1.2874] & [1/0516,1.3568] & [1.4709,3.3567] & [0.8890,1.5981] & [1,1] & [0.9146,3.0545] \\ [0.3086,1.2070] & [0.4124,1.1867] & [0.3450,1.4829] & [0.8821,2.3991] & [0.4689,1.0073] & [0.3274,1.0934] & [1,1] \end{pmatrix}$$

基于 $\tilde{\boldsymbol{R}}$，决策者可以给出他们对每对 DMU 之间关系的偏好，假设决策者对决策单位之间关系矩阵的偏好为 $\tilde{\boldsymbol{A}}=(\tilde{a}_{ij})_{n\times n}=\left(\left\|\left[a_{ij}^{-},a_{ij}^{+}\right]\right\|\right)_{n\times n}$，其中 $r_{ij}^{-}\leqslant a_{ij}^{-}\leqslant a_{ij}^{+}\leqslant r_{ij}^{+}$，$a_{ij}^{-}a_{ji}^{+}=1$，且 $a_{ii}^{-}=a_{ii}^{+}=1$，$i,j=1,2,\cdots,n$。如果存在一个权重向量 $\boldsymbol{w}=\left(w_1,w_2,\cdots,w_n\right)^{\mathrm{T}}$ 满足

$$a_{ij}^{-}\leqslant\frac{w_i}{w_j}\leqslant a_{ij}^{+},i,j=1,2,\cdots,n \tag{5－6}$$

且 $\sum_{i=1}^{n}w_i=1$，则称 $\tilde{\boldsymbol{A}}$ 为一致区间判断矩阵。区间判断矩阵中的元素是决策者根据自己的经验和专业知识给出的，由于经验和专业知识的局限性以及决策问题的复杂性，可能会出现不一致的情况。

设 DMU i 的效率用 E_i 表示，DMU i 和 DMU j 的区间两两比较值为 $a_{ij}=\left[a_{ij}^{-},a_{ij}^{+}\right]$，则

$$a_{ij}^{-}\leqslant\frac{E_i}{E_j}\leqslant a_{ij}^{+} \tag{5－7}$$

即

$$a_{ij}^{-}\leqslant\frac{\sum_{r=1}^{s}u_r y_{ri}\sum_{l=1}^{m}v_l x_{lj}}{\sum_{r=1}^{s}u_r y_{rj}\sum_{l=1}^{m}v_l x_{li}}\leqslant a_{ij}^{+} \tag{5－8}$$

可以写为

$$a_{ij}^{-}\sum_{r=1}^{s}u_r y_{rj}\sum_{l=1}^{m}v_l x_{li} \leqslant \sum_{r=1}^{s}u_r y_{ri}\sum_{l=1}^{m}v_l x_{lj} \leqslant a_{ij}^{+}\sum_{r=1}^{s}u_r y_{rj}\sum_{l=1}^{m}v_l x_{li} \tag{5-9}$$

如果上式不成立，设偏差为d_{ij}^{-}和d_{ij}^{+}，则

$$a_{ij}^{-}\sum_{r=1}^{s}u_r y_{rj}\sum_{l=1}^{m}v_l x_{li} - d_{ij}^{-} \leqslant \sum_{r=1}^{s}u_r y_{ri}\sum_{l=1}^{m}v_l x_{lj} \leqslant a_{ij}^{+}\sum_{r=1}^{s}u_r y_{rj}\sum_{l=1}^{m}v_l x_{li} + d_{ij}^{+} \tag{5-10}$$

其中$d_{ij}^{-} \geqslant 0$，$d_{ij}^{+} \geqslant 0$。

为了使总体偏差最小，给出以下模型：

$$\min \quad \sum_{j=1}^{n}\sum_{i=1}^{n}\left(d_{ij}^{-}+d_{ij}^{+}\right) \tag{MOD 5-14}$$

$$\text{s.t.} \quad a_{ij}^{-}\sum_{r=1}^{s}u_r y_{rj}\sum_{l=1}^{m}v_l x_{li} - d_{ij}^{-} \leqslant \sum_{r=1}^{s}u_r y_{ri}\sum_{l=1}^{m}v_l x_{lj} \leqslant$$

$$a_{ij}^{+}\sum_{r=1}^{s}u_r y_{rj}\sum_{l=1}^{m}v_l x_{li} + d_{ij}^{+}$$

$$d_{ij}^{-} \geqslant 0, d_{ij}^{+} \geqslant 0, i,j=1,2,\cdots,n$$

模型（MOD 5-14）为决策者提供了偏差变量的最小值，记为d^{*}，决策者可以利用该值为 DMU 团队选择一个可接受的偏差水平$d\left(d \leqslant d^{*}\right)$，基于此，各个 DMU 的效率区间可通过以下模型计算：

$$\max/\min \quad \frac{\sum_{r=1}^{s}u_r y_{ri}}{\sum_{l=1}^{m}v_l x_{li}} \tag{MOD 5-15}$$

$$\text{s.t.} \quad a_{ij}^{-}\sum_{r=1}^{s}u_r y_{rj}\sum_{l=1}^{m}v_l x_{li} - d_{ij}^{-} \leqslant \sum_{r=1}^{s}u_r y_{ri}\sum_{l=1}^{m}v_l x_{lj} \leqslant$$

$$a_{ij}^{+}\sum_{r=1}^{s}u_r y_{rj}\sum_{l=1}^{m}v_l x_{li} + d_{ij}^{+}$$

$$\sum_{j=1}^{n}\sum_{i=1}^{n}\left(d_{ij}^{-}+d_{ij}^{+}\right)=d$$

$$d_{ij}^{-}\geqslant 0,d_{ij}^{+}\geqslant 0,i,j=1,2,\cdots,n$$

如果将上述模型应用于例 5.1，假设决策者根据 $\tilde{\boldsymbol{R}}$ 提供以下矩阵作为其对 DMU 之间关系的偏好：

$$\boldsymbol{A}=\begin{pmatrix}
[1,1] & \left[\frac{5}{6},\frac{4}{3}\right] & \left[1,\frac{4}{3}\right] & [2,3] & \left[\frac{3}{4},\frac{3}{2}\right] & \left[\frac{3}{4},1\right] & [1,3] \\
\left[\frac{3}{4},\frac{6}{5}\right] & [1,1] & \left[1,\frac{5}{4}\right] & \left[\frac{3}{2},2\right] & \left[1,\frac{5}{4}\right] & \left[\frac{4}{5},\frac{5}{6}\right] & [1,2] \\
\left[\frac{3}{4},1\right] & \left[\frac{4}{5},1\right] & [1,1] & [2,3] & \left[1,\frac{3}{2}\right] & \left[\frac{4}{5},\frac{5}{6}\right] & \left[\frac{3}{4},2\right] \\
\left[\frac{1}{3},\frac{1}{2}\right] & \left[\frac{1}{2},\frac{2}{3}\right] & \left[\frac{1}{3},\frac{1}{2}\right] & [1,1] & \left[\frac{2}{5},\frac{3}{5}\right] & \left[\frac{2}{5},\frac{3}{5}\right] & \left[\frac{1}{2},1\right] \\
\left[\frac{2}{3},\frac{3}{4}\right] & \left[\frac{4}{5},1\right] & \left[\frac{2}{3},1\right] & \left[\frac{5}{3},\frac{5}{3}\right] & [1,1] & \left[\frac{4}{5},1\right] & [1,2] \\
\left[1,\frac{4}{3}\right] & \left[\frac{6}{5},\frac{5}{4}\right] & \left[\frac{6}{5},\frac{5}{4}\right] & \left[\frac{5}{3},\frac{5}{2}\right] & \left[1,\frac{5}{4}\right] & [1,1] & [2,3] \\
\left[\frac{1}{3},1\right] & \left[\frac{1}{2},1\right] & \left[\frac{1}{2},\frac{4}{3}\right] & [1,2] & \left[\frac{1}{2},1\right] & \left[\frac{1}{2},\frac{1}{2}\right] & [1,1]
\end{pmatrix}$$

通过求解（MOD 5-14）得到最小偏差 $J^{*}=199\ 15$，基于此，决策者可以给出一个可行的且可接受的偏差水平 $d\left(d\leqslant d^{*}\right)$，进而利用模型（MOD 5-15）计算在偏差约束下单个 DMU 的效率区间，计算结果见表 5-14，效率区间的中值和排序见表 5-15。从表中可以发现大部分效率区间的中值随着 J 值的增加而增加。也就是说，如果放宽偏差约束，单个 DMU 的效率会增大。

表 5-14 由模型（MOD 5-15）获得的个体 DMU 的效率区间

DMUs	J				
	1.991 5	2.1	2.2	2.3	2.4
1	0.425 8	[0.356 3,0.512 9]	[0.321 1,0.586 2]	[0.306 0,0.667 9]	[0.300 7,0.767 2]
2	0.400 2	[0.367 7,0.452 2]	[0.349 9,0.505 7]	[0.342 5,0.569 0]	[0.339 8,0.647 9]
3	0.382 8	[0.320 6,0.442 0]	[0.288 6,0.496 6]	[0.275 8,0.560 4]	[0.271 2,0.639 5]
4	0.196 4	[0.194 4,0.228 4]	[0.193 5,0.256 1]	[0.193 0,0.285 9]	[0.192 6,0.321 7]
5	0.382 8	[0.366 7,0.438 5]	[0.364 6,0.495 9]	[0.364 6,0.563 4]	[0.364 6,0.643 3]
6	0.461 0	[0.399 9,0.526 5]	[0.372 5,0.594 2]	[0.362 3,0.666 9]	[0.358 5,0.757 7]
7	0.244 5	[0.225 5,0.289 9]	[0.218 3,0.330 4]	[0.214 0,0.364 1]	[0.210 3,0.393 3]

表 5-15 表 5-14 中个体 DMU 效率区间的中值

J	DMUs							排序
	1	2	3	4	5	6	7	
1.991 5	0.425 8	0.400 2	0.382 8	0.196 4	0.382 8	0.461 0	0.244 5	DMU6 ⪰ DMU1 ⪰ DMU2 ⪰ DMU5 ⪰ DMU3 ⪰ DMU7 ⪰ DMU4
2.1	0.434 6	0.410 0	0.381 3	0.211 4	0.402 6	0.463 2	0.257 7	DMU6 ⪰ DMU1 ⪰ DMU2 ⪰ DMU5 ⪰ DMU3 ⪰ DMU7 ⪰ DMU4
2.2	0.453 7	0.427 8	0.392 6	0.224 8	0.430 3	0.483 4	0.274 4	DMU6 ⪰ DMU1 ⪰ DMU5 ⪰ DMU2 ⪰ DMU3 ⪰ DMU7 ⪰ DMU4
2.3	0.487 0	0.455 8	0.418 1	0.239 5	0.464 0	0.514 6	0.289 1	DMU6 ⪰ DMU1 ⪰ DMU5DMU2 ⪰ DMU3 ⪰ DMU7 ⪰ DMU4
2.4	0.534 0	0.493 9	0.455 4	0.257 2	0.504 0	0.558 1	0.301 8	DMU6 ⪰ DMU1 ⪰ DMU5 ⪰ DMU2 ⪰ DMU3 ⪰ DMU7 ⪰ DMU4

本章小结

本章研究了基于集组理论的DEA方法，在此方法中，我们将所有DMU视为一个团队，并定义了衡量团队的指标，如DMU的整体效率、DMU的方差、DMU的边界及DMU之间的关系等。为了帮助决策者给出对团队指标的偏好，我们给出了计算团队指标区间值的模型。在满足团队指标的约束条件下，我们建立了计算单个DMU效率区间的模型。值得注意的是，在我们给出的模型中，尽管单个DMU可能无法达到其最大效率，但是可以确保团队指标达到最优。此外，我们还引入了可调参数，使得团队整体和单个DMU之间达到理想的权衡。[102]

参考文献

[1] SAATY T L. The analytic hierarchy process[M]. New York: McGraw-Hill, 1980.

[2] DONG Y C, XU Y F, LI H Y. On consistency measures of linguistic preference relations[J]. European journal of operational research, 2008, 189(2): 430 – 444.

[3] TANINO T. Fuzzy preference orderings in group decision making[J]. Fuzzy Sets and Systems, 1984, 12(2): 117 – 131.

[4] CAVALLO B, D'APUZZO L. A general unified framework for pairwise comparison matrices in multicriterial methods[J]. International Journal of Intelligent Systems, 2009, 24(4): 377 – 398.

[5] CAVALLO B, D'APUZZO L, SQUILLANTE M. About a consistency index for pairwise comparison matrices over a divisible alo-group[J]. International Journal of Intelligent Systems, 2012, 27(2): 153 – 175.

[6] ACZÉL J. Lectures on functional equation and their applications[M]. New York and London: Academic Press, 1966.

[7] HERRERA-VIEDMA E, HERRERA F, CHICLANA F, et al. Some issues on consistency of fuzzy preference relations[J]. European Journal of Operational Research, 2004, 154(1): 98 – 109.

[8] HARSANYI J C. Cardinal welfare. Individualistic ethics and interpersonal comparisons of utility[J]. Journal of Political Economy, 1955, 63(4): 309 – 321.

[9] LIU X W, PAN Y W, XU Y J, et al. Least square completion and inconsistency repair methods for additively consistent fuzzy preference relations[J]. Fuzzy Sets and Systems, 2012, 198: 1 – 19.

[10] WANG Y M, CHIN K S, LUO Y. Aggregation of direct and indirect judgments in pairwise comparison matrices with a re-examination of the criticisms by Bana e Costa and Vansnick. Information Sciences, 2009, 179(3): 329 – 337.

[11] XIA M M, XU Z S. On consensus in group decision making based on fuzzy preference relations[M]//HERRERA-VIEDMA E, GARCÍA-LAPRESTA J L, KACPRZYK J, et al. Consensual Processes. Springer-Verlag, 2010.

[12] MA J, FAN Z P, JIANG Y P, et al. A method for repairing the inconsistency of fuzzy preference relations[J]. Fuzzy Sets and Systems, 2006, 157(1): 20 – 33.

[13] CRAWFORD G, WILLIAMS C. A note on the analysis of subjective judgement matrices[J]. Journal of Mathematical Psychology, 1985, 29(4): 387 – 405.

[14] AGUARON J, MORENO-JIMÉNEZ J M. The geometric consistency index: approximated thresholds[J]. European Journal of Operational Research, 2003, 147(1): 137 – 145.

[15] WU Z B, XU J P. A consistency and consensus based decision support model for group decision making with multiplicative preference relations[J]. Decision Support Systems, 2012, 52(3): 757 – 767.

[16] WANG Y M, FAN Z P. Group decision analysis based on fuzzy preference relations: Logarithmic and geometric least squares methods[J]. Applied Mathematics and Computation, 2007, 194(1): 108 – 119.

[17] WU Z B, XU J P. A concise consensus support model for group decision making with reciprocal preference relations based on deviation measures[J]. Fuzzy Sets and Systems, 2012, 206: 58 – 73.

[18] XU Z S, WEI C P. A consistency improving method in the analytic hierarchy process[J]. European Journal of Operational Research, 1999, 116(2): 443 – 449.

[19] XIA M M, XU Z S, CHEN J. Algorithms for improving consistency or consensus of reciprocal [0,1] – valued preference relations[J]. Fuzzy Sets and Systems, 2012, 216: 108 – 133.

[20] ACZÉL J, SAATY T L. Procedures for synthesizing ratio judgements[J]. Journal of Mathematical Psychology, 1983, 27(1): 93 – 102.

[21] DONG Y C, ZHANG G Q, HONG W C, et al. Consensus models for AHP group decision making under row geometric mean prioritization method[J]. Decision Support Systems, 2010, 49(3): 281 – 289.

[22] XIA M M, CHEN J. Consistency and consensus improving methods for pairwise comparison matrices based on Abelian linearly ordered group[J]. Fuzzy Sets and Systems, 2015, 266: 1 – 32.

[23] XU Z S. On consistency of the weighted geometric mean complex judgement matrix in AHP[J]. European Journal of Operational Research, 2000, 126(3): 683 – 687.

[24] ALTUZARRA A, MORENO-JIMÉNEZ M J, SALVADOR M. Consensus building in AHP-Group decision making: A bayesian approach[J]. Operations Research, 2010, 58(6): 1755 – 1773.

[25] KEENEY R L, KIRKWOOD C W. Group decision making using cardinal social welfare functions[J]. Management Science, 1975, 22(4): 430 – 437.

[26] ARROW K J. Social Choice and Individual Values[M]. 2nd ed. New Haven: Yale University Press, 1963.

[27] BAUCELLS M, SHAPLEY L S. Multiperson utility[J]. Games and Economic Behavior, 2008, 62(2): 329 – 347.

[28] BAUCELLS M, SARIN R K. Group decisions with multiple criteria[J]. Management Science, 2003, 49(8) 1105 – 1118.

[29] XIA M M, CHEN J. Multi-criteria group decision making based on bilateral agreements[J]. European Journal of Operational Research, 2015, 240(3): 756 – 764.

[30] GONG Z W, XU X X, ZHANG H H, et al. The consensus models with interval preference opinions and their economic interpretation[J]. Omega, 2015(55): 81 – 90.

[31] LIU Y J, LIANG C Y, CHICLANA F, et al. A trust induced recommendation mechanism for reaching consensus in group decision making[J]. Knowledge-Based Systems, 2017(119): 221 – 231.

[32] DONG Y C, ZHANG H J, HERRERA-VIEDMA E. Integrating experts' weights generated dynamically into the consensusreaching process and its applications in managing non-cooperative behaviors[J]. Decision Support Systems, 2016(84): 1 – 15.

[33] ALONSO S, HERRERA-VIEDMA E, CHICLANA F, et al. A web based consensus support system for group decision making problems and incomplete preferences[J]. Information Sciences, 2010, 180(23): 4477 – 4495.

[34] WU J, CHICLANA F. A social network analysis trust-consensus based approach to group decision-making problems with interval-valued fuzzy reciprocal preference relations[J]. Knowledge-Based Systems, 2014 (59): 97 – 107.

[35] MIRKIN B, FISHBURN P. Group Choice[M]. Halsted Press, 1979.

[36] BROCK H. The problem of “utility weights” in group preference aggregation[J].

Operations Research, 1980, 28(1): 176 – 187.

[37] KHELIFA S B, Martel J M. A distance-based collective weak ordering[J]. Group Decision and Negotiation, 2001 (10): 317 – 329.

[38] XU Z S. Dependent uncertain ordered weighted aggregation operators[J]. Information Fusion, 2008, 9(2): 310 – 316.

[39] FISHBURN P C. Utility Theory for Decision Making[M]. New York: John Wiley and Sons, 1970.

[40] XIA M M, CHEN J, ZENG X J. Group decision making using bilateral agreement matrix[J]. Fuzzy Sets and Systems, 2020 (398): 34 – 60.

[41] WEBER M. Decision making with incomplete information[J]. European Journal of Operational Research, 1987 (28): 44 – 57.

[42] SARIN R K. Screening of multiattribute alternatives[J]. Omega, 1977, 5(4): 481 – 489.

[43] ANANDALINGAM G, OLSSON C E. A multi-stage multi-attribute decision model for project selection[J]. European Journal of Operational Research, 1989, 43(3): 271 – 283.

[44] PARK K S. Mathematical programming models for characterizing dominance and potential optimality when multicriteria alternative values and weights are simultaneously incomplete[J]. IEEE Transactions on Systems Man and Cybernetics, Part A: Systems and Humans, 2004, 34(5): 601 – 614.

[45] EUM Y S, PARK K S, KIM S H. Establishing dominance and potential optimality in multi-criteria analysis with imprecise weight and value[J]. Computers & Operations Research, 2001, 28(5): 397 – 409.

[46] WANG J M. Robust optimization analysis for multiple attribute decision making problems with imprecise information[J]. Annals of Operations Research, 2012 (197): 109 – 122.

[47] WEI G W, WANG J M, Chen J. Potential optimality and robust optimality in multiattribute decision analysis with incomplete information: A comparative study[J]. Decision Support Systems, 2013, 55(3): 679 – 684.

[48] BELL D E. Regret in decision making under uncertainty[J]. Operations Research, 1982, 30(5): 961 – 981.

[49] LOOMES G, SUGDEN R. Regret theory: An alternative theory of rational

choice[J]. Economic Journal, 1982, 92(368): 805 – 824.

[50] CHOQUET G. Theory of capacities[J]. Annales de l'Institut Fourier, 1954 (5): 131 – 295.

[51] CORRENTE S, GRECO S, ISHIZAKA A. Combining analytical hierarchy process and Choquet integral within non-additive robust ordinal regression[J]. Omega, 2016 (61): 2 – 18.

[52] XIA M M, CHEN J, ZHANG J L. Multi-criteria decision making based on relative measures[J]. Annals of Operations Research, 2015, 229(1): 791 – 811.

[53] SUGENO M. Theory of fuzzy integrals and its applications[J]. Ph D. thesis, Tokyo Institute of Technology, Tokyo, 1974.

[54] GRABISCH M. K-order additive discrete fuzzy measures and their representation[J]. Fuzzy Sets and Systems, 1997, 92(2): 167 – 189.

[55] MARICHAL J L. An axiomatic approach of the discrete Choquet Integral as a tool to aggregate interacting criteria[J]. IEEE Transactions on Fuzzy Systems, 2000, 8(6): 800 – 807.

[56] MA F M, GUO Y J, SHAN X. Analysis of the impact of attitudinal character on the multiciriteria decision making with OWA operators[J]. International Journal of Intelligent Systems, 2012, 27(5): 502 – 518.

[57] XIA M M, CHEN J, ZENG X J. Decision analysis on Choquet integral-based multi-criteria decision-making with imprecise information[J]. International Journal of Information Technology & Decision Making, 2018, 17(2): 677 – 704.

[58] VON NEUMANN J, MORGENSTERN O. Theory of Games and Economic Behavior[M]. Princeton: Princeton University Press, 1947.

[59] SIMON H A. A behavioral model of rational choice[J]. The Quarterly Journal of Economics, 1955, 69(1): 99 – 118.

[60] BORDLEY R, LICALZI M. Decision analysis using targets instead of utility functions[J]. Decisions in Economics and Finance, 2000 (23): 53 – 74.

[61] BORDLEY R F, KIRKWOOD C W. Multiattribute preference analysis with performance targets[J]. Operations Research, 2004, 52(6): 823 – 835.

[62] KAHNEMAN D, TVERSKY A. Prospect theory: An analysis of decision under risk. Econometric, 1979, 47(2): 263 – 292.

[63] CASTAGNOLI E, LICALZI M. Expected utility without utility[J]. Theory and

Decision, 1996, 41: 281 – 301.

[64] YAN H B, HUYNH V N, MA T J, et al. Non-additive multi-attribute fuzzy target-oriented decision analysis[J]. Information Sciences, 2013 (240): 21 – 44.

[65] HUYNH V N, NAKAMORI Y, RYOKE M, et al. Decision making under uncertainty with fuzzy targets[J]. Fuzzy Optimization and Decision Making, 2007, 6(3): 255 – 278.

[66] FAN Z P, ZHANG X, CHEN F D, et al. Multiple attribute decision making considering aspiration-levels: A method based on prospect theory[J]. Computers & Industrial Engineering, 2013, 65(2): 341 – 350.

[67] FENG B, LAI F J. Multi-attribute group decision making with aspirations: A case study[J]. Omega, 2014 (44): 136 – 147.

[68] YAGER R R. On ordered weighted averaging aggregation operators in multicriteria decision making[J]. IEEE Transactions on Systems, Man, and Cybernetics, 1988, 18(1): 183 – 190.

[69] AHN B S. A priori identification of preferred alternatives of OWA operators by relational analysis of arguments[J]. Information Sciences, 2010, 180(23): 4572 – 4581.

[70] MA F M, GUO Y J, Shan X. Analysis of the impact of attitudinal character on the multiciriteria decision making with OWA operators[J]. International Journal of Intelligent Systems, 2012, 27(5): 502 – 518.

[71] YAGER R R. Using stress functions to obtain OWA operators[J]. Fuzzy Sets and Systems, 2007, 15(6): 1122 – 1129.

[72] LIU X W, YU S. On the stress function-oriented OWA determination method with optimization criteria[J]. IEEE Transactions on Systems Man and Cybernetics, 2012, 42(1): 246 – 257.

[73] TSETLIN I, WINKLER R L. Decision making with multiattribute performance targets: the impact of changes in performance and target distributions[J]. Operations Research, 2007, 55(2): 226 – 233.

[74] TSETLIN I, WINKLER R L. On equivalent target-oriented formulations for multiattribute uility[J]. Decision Analysis, 2006, 3(2): 94 – 99.

[75] YAGER R R. On the instantiation of possibility distributions[J]. Fuzzy Sets and Systems, 2002, 128(2): 261 – 266.

[76] YAGER R R. OWA aggregation over a continuous interval argument with applications to decision making[J]. IEEE Transactions on Systems, Man, and Cybernetics, 2004, 34(5): 1952 – 1963.

[77] YAGER R R. Centered OWA operators. Soft Computing, 2007, 11: 631 – 639.

[78] ZARGHAMI M, SZIDAROVSZKY F, ARDAKANIAN R. Sensitivity analysis of the OWA operator[J]. IEEE Transactions on Systems Man and Cybernetics, 2008, 38(2): 547 – 552.

[79] XIA M M. Multi-criteria decision making analysis based on target-oriented OWA operator[J]. International Journal of Uncertainty Fuzziness and Knowledge-Based Systems, 2020, 28(6): 911 – 938.

[80] CHARNES A, COOPER W W, RHODES E. Measuring the efficiency of decision making units[J]. European Journal of Operational Research, 1978, 2(6): 429 – 444.

[81] SEXTON T R, SILKMAN R H, HOGAN A J. Data envelopment analysis: Critique and extensions[M]. In R. H. Silkman (Ed) Measuring efficiency: An assessment of data envelopment analysis. San Francisco CA: Jossey-Bass, 1986.

[82] DOYLE J, GREEN R. Efficiency and cross-efficiency in DEA: Derivations meanings and uses[J]. Journal of the Operations Research Society, 1994, 45(5): 567 – 578.

[83] LIANG L, WU J, COOK W D, et al. Alternative secondary goals in DEA cross efficiency evaluation[J]. International Journal of Production Economics, 2008, 113(2): 1025 – 1030.

[84] WANG Y M, CHIN K S. A neutral DEA model for cross-efficiency evaluation and its extension[J]. Expert Systems with Applications, 2010, 37(5): 3666 – 3675.

[85] LIANG L, WU J, COOK W D, et al. The DEA game cross-efficiency model and its Nash equilibrium[J]. Operational Research, 2008, 56(5): 1278 – 1288.

[86] SONG L L, LIU F. An improvement in DEA cross-efficiency aggregation based on the Shannon entropy[J]. International Transactions in Operational Research, 2018, 25(2): 705 – 714.

[87] SIMAR L, WILSON P W. Statistical approaches for non-parametric frontier models: A guided tour[J]. International Statistical Review, 2015, 83(1): 77 – 110.

[88] SALO A, PUNKKA A. Ranking intervals and dominance relations for ratio-based efficiency analysis[J]. Management Science, 2011, 57(1): 200 – 214.

[89] YANG F, ANG S, XIA Q, et al. Ranking DMUs by using interval DEA cross efficiency matrix with acceptability analysis[J]. European Journal of Operational Research, 2012, 223(2): 483 – 488.

[90] ALCARAZ J, RAMÓN N, RUZI J L, et al. Ranking ranges in cross-efficiency evaluations[J]. European Journal of Operational Research, 2013, 226(3): 516 – 521.

[91] RABIN M. Incorporating fairness into game theory and economics[J]. American Economic Review, 1993, 83(5): 1281 – 1302.

[92] COLMAN A M. Cooperation psychological gametheory and limitations of rationality in social interaction[J]. Behavioral and Brain Sciences, 2003, 26(2): 139 – 198.

[93] COLMAN A M, PULFORD B D, ROSE J. Collective rationality in interactive decisions: Evidence for team reasoning[J]. Acta Psychologica, 2008, 128(2): 387 – 397.

[94] COLMAN A M, PULFORD B D, ROSE J. Team reasoning and collective rationality: Piercing the veil of obviousness[J]. Acta Psychologica, 2008, 128(2): 409 – 412.

[95] BARDSLEY N, MEHTA J, STARMER C, et al. Explaining focal points: Cognitive hierarchy theory versus team reasoning[J]. The Economic Journal, 2010, 120(543): 40 – 79.

[96] HURLEY S. Social heuristics that make us smarter[J]. Philosophical Psychology, 2005, 18(5): 585 – 611.

[97] GOLD N, SUGDEN R. Collective intentions and team agency[J]. Journal of Philosophy, 2007, 104(3): 109 – 137.

[98] WANG Y M, LUO Y, LAN Y X. Common weights for fully ranking decision making units by regression analysis[J]. Expert Systems with Applications, 2011, 38(8): 9122 – 9128.

[99] SUEYOSHI T. DEA non-parametric ranking test and index measurement: Slack-adjusted DEA and an application to Japanese agriculture cooperatives[J]. Omega, 1999, 27(3): 315 – 326.

[100] FACCHINETTI G, RICCI R G, MUZZIOLI S. Note on ranking fuzzy triangular numbers[J]. International Journal of Intelligent Systems, 1998, 13(7): 613 – 622.

[101] WONG Y H B, BEASLEY J E. Restricting weight flexibility in data envelopment analysis[J]. Journal of the Operational Research Society, 1999, 41(9): 829 – 835.

[102] XIA M M, CHEN J, ZENG X J. Data envelopment analysis based on team reasoning[J]. International Transactions in Operational Research, 2020, 27(2): 1080 – 1100.